JN101146

西河 技術経営学入門

アーネスト育成財団・編集

西河洋一・小平和一朗
淺野昌宏・杉本晴重　著

芙蓉書房出版

推薦の辞

　本書の著者の2名、西河洋一氏と小平和一朗氏は、私が芝浦工業大学の技術経営・専門職大学院で研究科長をしていた時の社会人学生でした。

　西河さんは、大学院修了後、自分の会社を1兆円企業に育て上げた社長さんです。小平さんは、大学院修了後に博士課程に進学し、同大学工学研究科から学術博士を取得しました。

　両者とも、大学院で学んだ技術経営の知識を、見事に実業に展開した、日本では数少ない人材であることには間違いありません。

　以上のような経緯をへて完成された本書は、理論と実践が融合した作品であると言えましょう。

芝浦工業大学名誉教授
東京大学名誉教授

児玉　文雄

西河「技術経営学」入門 ❖ 目次

序章

❖

経営における技術の存在を学ぶ

西河洋一・小平和一朗

　「経営」に 技術をつけた「技術経営」は、 モノづくりやコトづくりに取組む経営そのものである。実際、モノづくりやコトづくりは、エンジニアリングといわれる技術があって具現化している。モノづくりやコトづくりを支えているのは、 具現力である技術である。本書で技術経営を学ぶことで、企業活動を支え、 企業の強みや差別化の源泉に技術があることを再認識したい。

　「技術経営学」は、あらゆる経営者にとって重要な基礎知識であるにも関わらず、学問化が遅れている。「経営学」があっても、「技術経営学」は見当たらない。技術経営に「学」をつけた「技術経営学」に、本書ではこだわりたい。

　経営に関する知識がない大学の学部の学生が本書を読めば、経営における技術の役割が理解できることに狙いを置いている。社会経験が無くても、学ぶことができる情報が書き込まれており、時代を超えることができる知識の集積化であり、「技術経営学」の体系化を目指している。

　設立以来、アーネスト育成財団は、経営人財の育成に西河技術経営塾を開塾して取り組んできた。本書は、『西河「技術経営学」入門』と題した。「西河」としたのは、西河技術経営塾での成果を知見として整理し、財団独自の経営に対するコンセプトと同塾の特徴を書き込んでいるからである。

　モノづくり日本のためには、「技術経営」の学問化が必要との問題意識を持って取り組んだ。

1．技術経営体系を理解する入門書

1.1　未来を向いて経営することを学ぶ

　アーネスト育成財団が取り組んできた技術経営とは何かを最初に概括してみたい。

　「経営は未来学」といわれる。常に未来に向かって経営計画を立てて社員と共に事業に取り組むことで、計画の実現が可能となるからである。経営トップは、最初に明確な経営の目的である企業理念をもち、理念を実現するためのビジネスモデルを明らかにする。

　次にビジネスモデルを実現するための事業計画を策定し、その事業計画は、3年とか5年とかの中期的、長期的な時間軸を意識した経営計画として作成する。作成した計画を実行するにあたり、取り組むべき戦略を社員と共有することができる。

1.2　戦術、戦力によって裏付けされている戦略づくりを学ぶ

　経営戦略は、強みの源泉であるエンジニアリングの存在を意識し、具現力であるエンジニアリングに裏付けされた戦術が明確でなければならない。まさに戦術を実行するには、企業力である「ヒト、モノ、金」という実現性のある調達可能な戦力が準備されてのことである。

　経営学ではよく戦略重視といわれる。だが、戦略だけが一人歩きしても、それを実行するために必要な技術の存在を意識した、技術経営戦略でなければ実行することはできない。エンジニアリングを理解した組織構成員がいて、その技術が組織のヒトに根を張っていなければ、実行する戦術とならずに絵に描いた餅となってしまう。

　従って、アーネスト育成財団が取り組んできた西河技術経営塾では、常に技術と絡んだ経営を塾生に教えてきた。座学で学んだ技術経営学をどう生かすかの課題を報告する演習では、経営を支えるエンジニアリングの存在に常に言及することで、実践力を身に付けた技術経営人財の育成に取り組んできた。

　この技術の存在を意識して取り組む経営が「技術経営」である。

　また塾では、あらゆる経営計画にお金を絡ませて具現化の確認をするこ

とにしている。お金の管理は、企業の健康管理であるとし、会計数値で企業の健康状態を把握することを教示している。

２．西河技術経営学の特徴

西河技術経営学の代表的な５つの特徴を記載する。
①明日に役立つ実践的な技術経営を学ぶ
②エンジニアリング・ブランドを学び、技術と市場との繋がりを学ぶ
③イノベーションと言われる変革をつくるマーケティングを学ぶ
④「お金は経営の血液である」を学び、会計数値で経営を管理する手法を学ぶ
⑤誠実な技術経営人財を育成する

　経営を常に支えている技術の存在を学ぶことで、未来を見据えた戦略的経営に取り組める。技術経営とは、会社の未来を切り開く、未来学である。コトづくりでもモノづくりでも、エンジニアリングが経営を支えている。
　企業理念、ビジネスモデル、中長期計画、市場創出は、エンジニアリングと関わり合いをもって機能している。エンジニアリングは経営を支える具現力であり、切り離すことはできない。
　著者の一人である西河技術経営塾の西河洋一塾長は、常々「税金を払える会社にすること」「経営者は納税を目的に経営しなければならない」と、塾に来た経営者を指導してきた。経営における「税金を払う」との意味合いは、健全な企業経営上での重要な経営目標である。投資資金を内部留保するには、利益を出して税金を払わないとできないし、結果として自力で企業を大きくすることはできない。
　本書は、経営戦略論やマーケティングなどの分野の理論の中から、平易で実践的に使える経営経験に基づく最小の知見を整理している。経営をオペレーションするのは、各分野を関連づけて、かつそれぞれの知見を連携して説明をすすめている。連携の基本要素に具現力である「技術（エンジニアリング）」があり、企業の健康管理をするための「金（カネ）」がある。

３．想定している読者

　アーネスト育成財団が取り組む「西河技術経営塾」も７期生を迎え、技術経営人財の育成では、一定の成果が見えてきた。一方、敬愛大学の経済学部経営学科の学生に『技術経営』を教える寄付講座に取り組んで２年になる。それらの経験を活かし、本書は、大学の学部の学生の教材としての活用を念頭において整理したものである。

　西河技術経営塾で取り組んできた30講座の内の基礎的な講座を取り上げ、大学で教えることを意識して「西河技術経営学」の入門書と位置付けている。また、塾長の西河洋一の企業観にもとづいて整理していることから「技術経営学」ではなくて、「西河技術経営学」としている。

　大学の学部の学生の教材として、また経営学を学んだことのない経営者やこれから起業を考えている経営者の「技術経営学」への入門書としての活用も考えて、平易でかつ解説調で執筆している。

　本書は、つぎの読者と活用を想定している。

・大学の経済学部経営学科で技術経営を学ぶ学生のための教科書
・中堅中小企業の経営者のための経営学への入門書
・ベンチャー企業などの起業を目指す起業家の学習書
・大学で工学を学んだ技術者が経営マネジメントを学ぶときの入門書

4．技術と4つの経営課題と構成

　技術経営を概括すると、 エンジニアリング（技術）が経営の中心にあり、 その周りに「企業観」「ビジネスモデル」「市場創出」「中長期計画」の4つの経営課題が配置されていると整理した。

　各経営課題は、技術と連携しながら活動をしている。エンジニアリングと経営課題との関係を、順を追って個々にみていく。

　本書は、 4部構成、14章で組み立てられている。

　第1部の「企業観」は、技術経営とは何か（第1章）、企業文化とアイデンティティ（第2章）で構成されている。仕事を組織で取り組むことで、本物の会社になれる。経営目標を明確にして、組織活動が可能になる。経営を技術が支えていることを学ぶ。

　第2部の「ビジネスモデル」は、ビジネスモデルづくりを学ぶ（第3章）、商品開発の取り組み（第4章）、モノづくりを学ぶ（第5章）、西河技術経営学のルーツを学ぶ（第6章）で構成されている。ビジネスモデルは、経営学における基本中の基本である。コトづくりやモノづくりを支えている技術を明らかにし、商品やサービスの仕様を明確にし、どこの市場に、具体的な顧客を明らかに、収益モデルを明確にする。モノづくりに関わるマネジメントを学ぶ。

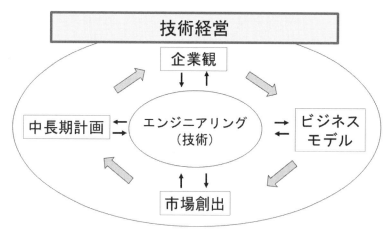

図序.1　エンジニアリング（技術）を取りまく4つの経営課題

　第3部の「市場創出」は、サービスをビジネスにする（第7章）、ICTを活用した新規ビジネス（第8章）、海外取引の基礎知識を学ぶ（第9章）、エンジニアリング・ブランドづくり（第10章）で構成されている。ここでは、エンジニアリング・ブランドという技術のブランドづくりを学ぶとともに、イノベーションをつくる情報通信技術の役割や海外取引の基礎的知識を学ぶ。

　第4部の「中長期計画」は、経営は未来学、中長期計画を立案する（第11章）、プロジェクトマネジメントを学ぶ（第12章）、イノベーションを企画する技術経営（第13章）、マネジメントとリーダーシップの違い（第14章）で構成されている。経営は、3年とか5年先の未来に向けて事業を展開することを学ぶ。人、モノ、金は、中長期計画に基づいて準備するものである。

第1部

企業観

第1章

❖

技術経営とは何か

小平和一朗

- ・「経営は未来学」であることを学ぶ
- ・経営学でなく、技術のついた「技術経営学」を学ぶ
- ・ビジネスを通して得られるお金は、顧客価値である

　技術経営は、変革の時代には必要な基礎知識である。この章では、「技術経営とは何か」と題し、技術のついた経営学を学ぶ上での、経営における技術の存在を理解する。

　新しい時代を切り開くには、ビジネスを支える技術の役割を理解しておくのがよい。その理解によって、経営を理解する上での実践的思考、変革的思考を身に付けるための基礎知識が出来上がる。

　明日の経営に役立つ、実学といわれる実践的な技術経営学の入り口を学ぶ。

1．変革の時代の技術経営を学ぶ

　情報通信技術（ICT : Information Communication Technology）が、第4次産業革命を牽引している。グローバル化の波で、既に日本企業の多くが、海外に生産拠点を移転して製造が行われている。主要な企業の多くが、変革の波に乗れないでいるうちに中国、東南アジア諸国が台頭している。成長が止まって久しい日本経済、少子高齢化、非正規労働者の存在、将来が見えない中小企業は事業承継問題が起きている。まさに、急速な社会変革が起きている。

　産業革命とは、既存企業が衰退し、新規の企業が進出する社会変革をいう。企業の新旧の交代も段階を踏んで起きる。いま、中国で普及しているキャッシュレスが日本に上陸すると、買い物で現金を扱うことは無くなり、銀行の業務は少なくなるといわれている。キャッシュレスで得られるデジタルデータを情報として活用することで、会社の経理、マーケティング部門、種々の管理部門などが革命的に効率化する。

　変革を恐れる守りの経営ではなく、情報通信技術で会社組織を変える攻めの経営に取組むことが求められている。ハイテク分野の一部では、既に中国が米国を抜いて世界をリードしている。グローバル時代のビジネスにおける企業間競争は、ナショナリズムの台頭もあり、いまや国家間の競争となっている。

　変革の時代に常識はない。今までのマーケティングでは昔、「靴を履かないアフリカ人に靴を売りに行ってはだめ」といわれていた。しかし今は「靴を履かないアフリカ人に靴を履かせるビジネス」に取組むべきと教えなければならない。アフリカのケニアの携帯電話の普及率は、90％を超えるという。英国企業の資本が入った会社が、アフリカで通信ビジネスを立ち上げたといわれている。そこまで大胆でかつ挑戦的なビジネスモデルを構築している日本企業は、見当たらない。

　変化は、技術を理解し、社会の実情と特性を理解し、市場を創生する能力と需要を作り出す先見性が求められる時代でもある。社会の変革、技術のトレンドを知らずに予測することはできない。

２．技術経営の技術（エンジニアリング）とは何か

２．１　ビジネスモデルにおける技術の存在

（１）「商品・サービス」「顧客・市場」「お金」という３要素

　経営の基本にビジネスモデルの組み立てがある。ビジネスモデルとは、保有する技術で商品やサービスをつくり、経済価値に変換する仕組みである。図1.1に示すビジネスモデルは、「商品・サービス」「顧客・市場」と「お金」という３要素で構成されている。

　ビジネスにおける、その３要素を明確にすることができて、はじめて事業に取り組むことができる。ビジネスで得られるお金は、ビジネスの成果である。その成果は、顧客価値が評価されての結果である。まさにお金儲けができる仕掛けをつくるのが、ビジネスモデルである。市場の誰（顧客）がお金を払ってくれるかを明確にすることが、ビジネスモデルの基本である。

　技術経営では、図1.1のように「商品・サービス」を支えている「技術」の存在を認識して組み立てたい。

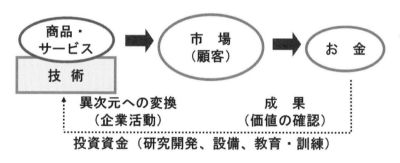

図1.1　ビジネスモデルの構築

　実際に経営をしようとすると、この技術を無視して商品づくりやサービス企画をつくることはできないからである。

（２）工学を学ばなくても理解できるエンジニアリング

　技術には、エンジニアリングとテクノロジーがある。技術の中でもエン

ジニアリングは、技術経営の技術であり、マーケティング活動に取り組む上で理解しなければならない技術である。経営的な立場で扱うエンジニアリングは、サイエンス（科学）の知識が無くても理解できる範囲のエンジニアリングである。従って、技術経営で扱うエンジニアリングは、エンジニアが技術開発の際に取り組むための工学とは異なる。本書では、工学を学ばなくても、理解できる範囲のエンジニアリングを論じる。

　経営学とエンジニアリングとの関わりは、経営学を学ぶ上で、知っておかなければならない重要な基礎知識である。それは、エンジニアリングが、モノづくりやコトづくりを具現化し、差別化をつくり出し、そしてそれらを支えているからである。

2.2　城づくりのエンジニアリング
（1）マネジメントがあって人は動く
　エンジニリングの説明では、豊臣秀吉の時代の「城づくり」の話を話題にして技術経営の説明をする。クレーンやトラックやブルドーザー等の工作機械が使われていない城づくりの現場では、作業員全員が統制のとれた動きをしていて、指揮をする親方のもと、無駄な動きをしていない。汗を流して一生懸命に働く労働者の姿が見えている。

　城づくりをマネジメントレベルでみると、職人の手配、資材の手配、作業の分担、作業者への技術指導となる。作業には、手順があり、工程がある。そしてマネジメントがあって、人は動く。経営資源の3要素である、人、モノ、金があって、それぞれがモノづくりに関わり合いをもつことで、城ができる。

（2）エンジニアリングは技術経営の実践
　戦国の時代に「織田信長に、城づくりを私に任せてください」と申し出た、猿といわれた秀吉。秀吉は、城づくりなどのエンジニアリングを理解していたからこそ、人、モノ、金を準備し、人のできないことを自信を持って引き受けることができたと想定できる。

　城づくりでは、必要な資材をリストアップし、必要な購入資金を調達し、時間と金を見積もり、運搬手段を考え出す。その資材は、石垣用の大きな石であり、材木であり、土塁作りの土であり、壁の漆喰の材料であり、釘

図1.2　大洲城（四国）

であり、縄である。

　城づくりにおけるエンジニアリングは、技術を理解して、経営資源である人、モノ、金をあらかじめ試算し、計画を立てて、準備し、無駄がなく適正に使って、ものづくりやコトづくりをする技術経営の実践そのものであるといえる。

２.３　科学（サイエンス）の裏付けで再現性を担保する

（1）エンジニアは、科学者と職工の中間層に登場

　エンジニアリングの成り立ちを調べると、イノベーションと評価されるような社会変革を推進してきたエンジニアの存在がある。14世紀になると、城壁、運河、武器などを設計するエンジニアリングが一つの術として鮮明になってきたと、『技術と文明』や『文明のなかの科学』に書かれている。

　同書によると、18世紀末までは、エンジニアリングという仕事があっても、職業として社会に認められてはいなかったようだ。徒弟制度によって父から息子や、親方から弟子へと、機械加工の技術は伝承されていた。それは、ギルド制の職人の世界である。

　18世紀末、エンジニアが産業革命の主役となって、新しい産業社会づくりの中心的な役割を果たした。

　図1.3の右側に示すエンジニアは、科学者と職工の中間層に登場し、職種として市民権を得てきた。

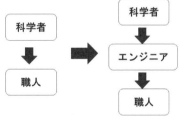

図1.3　エンジニアの出現

（2）「理論」と「実際」を融合し、快適な社会の実現

　フランス革命の末期に技術者を養成するために1794年に作られた学校が、パリの工科系大学エコール・ポリテクニックである。同校は、王制を市民が倒し、人民主権の国家を構築しようとした時、技術が国家を支えていることに気づき、国家のために技術者の育成に取組んだ。

技術が文明をつくり、生活の向上を助け、社会変革を実現してきたことが分かったからである。社会が要求するニーズに応えることで、エンジニア集団が「理論」と「実際」を融合し、人類が求める快適な社会の実現に貢献した。

（3）簡単な訓練で、誰にでも作れる伝承可能な作業法の開発

エンジニアリングといえるには、匠の技とは異なり、作業者に容易に伝承することができなければならない。従って、長い間の習練と経験で生み出される職人の技を「巧の技」と言うことが出来ても「エンジニアリング」とは言えない。

エンジニアリングには、「再現性」と「伝承可能性」がなければならない。再現性が確認され、伝承可能性が保護された作業法をエンジニアリングという。再現性のないモノづくりを、エンジニアリングとはいわない。マニュアルが準備され、短期間の訓練で誰でも作れる作業法が、エンジニアリングである。

（4）再現性と安全性をサイエンスで裏付ける

エンジニアリングを支えているのは、科学的な裏付けである。経験知だけでない、科学に基づいてものづくりをすることができて、初めてエンジニアリングであると言える。したがって、エンジニアリングに基づいた作業は、不特定多数の人が繰り返し作業をすることができる作業標準や、マニアルや、学術書が存在する。

同じものを繰り返し安定的に作れるという再現性が、エンジニアリングには求められる。

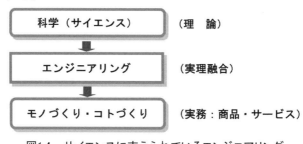

図1.4　サイエンスに支えられているエンジニアリング

　サイエンス（科学）と、モノづくりの間にモノをつくりあげるエンジニアがいて、エンジニアが身に付いている具現力をエンジニアリングと定義する。コトづくりにも、そのサービスを支えるエンジニアリングがある（図1.4）。

　モノづくりとコトづくりを具現化するエンジニアは、エンジニアリングを科学的に論証し、工学という学問領域を生み出し、その学問を作業経験の無い作業者に教育することで、エンジニアの職業人としての質が高められた。社会的に自由に活動するエンジニアのポテンシャルが拡大した。

　エンジニアリングが工学と訳されるのは理解できるが、必ずしも工学だけでは無いことが分かる。エンジニアリングが、カタカナ日本語で広く使われているのは、エンジニアの出現と活躍で、近代社会を作り上げてきていて、職業人としての実績を上げてきていた成果とみることができる。

　エンジニアリングが、「工学」という学問だけでないと言いたい。

（5）安全と耐久性が保障

　ここで、建物の建築の事例をあげて、エンジニアリングの役割を考えてみたい。

　建物を建てるにあたっては、構造設計をして、強度計算をして、耐震強度などで安全性を確認し、初めて建物は快適な住まいになる。従って、エンジニアリングに基づいて建てられる建物は、誰が建てても安全性と耐久性が保障される。

　問題が起きない限り、この科学（サイエンス）の存在は一般には知られることもないが、エンジニアリングの再現性を論理的に支えるのが科学である。モノつくり、コトづくりにあたって科学（サイエンス）は、エンジニアリングを支える重要な理論である。エンジニアは、科学を学び、理論に基づいた計算などを行い、論証し、商品の安定性を検証し、品質を保証することに取り組んできた。

（6）テクノロジーとエンジニアリング

　技術というと、テクノロジーとエンジニアリングがある。エンジニアが工学的知識として学ぶべきテクノロジーと、経営者やマーケティングの担当などが理解し、学ばなければならないエンジニアリングがある。

広辞苑で「エンジニアリング」を引くと、「工学」「工学技術」とあり、「テクノロジー」を引くと、「技術学」「工学」「科学技術」とある。これではなかなか両者の違いが分からない。

　そこで、"OXFORD　DICTIONARY"で「engineering（名詞）」を引くと、「1. the application of science to the design, building, and use of machines, constructions, etc.」とあり、「technology（名詞）」を引くと、「1. the study, application, or use of the mechanical arts and applied sciences.」とある。

　日本語では、カタカナ言葉であるエンジニアリングとテクノロジーを使い分けて使っているが、その根拠を理解できた。

　急速な科学・技術の進展に、日本語が追いつかないでいるともいえる。

　今日の文明を支えているエンジニアリングは、常に科学に裏付けされてエンジニアリングの再現性と安全性に担保されている。そのエンジニアリングは、次世代へ伝え、更に高度なエンジニアリングを生み出すための学ぶことができる学問となって、まさに「工学」となって、人類の発展を支えている。

３．中長期計画

３．１　技術開発戦略、商品開発戦略、マーケティング戦略等

　「経営は未来学」の具体的な作業が、中長期経営計画の作成である。３年とか、５年とかの中期や長期の経営見通しを立てて具体的な計画を作るのが経営である。事業によっては、10年計画を立てる必要がある仕事もある。

　中長期計画を作る必要性は、どこにあるのか。ビジネスモデルの事業化にあたっては、人、モノ、金という経営の３要素を具体的にどのようにするかの組み立てと、その準備には、時間が掛かるからである。その準備とは、何か。「人」とは人財の育成であり、「モノ」とは設備投資計画から実施であり、「金」とは準備に必要な事業資金の手当てである。

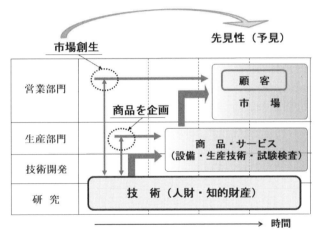

図1.5　技術がモノづくりとコトづくりを支える

　図1.5には、技術が商品・サービスのモノづくりとコトづくりを支えていることと、中長期で取り組むべき部門ごとの流れと、部門間連携を示している。

　図1.5のモノづくりとコトづくりの大きな流れは、技術で商品・サービスをつくり、それを顧客のいる市場で販売するという、底辺にテクノロジーといわれたり、エンジニアリングといわれる技術があって、その技術が

会社の流れを支えている。

　商品・サービスを作る際には、商品・サービスの具現化を支える技術の存在があって、商品・サービスを企画する。いるかなる商品・サービスをつくるか。持てる技術が、商品・サービスを具現化している。技術があっての商品・サービスなので、研究分野、技術開発部門での取り組みは重要である。保有すべき技術を予測して、時間をかけて開発し、自社のものにしなければならない。

　研究部門では、テクノロジーよりの技術開発を行い、学術研究に近い基礎研究に取り組む。一方、技術開発部門では、エンジニアリングよりの技術開発を行い、商品・サービスを具現化するうえで用いる具体的な技術開発に取り組む。

　このとき、技術と商品・サービスとを融合させ、商品企画となる。技術が一人歩きをすることは許されず、常に具現化する対象を想定しての技術となっている。

　さらには、技術と顧客のいる市場との接点が、市場創生といわれる。

　技術経営における、技術の存在ともいえる部分であり、経営判断の重要な部分でもある。技術と市場の繋がりについては、4項の『経営における技術と市場の繋がり』で、より詳細に説明する。

　この商品・サービスと市場と事業収益見通しが組み立てられて、ビジネスモデルとなる。ビジネスモデルを具現化する上での未来を予見し、実現のための戦略を検討し、投資計画を立案し、実行することになる。詳しくは、第3章の『ビジネスモデルづくりを学ぶ』で説明する。

3．2　事業テーマ別にリーダーを選任し、特徴ある技術の事業化に取り組む

　研究部門は、技術戦略を、技術開発部門は、商品開発戦略を、生産部門は、設備投資戦略を、営業部門は、市場づくりのためのマーケティング戦略と商品・サービスを販売するための販売戦略を担当する。

　技術との関係における事業化のプロセスを確認しておく。

　研究部門で技術戦略に基づいて開発した技術の事業化にあたっては、開発した技術の事業テーマ別に適任者であるリーダーを選任することになる。そのリーダーが中心となって、事業計画実行に必要な人財づくりに取り組む。

　この段階の事業の実現性を支えているのは、技術開発である。そのスタッフが、大まかな事業計画に基づいて設備投資などのモノを準備する作業に入る。エンジニアリングの開発である。モノを準備する資金を算出する。

　事業資金が算出できたら、資金の調達方法を考えることになる。全て時間がかかる作業である。

　商品・サービスをつくり出すには、研究部門で開発した技術に基づいて、技術開発部門で商品・サービスの開発がされる。商品・サービスにあたっては、工場での生産のための設備を整え、生産技術の支援でモノづくりが行われ、試験検査を経て出荷される。

　営業部門の販売戦略、マーケティング戦略については、第3部の『市場創出』で詳しく説明する。

4．経営における技術と市場の繋がり

4．1　エンジニアリングとマーケティング

　企業の中には、モノづくりやコトづくりに関わる技術開発部門が担当するエンジニアリングと、営業部門が担当する販売を戦略的に進めるためのマーケティングとがある。

　相互の交流は、技術開発部門は開発構想を商品企画書に整理し、営業部門に提案する。また、もう一方の営業部門は、市場の動向を調査し、取り扱う商品・サービスにかかわるマーケティング戦略に整理して、技術部門に提案することが行われる。

　多くの場合、技術開発部門はシーズベースでまとめる傾向にあり、営業部門はニーズベースでまとめ、それぞれが整理し、思考の異なる意見をぶつけることになる。立つ位置が異なるため、当然であるが意見の対立が起きる。これを整合、融合させるのが、技術経営であるともいえる。（図1.6参照）

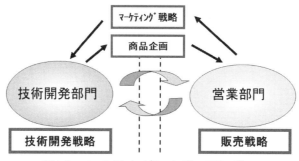

図1.6　マーケティングとエンジニアリング

　技術と市場との結びつけは、技術経営の課題である。この接点の研究に需要表現がある。

　児玉文雄は、潜在需要を製品概念として統合化し、この概念を個々の要素技術の開発項目へ分解することを需要表現と定義した。潜在需要を翻訳し、明確化された需要に対応した技術開発を行う。その成果を統合し、新しい市場や産業を創出する一連のプロセスを需要表現としている。

　顕在化して見えない潜在需要を見つけることは、技術も営業も取り組む。そのための需要表現という概念は、まさに技術経営であると考えられている。

　児玉は、原子力潜水艦がその潜在需要を需要表現できた事例として報告している。潜水艦は、潜水航行時の動力源に電池を使う。その電池から、水素が発生し、艦内で爆発する事故を多発していたという。動力源に原子力を使うことで、その事故から解放したのが、原子力潜水艦であるという。原子力潜水艦は、潜航したままで、世界一周をした。

　身近な事例として、ソニーのウォークマンをあげたい。テープレコーダーは家の中で聞くものであった。身につけて持ち運び可能なカセット式のテープレコーダーを作れば売れると、仮設の需要を設定して、開発を進めた。世界規模で、新たな需要を創出し、ウォークマンは、爆発的な人気商品になった。

　アップルの iPhone は、最近の需要表現の事例である。まさに需要表現で、日本では携帯電話の進化モデルの i-mode という情報端末があったため、「iPhone は電話機でない」との評価であった。今日の通信事情からみると、iPhone は、需要表現で市場を作り替えたといえる。次に示すように、電話機、パーソナルコンピュータ、小型カメラの市場が変質している。

　①家庭に一台あった固定電話が、無くなりつつある。

　②パーソナルコンピュータ（PC）を持たなくなっている。

　③小型デジタルカメラを購入しない。

4.2　技術経営における技術と市場の関係

　技術経営は、技術の存在を意識して、具体的な市場に繋げるかの活動である。企業の活動を支える技術と企業観、技術とビジネスモデル、技術と市場創出、技術と中長期計画の4つの関係があることを理解したい（図1.7）。

　図に示すように、まず技術があり、「企業観」「ビジネスモデル」「市場創出」「中長期計画」の4つの経営課題をいかに市場と繋ぐかが技術経営である。ここでの技術は、テクノロジーとエンジニアリングの両方である。

　企業観は本章を含む第1部で、ビジネスモデルは第2部で、市場創出は第3部で、中長期計画は第4部で、それぞれの経営課題と技術との関係について学ぶ。何を学ぶかの概要を説明する。

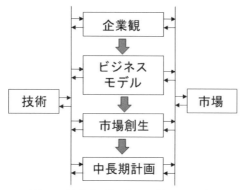

図1.7　技術経営における技術の役割

　企業観では、経営の基礎を学ぶとともにビジネスを支える技術の役割と技術経営を行っている企業の文化とアイデンティティを理解する。その理解によって、経営をする上での実践的思考、変革的思考を身に付けるための基礎知識が出来上がることになる。明日の経営に役立つ実学といわれる実践的な技術経営学の入り口を学ぶ。

　技術経営に取り組む経営者の企業観を理解したうえで、ビジネスモデルの仕組みを技術と市場との関係を確認しながら、企業が取り組む特徴ある事業を創生する。

　ビジネスモデルでは、その構成要素を抑える。構成要素とは、商品・サービス、市場、お金という3要素である。商品・サービスは、具現化手段である技術によって支えられている。ここで重要なことは、お金の存在である。儲けのしくみである収益モデルが明確にあってはじめてビジネスである。企業が永続するには、社会がビジネスモデルの価値を認め、安定収益があってのことである。商品・サービスの原価を把握し、事業基盤をつくるための固定費をマネジメントできて技術経営である。そのビジネスモデルで想定した市場を具体的にどのようにつくるかである。

　技術経営では、常に具現化手段を理解して学ぶこととしたい。戦略があっても、戦術と戦力が具体的に組み立てることができなければ、戦い、つまり企業活動をすることはできない。戦場となるビジネスにおける市場を、どのように創生するかが問われる。技術のブランドである、エンジニアリ

ング・ブランドを学ぶことで、技術と市場を繋ぐ具体的な戦略、戦術の理解が進む。ここでの技術は、市場創生の具現化手段の役割をもつ。

　「経営は未来学」と何度も書いている。

　経営とは、計画することの具体的な方法を学ぶ学問である。未来は、与えられるものではなく、作り上げるものである。計画とは、未来の組み立てである。未来を読むことではなく、計画し、作り上げる。3年とか、5年とかの計画を作ることである。

　中長期計画を組み立てる必要性に、人、モノ、金の組み立てがある。ここまでに学んだ技術経営に関する知識が無いと組みたてることはできない。

　技術は、降って湧いてくるものではない。基本は、人についてくる。人財が企業の財産、つまり人財といわれるゆえんである。

おわりに

ここまでの説明で技術経営における技術の存在が見えてきたかを確認して欲しい。経営における技術の存在を平易に説明することは、技術経営を学習するための指導書の基本であるが、やさしそうで難しい。「技術経営」は、MOT（Management of Technology）と言われてきた。しかしそのMOTは、いつの間にか学んでも役立たない学問であると言われるようになってしまった。そのようなことはない

第4次産業革命が進行している今、日本の企業の多くが世界の企業の後塵を拝している理由は、技術軽視の経営をしてきたからだと思える。必要な研究開発投資を抑えることで、経営の採算性を改善し、株主重視の利益出しに走ったといえる。いまや情報通信技術（ICT）を始めとする先端技術分野では、研究開発に力を入れた中国企業が、米国企業を抜いて先頭をいくようになった。研究開発の重要性を再認識したい。

エンジニアリングは、「人、モノ、金、情報、時間」を合理的に扱うための方法であり、手順である。エンジニアリングは、品質、コスト、納期をマネジメントする。エンジニアリングに取り組むには、総合力が必要であると考えると「エンジニアリングは技術経営である」と言える。

経営を常に支えている技術の存在を学ぶことで、未来を見据えた戦略的経営に取り組むことができる。

技術経営とは、会社の未来を切り開く未来学である。実際、コトづくりでもモノづくりでも、経営を支えているエンジニアリングの存在がある。経営の目標である企業理念でも、ビジネスモデルでも、中長期計画でも、市場創出でも、全てがエンジニアリングと関わり合いをもっている。

エンジニアリングは、商品・サービスの具現力であり、経営と切り離すことはできない。技術経営は、経営をする上での必要な知識であり、経験知である。

【参考文献】
(1)チェスブロウ、ヘンリー著、大前恵一郎（2006）『OPEN　INNVATION』産業能率大学出版部
(2)児玉文雄、玄場公規(2000)『新期事業創出戦略』生産性出版
(3)マンフォード、ルイス著、生田勉訳（1978）『技術と文明』美術出版社

(4)村上陽一郎（1994)『文明のなかの科学』青土社

用　語

Engineering ：技術、工学、工学技術
ICT：Information Communication Technology（情報通信技術）
iPhone：アップル製の携帯電話
MOT：Management of Technology （技術経営）
Technology：技術、技術学、工学、科学技術

第2章

❖

企業文化とアイデンティティ

小平和一朗

- ・企業のアイデンティティとは、企業運営における普遍的統一性
- ・企業理念に、会社の目的、目標が書き込まれている
- ・CSRを意識した企業活動が欠かせなくなっている

　企業アイデンティティには、企業の存在感、企業イメージ、企業風土、社風という意味合いがあり、企業運営における普遍的統一性といえる。企業理念の中に何をする会社かの事業ドメインと併せて、アイデンティティを書き込んでいる会社もある。

　企業は人なり、日本企業の現場には、技術力に優れた、質の高い作業者がいる。老舗企業の企業理念のなかに、長年企業を支えてきている教えがあり、それを読むと企業の底辺を脈々と流れているアイデンティティといえる内容がある。時代の変革を、柔軟に取り入れることができる内容になっている。

1. 日本型経営に取組む企業の文化

　企業の経営者は、企業観を持って経営に取り組んでいる。企業観とは、経営者個々の考えに基づく企業のアイデンティティであり、何が正しいとは言いにくい企業独自のものである。アイデンティティという言葉には、いろいろな意味合いが含まれていて、日本語になりにくいが、企業を支えている「普遍的統一性」とでも訳したい。

　技術経営を学ぶにあたり、経営の基礎となる企業文化とは何かを学ぶ。

1.1　日本の企業、会社利益の確保と社員の幸福を同時に実現

　日本の企業の多くは、経営の中心に社員を置いているが、米国型の企業の多くは経営の中心に株主を置いている。日本では、大学を卒業すると就職をするといいながら、会社を選んで就社をする。日本では、職種はどうでも良く、良い会社に入ることが目的になっている。終身雇用を前提とした会社選びを、能力主義と言いながら、今もしている。

　日本の経営者は、事業撤退の時、リストラといわれる従業員の削減を避けて、職種転換のための教育を会社内で従業員と共に取り組むことをしてきた。グローバル化が進む中で、日本的な良さを失いつつあるが、従業員重視の経営は無くしてはならない企業のアイデンティティである。

（1）日本企業は幸福経営に取組んでいた

　幸福経営という考え方が注目されてきたので、紹介する。

　前野隆司は『幸福学×経営学』の中で、「あなたは次の①、②どちらの考えを支持しますか。①会社の経営で大事なことは、社員全員を幸せにすることである。②会社の経営で大事なことは、会社の利益を確保することである」と、質問を投げかけた時のことを取り上げている。

　経営ではどちらかでなく、①の会社の利益と、②の社員の幸福と両者（①と②との両方）を大事にすべきである。その理由は、会社の経営方針がいずれかに偏ってしまうと、結果として、社員の幸福は得られないからである。

　会社経営の難しいところは、両者が対立してしまう局面が起きてしまうことである。その両者の折り合いをいかにつけるかに、経営者の役割はあ

る。

（2）JAL グループの幸福経営

　JAL グループは、従業員重視の企業理念としている。「全社員の物心両面の幸福を追求し、」と社員の幸福を追求することを経営理念に書き込んでいる（図2.1）。

JALグループは、全社員の物心両面の幸福を追求し、
一、お客さまに最高のサービスを提供します。
一、企業価値を高め、社会の進歩発展に貢献します。

図2.1　JALグループの企業理念

　この JAL グループの企業理念は、幸福経営を実践しようとの思いを企業理念に書き込んだ挑戦的な経営戦略である。それは、顧客目線ではなく、最初に社員の幸福追求に目線をおくことで、お客さまに最高のサービスを提供することができるとしている点である。

　ホームページでは「JAL グループに集う、経営陣を含めた社員一人ひとりは、日々、人生や生活をかけて懸命に働いています。その私たち社員が「JAL で働いていてよかった」と思えるような企業を目指さなければ、お客さまに最高のサービスを提供することもできませんし、企業価値を高めて社会に貢献することもできません」とそのコンセプトの心を解説している。「そのような考えに基づいて、企業理念の冒頭に『全社員の物心両面の幸福を追求する』と掲げています」とのメッセージが、その裏をとれる内容となっている。

　「従って、私たちは、経済的な安定や豊かさに加えて、仕事に対する誇り、働きがい、生きがいといった人間の心の豊かさを求めていくとともに、心をひとつにして一致団結し、お客さまに最高のサービスを提供できるよう、必死の努力をしていかなければなりません」と更につづく。

　まとめに「JAL グループは、この企業理念を普遍的な経営の目的、経営の基本とし、「JAL フィロソフィ」の実践を通じてその実現を目指していきます」と書かれていて、この企業理念の中に、JAL グループの企業アイデンティティが書かれている。

（3）従業員を大切にする日本型経営

　日本の多くの企業が取り組んできた日本型経営では、従業員を大切にする経営に取組んできた。しかし、海外投資家からは、株主重視の経営を求められる。企業のグローバル化が進展している状況下で、社員の幸福を追求する経営の重要性を説き、いかに継続的に日本的経営の良さを維持するかの真価が、問われている。

1.2　日本人の強みとそれを育む企業風土

　「顧客とは、Win-Win の関係を作りなさい」と言ってきた商い（あきない）の文化が日本にはある。その代表的な事例として、近江商人の、「売り手よし、買い手良し、世間よし」という「三方良し」がある。

　経済同友会では、日本の商売に影響を与えた日本に伝わる「三方良し」を「Sanpoyoshi」として、グローバルビジネスでも通用する考えとして、日本企業の CSR として世界に発信してきた。

　日本企業では、当たり前のように「企業は人なり」「会社の従業員は私の家族である」などといってきた。日本の従業員は、「会社のために仕事をすることが、自分の利益になる」ともいう。日本では、企業への忠誠心が高かったといえる。

　従って、日本の現場には問題が起きると、現場の問題として、皆で話し合い、従業員自らが自発的に解決する現場力が育っている。

（1）日本人の強みの認識

　増田貴司は、日本経済新聞の『コトづくりは実は日本の得意分野』と題するコラムの中で、日本人の強みを「日本人は、好奇心や遊び心、空想力に富み、情緒豊かな世界観をつくる能力に秀でている。日本の現場力のレベルは、高い。現場の人が作業の改善に取り組み、提案をしてくれる」という。

　一個人によって知識が創造される西洋に対し、日本は組織メンバー同士の交流の中で知識が作り上げられる。現場経験を通じて学んだ暗黙知を、作業マニュアルとして、形式化することもできる。作業者の知識レベルが高いため、小集団活動などの現場改善力を発揮することが、日本の企業では出来る力をもつ。

　岸本義行は、「経営書を読む『知識創業企業』」と題する新聞コラムに、「新商品が次々に出る日本メーカーはラクビー的と言う比喩がされ、欧米の製品開発はリレー競争的としている」と書いている。日本では共有化された暗黙知を、相互コミュニケーションで情報を仲間に伝え、チームで仕事に取組むことができる。

1.3　日本型経営と米国型経営

　日本型経営と米国型経営の違いを説明する。

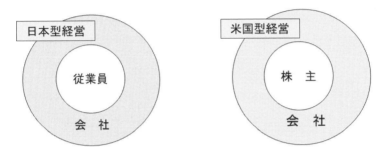

図2.2　日本型経営と米国型経営

　日本の会社は中心に従業員がいて、従業員のための組織であるとともに、従業員と従業員の家族と会社が置かれている地域を守ることも経営目的である。

　多くの米国の会社では中心に株主がいて、株主利益の最大化が経営目的である。米国の従業員は「金のため」に働くといわれるが、日本の従業員は「会社のため」に働くといわれる。（図2.2）

（1）企業は永遠で、企業に所属する従業員は財産である

　日本において企業に所属する従業員は、会社の財産であるという考えが強い。米国の経営は、プロジェクトが終われば従業員を解雇してしまう。日本の経営は、米国の経営とは基本的に違う。終身雇用を前提として、社員を雇用し、育成する。

　多くの企業に能力給が導入されているが、底辺に流れている年功で評価する年功給や、勤続年数で評価される年功序列の考えを残すことで、日本

の良さを残すことにもつながっている。

（2）日本企業の強みは、現場力にある

　戦略的に日本の企業は昔から終身雇用を前提として、自らの組織の社員を守ってきた。従って、従業員に継続的に仕事を見つけるとともに、体制・組織を守ることにも取り組み、会社は新しい事業への承継に取り組んできた。一方、米国の西海岸のシリコンバレーでは、仕事をするために組織（プロジェクト）を作るが、仕事が終われば解雇してしまう。日本では、人材を人財とよび、良き人財を会社に残すことに取組む。

　日本の工場と海外の工場との違いは「現場力」にある。外国では、トップダウン型のQC活動に取り組めても、ボトムアップ型の小集団活動の中からの作業改善を提案するQC活動に取り組むことはできない。日本の現場では、現場提案からのエンジニアリグ開発に取り組める。

　日本の企業では、日常的に社員教育に取り組んでいる。経営方針を社員に明示すれば、企業目標に向かって実現する過程でボトムアップの意見が出てくる。トップダウンとボトムアップのすり合わせの中で、皆で事業改革に取り組むことができる強みをもつ。

　日本企業の現場には、エンジニアリングに取組む質の高い作業者がいる。

1.4　世界に誇れる日本の100年（老舗）企業

　日本の老舗企業の多くには、現代にも通用する企業理念や行動規範がある。それは、企業のアイデンティティといえる。

　日本的なるものを支え続けてきた伝統文化の根底に、時代の変革を取り入れ、それを持続させる力がある。日本には、変革の波に乗り、変革をつくる企業家精神溢れるリーダーがいた。創業期の挑戦と、試行錯誤を経て、世界に例を見ない老舗企業が数多く企業活動をしている。

（1）建設業

　建設業には、100年企業が多い。松井建設は1586年の創業である。1610年に創業した竹中工務店の社是には、「正道を履み、信義を重んじ堅実なるべし」「勤勉業に従い職責を全うすべし」「研鑽進歩を計り斯道に貢献すべし」「上下和親し共存共栄を期すべし」と書かれている。

　社是の中に、時代を超えることができるアイデンティティが書き込まれていることが分かる。正道、信義、堅実、勤勉業、研鑽進歩、上下和睦、共存共栄など、企業精神を伝えるアイデンティティが書き込まれている。

　清水建設は1804年に創業している。経営理念・革新志向には「役員、従業員全員が常に革新的姿勢で業務にあたり、事業展開、営業活動、研究・開発、業務・経営革新に取り組むことにより、絶えず企業として成長・発展を図っていく」とあり、変化を続ける革新的な姿勢を感じ取れる内容となっている。

（2）老舗企業タケダのイノベーション

　医薬品業界にも100年企業が多い。一番古いのは、1319年創業の奈良の三光丸で、700年の歴史をもつ和漢薬を製造、販売をしてきた。その他江戸時代に創業した医薬品メーカーには、ヒサヤ大黒堂（1611年）、小野薬品工業（1717年）、エスエス製薬（1765年）、久光製薬（1847年）がある。

　1781年創業の武田薬品工業は、医薬品のイノベーションをリードして患者さんのニーズに応える取り組みを継続的にしてきた。「1781年、初代近江屋長兵衛は、幕府免許のもと、日本の薬種取引の中心地であった大阪・道修町で和漢薬の商売を始めました。高い品質の薬を提供し続けることにこだわり抜き、いかなるときも自らの仕事に誠実に取り組むという創業者が遺した事業のあるべき姿勢は、タケダの経営哲学として深く根付いており、今日まで継承されています」とタケダの経営哲学と企業アイデンティティがタケダ薬品のホームページ（www.takeda.com）に書かれている。

（3）機械製造業

　昔、石川島播磨重工業といっていた IHI は、創業1853年である。ホームページ（https:www.ihi.co.jp）には、水戸藩　徳川斉昭が幕命により江戸・石川島の地に造船所を創設した日とある。経営理念には、「技術をもって社会の発展に貢献する」「人材こそが最大かつ唯一の財産である」とあり、技術経営を目指していることが分かる内容になっている。

　明治になって創業した、日立造船（1881年）、日本電気（1899年）がある。

（4）小売業

小売業では、西川産業が1566年に創業し、江戸時代に創業した鳩居堂（1663年）、天満堂（1829年）、高島屋（1831年）、千疋屋総本店（1834年）がある。

いずれの企業も、お店の名前が良く知れ渡っている。コーポレートブランドが確立している老舗企業の代表格である。

1.5　グローバル時代の日本型経営

日本の企業が、海外での工場でのモノづくりでいかにして成功したかを加護野忠男は『日本型経営の復権』の中で「愚直の経営」と「状況論理」について報告している。「日本企業のアジアでの成功は、基本的には、日本的な経営の精神をアジアの現場に根付かせることができたためである」とし、「その中核には、愚直にものごとを進めていこうとする愚直の経営と、状況に合わせて柔軟に判断していこうと言う状況論理である」とある。

「状況論理」や「愚直の経営」とは、マニュアルやルールで伝えられない「躾」に近い内容であるという。つまり、マニュアルなどでは伝えられない技能などが状況論理だという。状況論理は暗黙知で、加護野は「仕事をしている内に、勘の良い連中は分かる」と言う。暗黙知であるからこそ、場の共有と時間を掛けて伝承する必要性があると言う。加護野は、愚直の経営について「愚直とは、かたくなまでに原則を守り、そのための労を厭わずまっとうに仕事をすること」だという。それを日本では通じても、アジアの国で、愚直な仕事をすることの意義を教えるのは難しい。しかし、海外の日本の工場では、愚直に仕事をすることを教えた。

1つ目は、品質管理の基本である５Ｓの徹底である。５Ｓとは、整理、清掃、整頓、清潔、躾の徹底である。現場力の向上につながる躾の教育である。そこに作業改善のルーツがある。

2つ目は、日本人を派遣してその働きぶりを見せた。それと並行して、現地の人を日本に出向させて、日本の工場での日本人の働きぶりを見せることにも取り組んだ。

習得には効率の悪い方法ではあるが、マニュアルでは伝わらない、日本の企業が取り組んできたモノづくりのアイデンティティが海外の作業者に伝わったと考える。

1．6　企業文化の基礎のまとめ—自立型組織で変化を創り出す日本の企業

日本型経営の企業アイデンティティを説明してきた。

以下のごとく、日本企業文化の特徴的な強みを6項目に整理した。

①社員の企業忠誠心が、日本の「現場力」を作ってきた。

②世界のモノづくりの組織モデルが日本にある。

③日本企業は、従業員が支える構図が出来ている。

④日本企業の特徴は、ボトムアップ型で仕事が進む現場力にある。

⑤リーダーの方針のもとで、指示待ち型でなく、自立型の組織が実現
　　していることが、日本のモノづくりの競争力の源泉である。

⑥日本企業は従業員が支えているが、その裏に異議や異論を束ね目標
　　実現に向け、組織を誘導するリーダーの存在がある。

2．ドメインとアイデンティティ

　企業の将来の発展形態をどう描くのか。それを決めた上で、企業の将来構想を固める。わが社はどのような企業になるのか。わが社は、どのような企業になるべきか。企業の将来を夢見るような思いが経営トップに無いと、企業の発展はおぼつかない。

　その目標を具現化するには、どのドメインで事業運営をするかの定義をしなければならない。企業ドメインで企業活動の範囲や領域を定義することで、企業のアイデンティティを確立することに繋げる。

2．1　企業ドメインと事業ドメイン

　ドメインとは、領域のことで、企業活動を進めるうえでの分野を示すことである。基本は創業にあたって、経営のトップである社長が、この領域で仕事をすると決めるものである。決めたら何をする会社か、どのような事業をして社会に貢献するかを、従業員や顧客などに伝えることになる。

　技術経営的な視点からは、ドメインの定義をして、経営に取り組むのが良い。企業の発展を考えたら、領域を規制することは無いとの意見もあるが、企業戦略を立案し、強みをつくりあげようとすると、ドメイン定義が必須である。

　企業ドメインを伝える分かりやすい事例として、社名の中に事業領域を入れている会社がある。そのような社名の付け方は、古くからおこなわれてきた。

　社名に「建設」の入った小坂建設は、群馬の沼田地区を拠点とする建築、土木を生業とする会社である。また、日本電気は、情報通信機器をはじめとするエレクトロニクス分野で活躍してきた会社である。

　青色 LED の開発で一躍有名になった日亜化学は、化学品合成の会社であることが、社名から分かる。主要なビール会社の多くは、アサヒビール、キリンビール、サッポロビールと、社名に「ビール」を入れている。

　住友グループでは、住友電気工業、住友不動産、住友化学、住友林業、住友商事などが、住友というグループ名と事業領域毎の組み合わせを社名としている。事業ドメインが明確な会社がそれぞれ活動し、それぞれの分野で実績をあげ、それぞれが、特徴をもった事業を展開し、企業としての

存在感を社名で示している。

　持てる技術領域と事業領域を連想するという意味では、製鉄、化成、製紙、鉱山、水産、工務店、土建、電機、通信工事、電気工事、食品、製薬、計器、鉄工所、自動車、造船、電力、電工、銀行、ガス、電鉄、商船、印刷、商事、証券、保険、放送が、社名に使われて業種、業態を示している。

　このように、社名の中にどこの領域で企業活動をするかの事業領域を明確にして企業ドメインを示すのが基本ともいえる。スタートアップ企業や大手企業の子会社として、事業分離をして立ち上げ会社は、その領域を明示した企業名とした方が、何する会社かを周知できるので、企業ドメインを伝える方法としては容易で、かつ効率的である。

　これは、コーポレートブランドの構築でも同じ議論が良くされる。会社が発展し、事業領域を表す言葉が会社名に入っていることが、企業活動の制約になる事態になったら、会社名を変えれば良い。企業活動の長い歴史の経緯を経て企業名を変えた事例は、色々あげることができる。

　味の素を商品化し、創業した鈴木商店は、変遷を経て商品ブランドになった味の素を会社名として、何をする会社かの事業ドメイン定義を会社名の中でしている。繊維の会社として創業したクラレは、倉敷絹織から、倉敷レイヨンを経て、クラレに社名を変更している。

　最近の事例では、富士重工業が商品名であった自動車のプロダクトブランドをそのまま社名とし、英文名の SUBARU を社名にした。国際的にも、「SUBARU」という車のブランドが、もともとの社名「富士重工業」より、認知されてきたからだと思える。設立時には「重工業」という、事業分野が会社名に書き込まれていた。

　ソニーは、設立時の名称は東京通信工業である。「SONY」という英文字で、新しい概念の国際企業にしようと変更している。創業時には、東京にある通信工業という、「東京」という地域と「通信工業」という事業領域を示す社名が、明らかにドメイン定義の役割をしている。

２.２　企業の生存領域の定義

　企業のドメインの設定にあたっては、
　①どのような顧客に対して、
　②その顧客のニーズを明確し、

③どのような方法や技術でいかに対応するか

この３つの項目に対して、具体的な生存領域を明らかにする。

従って、ドメイン定義は、企業戦略を支える根っこにあたる部分である。

（1）定款での事業目的は、ドメイン定義といえるか

会社法では、定款の中に事業目的を書き込むことになっている。その事業目的に、ドメインにかかわる記述がされることになっている。しかし、定款に特徴ある尖った事業目的を書きにくいので、総花的になっているのが現状である。榊原清則は、著書の中で、「定款はすべての会社に必要不可欠なものであり、その重要性に疑問の余地はありませんが、企業戦略上の意義はきわめて限られています」といっていることからも理解できる。

企業の競争力の源泉に、確定している事業領域と、そこでの競争が優位に展開するだけの企業力と、それを支えるだけの技術がある。その強みが、企業の将来の発展の起動力になっている。

ドメインが定義されることで、企業の社会的な存在意義が明確となり、アイデンティティが形成される。

２.３　企業アイデンティティで事業の多角化

社会は変革し、顧客にニーズは変遷する。環境が変化する中で、企業アイデンティティを守ろうとすると、その時代に対応した事業の多角化が必要となる。それは待つことでなく、攻めの経営としての多角化である。企業は、自らが変わらなくてはならない。

多角化で成功した事例があるので紹介する。

デジタル化の変革の影響をうけた富士フイルムは、アナログカメラからデジタルカメラへ変わったことで、主力商品であったアナログフイルムの売上が激減した。その変化の波に乗れなかった富士フイルムの長年の米国のライバル企業であったコダックは、倒産している。

しかし、富士フイルムは、長年培った化学品を扱ってきた基礎技術を水平展開させ、化粧品、医薬品という特徴ある商品を開発し、異業種へ参入を手掛け、後発ながら顧客づくりに成功し、新たな市場を形成し、新規の事業を創生している。

この多角化、フイルムにかかわる化学に関する研究体制を医薬品や化粧

品に応用したといわれる。図2.3でみると、明らかに、新規技術で新規の顧客を開拓し、「④新規事業創生戦略」で成功したといえる。

　事業の多角化への取り組みと、企業のアイデンティティを守るという戦略の間に何か矛盾は出ないのか。企業が社会の変革に対応し、持てる経営資源の活用の仕方に、企業のアイデンティティづくりとのかかわり合いがある。

　多角化とは、本業の事業が持つ経営資源を活用して行う。その多角化について和田充夫ら（2002）は、集約型多角化と連鎖型多角化という区分をして、説明をしている。

（1）集約型多角化

　集約型多角化によって、経営資源の技術的な側面や市場的な側面を重視し、事業ドメインを強化することで、ドメインを中心とした新たな企業アイデンティティづくりにつながっている。

　集約型多角化は、本業の事業が持つ経営資源を十分に活用した多角化であるという。

　その事例に味の素を取り上げていて、調味料「味の素」の事業開発過程で培った「味」に関する生産技術や品質管理に関するノウハウを生かし、食料油からマヨネーズ事業へと展開し、「味の素」ブランドで開発した顧客層に対して販売につなげることができたと分析している。図2.3の「②新技術戦略　技術開発型モデル」である。この多角化戦略を集約型多角化

		保有	新規
顧客	新規	③顧客開拓戦略　シーズ型モデル	④新規事業創生戦略　事業創生型モデル
	既存	①資産活用戦略　資産活用モデル	②新技術戦略　技術開発型モデル
		技術	

図2.3　技術と顧客の組み合わせによる事業の多角化

という。

（2）連鎖型多角化

　連鎖型多角化は、本業の事業経営資源の一部を活用し、事業の多角化を行う。その過程で、新たな経営資源の蓄積を行い、それらをベースに更なる多角化を行うことを連鎖型多角化だという。大手繊維産業の多くは、繊維産業の国際摩擦もあって、構造転換を余儀なくされた。

　クラレは、1926年に人造絹糸レーヨンを企業化することを目的に創立した繊維メーカーである。1950年に世界に先駆けてポバール繊維ビニロンの工業化に成功し、化合繊産業の草創期をつくる。その後、繊維産業の構造不況を乗り越え化学品メーカーへと転換、液晶テレビの偏光膜などを提供する化学品メーカーへと変身できた。

　東レは、創業当時の社名を「東洋レーヨン」といった1926年創業のまさに繊維会社である。今は、繊維だけでなく、樹脂、フイルム、ケミカル製品などの機能化製品、航空機の材料で世界を牽引している炭素繊維、水処理などの環境・エンジニアリングなどを手掛ける素材メーカーへと連鎖して、成長してきた。

　旭化成もまた、1922年に「旭絹織」との社名で設立された会社である。繊維から化学品への転換を経て、1990年代になると化学品から住宅・建材メーカーへと事業を拡大し、更にはエレクトロニクス関連事業に進出している。持てる強みをいかして、企業との連携や統合を繰り返し、発展をしてきた企業である。

　既に紹介した富士フイルムは、アナログカメラ用のフイルムから医薬品、化粧品メーカーとしての新規事業の創生に取組む。社会ニーズの変化に適合した事業を手掛けることで、企業アイデンティティを守り、企業の成長につなげることで成功している。

　まさに紹介した各社とも、持てる技術を活かした研究体制で、新技術を次々と開発し、連鎖型多角化で実績をあげることで、企業の成長につなげている。

（3）企業アイデンティティ作りにつなげる

　連鎖型多角化によって、経営資源の技術的な側面や市場的な側面かのい

ずれかの連鎖によって、「市場立脚型」もしくは「技術立脚型」の2つの型の新たな企業アイデンティティが形成されている。いろいろな連鎖型多角化の事例を紹介したが、「市場立脚型」は、一般消費財取引（B2C）の市場で、「技術立脚型」は産業財取引（B2B）の市場で連鎖が起きている。

　味の素の事例は、国内では主婦層からの支持を生かし、「市場立脚型」で主婦層に市場アイデンティティ形成している。海外では、アミノ酸技術という「技術立脚型」で技術アイデンティティを顧客のなかに形成することができている。

　富士フイルムの化粧品は、一般消費財取引（B2C）であり、ホームページでは「富士フイルムだからできた、オンリーワンの化粧品」「技術で人を救いたい」「マイクロカプセル技術　－新たな製品機能機能を生み出すキーテクノロジー－」と B2C 商品ではユニークな技術を全面に出し、富士フイルムの技術から化粧品へとの技術連鎖を主張している。新商品ブランド購買層を開拓した結果を見ると、「技術立脚型」での成功モデルである。

３．企業理念

３．１　企業理念に技術経営の原点を見る

　企業理念は、会社のコンセプトで、そこに会社の目的、目標が書き込まれている。コンセプトとは、経営者が「ここでやる」と決めて取り組む代物である。本来であれば、企業理念のなかで事業ドメインを明確に定義すべきであるが、実際には企業のタテマエに終始してしまっている内容が多い。しかし、技術経営的な観点からは事業ドメインは不明確であっても、企業の社会的な関わり合いを規定しており、企業のアイデンティティの形成には繋がる内容となっている。

　技術経営的な観点で経営理念を調べる。すると、多くはないが変革の時代の流れに乗って活躍している企業の企業理念には、エンジニアリング（技術）にかかわるコンセプトが必ずといって良いほど書き込まれている。まさにそのコンセプトで、新たな時代を創り、顧客のニーズを創出している。その取り組みこそ、技術経営戦略の原点であるといえる。

　図2.4は、企業理念と経営ビジョンと事業目標、事業計画、行動計画の関係を見ることができるようにした。経営理念、経営ビジョンに基づいて、事業目標が設定される。事業目標を達成するための事業計画が策定されて、具体的な行動計画が立案されて事業は動き出す。

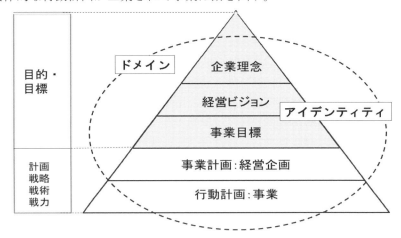

図2.4　経営目的、目標と事業計画

３．２　技術領域でエンジニアリング的な視点での強みを示す

　企業が目指すべき目的、目標が書いてあるのが「企業理念」であり、「経営ビジョン」であり、「事業目標」などである。この企業理念の中に、「独自性」「最先端技術」「独創性の高い技術」「新しい価値」というエンジニアリング的な視点での４つの強みが書き込まれている企業がある。

（1）独創性を主張する日本電産の企業理念

　日本電産の企業理念の中の社是に「我社は科学・技術・技能の一体化と誠実な心をもって全世界に通じる製品を生産し、社会に貢献すると同時に、会社および全従業員の繁栄を推進することをむねとする」と書いてある。まさに科学と技術と技能を一体化したものが、エンジニアリングであり、この理念から独創性の高い技術を開発していこうという技術アイデンティティを感じ取れる。

（2）最先端技術の創造に努めるSUBARUの姿勢

　「私たちは常に先進の技術の創造に努め、常に先端の技術の創造に努め、お客様に喜ばれる高品質で個性ある商品を提供します」という企業理念の中の「常に先進の技術の創造に努め、常に先端の技術の創造に努め」との主張に、SUBARUのエンジニアリング力の源泉となるコンセプトが書かれている。つまりSUBARUの企業アイデンティティに繋がる内容につながる技術コンセプトが書き込まれた企業理念になっている。

（3）クラレは「独創性の高い技術」を持っていることを主張する

　クラレの「企業ステートメント」の中の「私たちの使命」のなかで「私たちは、独創性の高い技術で産業の新領域を開拓し、自然環境と生活環境の向上に寄与します。－世のため人のため、他人のやれないことをやる－」と語っている。

　企業の存在を明らかにし、企業理念で企業のコンセプトや事業ドメインを明らかにすることで、企業アイデンティティが確立し、企業の普遍的統一性が形成されて、企業の存在感である企業アイデンティティが明確になる。企業理念の中で、企業戦略の基本となる部分の定義をしている。

3.3 事業ドメインを企業理念の中で伝える

　企業理念の中に事業ドメインを書き込んでいる企業の事例を紹介したい。事業ドメインを経営理念の中に書き込むことで、顧客や従業員に伝えることで、何する会社かを明確にしている。

　東武鉄道は、信条の中に「輸送の安全、正確、迅速を期し、社会の信頼にこたえよう」と、「輸送」という事業ドメインを定義している。また社紋を規定していて「車輪に東武鉄道の東の字を配して図案化したもので、創立当時に制定され鉄道による奉仕の意思を表しています」とある。

　京成電鉄は、グループ経営理念の「安全・快適に提供し」のなかで、「『安全』とは、鉄道、バス、タクシー等交通事業やレジャー・サービス業におけるお客様の命をお預かりする上での安全であり、流通業における食品、製造業における製造物、建設業における建物などに対する広い意味での安全を指しています。……『快適』とは、お客様に気持ちよくご利用いただくことを指し、具体的には『グループ行動指針』で、『あいさつを励行し、お客様の立場にたって行動します』と定めています」とあり、事業ドメインを規定するとともに、この経営理念のなかで、企業アイデンティティも明確になっている。

　東海旅客鉄道（JR 東海）は、経営理念で「日本の大動脈と社会基盤の発展に貢献する」と事業ドメインと企業の目的が提示されていて、企業アイデンティティにつながる内容が書き込まれている。

　経営理念の中に事業領域を書き込む事例は少ないが、ここで取り上げた鉄道関連各社は、鉄道事業としての社会的な役割を書き込んでいる。

4．CSR（企業の社会的責任）

　企業アイデンティティを構築するための企業イメージの向上を維持、発展させるには、CSR を意識した企業活動が欠かせなくなっている。

　CSR（Corporate Social Responsibility）とは、企業の社会的責任である。企業は、企業を取り巻くステークホルダーに対して説明責任を負う。ステークホルダーとは、企業を取り巻く利害関係者のことで、①顧客、②株主、③従業員とその家族、④取引先、⑤競合社、⑥地域社会や国際社会、⑦行政機関、以上の7つをいう。

4．1　CSRとは何か

　企業存続に関わる基本的な責任である。法令遵守をはじめ、商品やサービスの供給責任、雇用の確保と雇用の増大、経済的な利益の追求などがある。この基本的な責任を遂行しなければ、企業の存続は危ういばかりか、企業存在の意義がないとまでいわれてしまう。

（1）組織的な責任：中義のCSR

　企業を取り巻く環境に対する社会的ニーズに対応して、負の影響を減少させるための組織的な責任が求められる。企業活動に伴う基本的な経済機能の遂行に伴う責任で、公正かつ安全の向上、福祉の改善、環境の保全などである。

　企業活動を行うことによる自己の影響力の増大とともに、企業の社会に対する責任が生じる。CSR 活動の中心は、ここにある。

（2）社会的な責任：広義のCSR

　企業が存続して、有効に機能するには、企業を取り巻く環境の健全な調和と共生による創造に自発的に関与する責任である。これを支援し、持続するための社会に対する投資及び貢献を継続して果たしていくことが、この責任である。

　社会的、政治的、経済的、技術的、生態的を問わず、社会全体の動向と変化の変貌を予測しつつ、その課題解決や改善に対し、自発的に関与する責任がある

4.2　CSRに関するコミュニケーション

　CSR では、企業活動における重要事項に関して、ステークホルダーとの会合または対話の機会を設けることを求めている。

（1）ステークホルダー（利害関係者）とのコミュニケーション

　社会的責任に関する特定の課題またはプロジェクトについて、ステークホルダーとのコミュニケーションの機会を設ける。

（2）企業内組織のコミュニケーション

　社会的責任および関連活動に関する一般的な意識向上、並びに社会的責任および関連活動の支援を目的とした、その組織の経営層および従業員またはメンバーとのコミュニケーションの機会を設ける。

　このコミュニケーションは、一方的な説明に終わらずに、相互のコミュニケーションとなるような対話が効果的である。

（3）供給業者とのコミュニケーション

　社会的責任に関連する調達の要求事項に関する供給業者とのコミュニケーション機会を設ける。

（4）緊急事態での市民とのコミュニケーション

　社会的責任に影響を及ぼすような緊急事態に関する市民とのコミュニケーションに関するもの。

　緊急事態がおこるまでは、意識向上および準備態勢の強化にコミュニケーションの目的を置く。緊急事態発生中は、ステークホルダーへの連絡を絶やさず、適切な行動に関する情報を提供する。

（5）製品・サービスに関する事柄に関するコミュニケーション

　製品表示、製品情報、その他の消費者情報など、製品に関連するコミュニケーション、フィードバックの機会を設けることで、こうした形態のコミュニケーションを改善することができる。

おわりに

　本章では、経営の基礎となる企業文化と企業アイデンティティについて学んだ。

　企業運営上の要となる部分であるが、意外に疎かにされていることがある。しかし、時代の変化にもぶれない企業アイデンティティがあることで、荒波に立ち向かう状況で、組織が一丸になれるのである。企業アイデンティティは、企業運営における普遍的統一性と理解した。

　企業理念は、企業観を文字にしたもので、長期にわたり企業を支えてきている教えや、企業の底辺を脈々と流れている企業独自のアイデンティティが書き込まれている。まさに企業理念には、会社のコンセプトが書かれていて、そこに会社の目的、目標が書き込まれている。

　色々な会社の企業文化を学んだ。長年の変革に対応し、新たな市場を創生できた企業の経営理念の中に、エンジニアリングにかかわるコンセプトが書き込まれている。理念をよりどころにして、新たな時代を創り、顧客の潜在ニーズを創出しているようにも見える。

　経営理念は、まさに技術経営戦略の原点である。

【参考文献】
(1)石井淳蔵（2003）『ブランド　加地の創造』岩波新書、岩波書店
(2)前野隆司、小森谷浩志、天外司朗（2018）『幸福学×経営学』内外出版社
(3)前田光幸、小平和一朗、淺野昌重、杉本晴重著、アーネスト育成財団編（2016）『日本的グローバル化経営実践のすすめ』芙蓉書房出版
(4)小平和一朗著、アーネスト育成財団編（2018）『エンジニアリング・ブランドのすすめ』日刊工業新聞社
(5)経済同友会（2014.5）『日本企業のCSR』
(6)岸本義行（2014.1.14）「経営書を読む『知識創業企業』」日本経済新聞
(7)増田貴司（2014.1.7）『コトづくりは実は日本の得意分野』日本経済新聞社
(8)加護野忠男（1997）『日本型経営の復権』ＰＨＰ研究所
(9)和田充夫、恩蔵直人、三浦俊彦（2002）『マーケティング戦略』有斐閣アルマ、有斐閣
(10)榊原清則（2014）『経営学入門（上）』日経文庫、日本経済新聞社
(11) ISO ／ SR 国内委員会（2011）『ISO26000:2010 社会的責任に関する手引』日本規格協会
(12)旭化成ホームページ、www.asahi-kasei.co.jp
(13)富士フイルムホームページ、https://fujifilm.jp

B2B：Business to Business（産業財取引）
B2C：Business to Consumer（一般消費財取引）
CSR：Corporate Social Responsibility（企業の社会的責任）
Sanpoyoshi：三方良し

第2部

ビジネスモデル

第3章

❖

ビジネスモデルづくりを学ぶ

小平和一朗

- 経営の基本にビジネスモデルがある
- 「商品・サービス」「顧客・市場」「お金」という3要素
- 会計数値から経営の息遣いを読み取ることができる

　ビジネスモデルは、技術経営の基礎中の基礎である。お金儲けの仕組みが、ビジネスモデルである。市場づくりは大切で、顧客を明確にして、商品・サービスに対して市場の誰がお金を払ってくれるかを明らかにすることで、ビジネスとなる。

　経営者は、ビジネスモデルの「商品・サービス」「顧客・市場」と「お金」という3要素を具体的に語れるように整理しておくことが必要である。

1．ビジネスモデルを考える

1．1　ビジネスとは何か

　ビジネスとは、商品やサービスを作って、顧客のいる市場に出して、売り上げてお金に変換することである。事業運営の費用である販管費と言われる販売費・一般管理費と製造原価を足したものよりも売上が大きくなっていれば、そこから利益を得ることができる。商品やサービスをお金に換えて、利益（プロフィット）を生み出すことが出来て、ビジネスモデルは評価されるものである（図3.1）。

　ビジネスモデルは、収益モデルに落とし込む必要がある。「価格」があり「想定顧客」がある。「確率：確定、予定、開拓」とは、売上を上げる時に「想定顧客」への売上予測は100％確定なのか、あくまで「予定」なのか、まだ具体的な顧客は見えず、これから市場を「開拓」するのかと区分する。多くの場合、全てが確定売上ではないことを表現している。

　例えば、社長は営業部長に「売上100億円と計画しているが、商談の確率はどの程度か」と聞く。数値を挙げても、その確率を評価して、売上リスクを評価する必要がある。また競争が激しい市場では、価格設定に売上が左右される。この良く見えない数値が「想定売上」には、含まれている。それを事業計画に反映しなければならない。

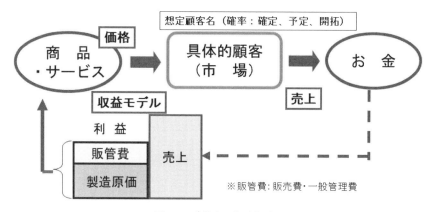

図3.1　ビジネスとは何か

１.２　経営管理の数値に桁数はいらない、基本データを記憶し、経営する

　経営マネジメントの基本に、会計数値による管理がある。図3.2は企業の収支を示した図である。

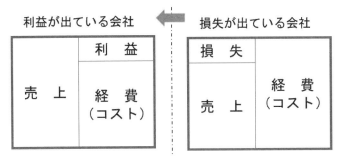

図3.2　利益が出る経営をする

　損失が出ている会社とは、売上より経費（コスト）が大きい会社（図3.2右）の状態の会社のことである。

　利益が出ている会社とは、売上より経費（コスト）が小さい会社（図3.2左）の状態の会社のことである。

　経営者は、主要な会計数値を記憶しておくことが必要である。常に、収支に関わる主要な売上と共に経費の80％を占める経費項目の会計数値をきちんと、頭の中に入れて、その状況を管理していることが大切である。会社の息遣いが、会計数値を見ることで分かってくる。ここに情報を管理することの基本がある。

　例えば売上関連では、事業部別売上、主要顧客トップ10社の売上、主要機種売上トップ10機種など。会社の基礎データでは、従業員数、非正規労働者、パート、時給、出勤率、休日日数、従業員構成、営業要員など。研究・開発関連では、研究・開発費用と要員、特徴ある技術開発テーマと開発費、特許収支など。設備系では、設備投資予算、中長期計画など。

　経理と経営とは違う。経営管理の数値では、桁数はいらない。２桁程度で良い。その数値と増減を記憶して、経営しなければならない。

　事業の立上げでは多くの場合、すぐには売上が立たないので、事業の収支は「損失」から始まる。最初から大きな売り上げは期待できないので、最初からプラスは難しい。いかに素早く利益を出していく会社にするかが

基本となる。立上げから黒字にするまでの「ヒト・モノ・カネ」を時間軸で管理する。

　経営マネジメントの基本は、会計数値の管理にある。会計数値の基本に現金（流動性のある預金を含む現預金）がある。現金は企業の血液である。会社を大きくしていく過程では、「現預金管理」、つまり「キャッシュフローの管理」が重要だ。その管理の基本は、「お金で経営実態を見る」「お金の動きから目を離さない」ことである。

２．経営の３要素や５要素と会計数値

２．１　経営では、まず「人・モノ・金・情報・時間」を会計数値でおさえる

　経営が分かってくると「人・モノ・金・情報・時間」という５要素が気になってくる。「人・モノ・金・情報・時間」という、５要素を具体的に準備することができて、ビジネスができるようになる。従って、ビジネスモデルの概要が明確になったら、そのビジネスを支える「人」がいる。図3.3を見ながら考えてみて欲しい。

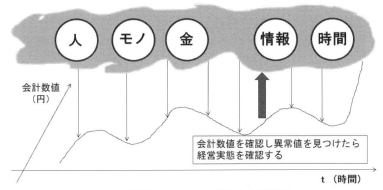

図3.3　経営の3要素や5要素と会計数値

　事業に取り組む人を集める必要がある。事業の内容と規模に応じて、人が準備される。まず集める人は、「人材」でなくて、会社の財産となる「人財」として、考えなければならない。財産だからこそ人を大切にして、人に投資をする。

　次にビジネスに必要な設備（モノ）を計画する。ここまでくるとビジネスの概要が見えてくる。事業を取り組む上での資金を試算し、準備できた段階でビジネスが始まる。

　次に5要素のうちの情報価値と時間について、詳しく説明する。

①情報、時間資源は企業規模に関わらず、比較的平等に与えられている。

②聞くことは重要だが、聞き過ぎると何事も遅れてしまう。

③情報入手を報道（他人）だけに頼るな。マスコミは結果を追う。

④3現主義（現場、現物、現実）。現場に立って自分の目で情報を集める。

⑤顧客と顧客目線で会話する。顧客は情報源である。

⑥決算書を見る。帳簿を見る。現金の動きを自分の目で管理する。

⑦部下との間のホウレンソウ（報告、連絡、相談）を怠らない。

情報入手の手段として、マスコミから得るのは容易である。その情報入手、同じ新聞記事を見ても、見方によって全然違う情報に見える。しかし、マスコミ情報だけに頼らずに自分の行動で掴んだ情報とのスリ合わせを怠らないようにしたい。常識にこだわると、自らが社会変革（イノベーション）を起こすビジネスは作れない。自分自身の感性を研ぎ澄まさないと、非常識と言われるような社会の先端を走るビジネスモデルは作れない。

2.2　経営は会計数値で管理する

ビジネスモデルから、経営が見えてくるといえる。

次に「お金」の息遣いを感じることができないと、ビジネスには取り組めない。資金繰りが厳しくなってから、帳簿を見るのでは遅い。会社を成長させる経営をする時、資金繰りが苦しくなくても、無駄な経費を使わずにギリギリの所でやることになる。安全のためにお金を準備し過ぎても、借金が増えるだけである。実際、会社を成長させようとすると、成長に見合ったお金が沢山必要になる。

①会計数値を確認し、異常値を見つけたら、経営実態を確認する。

②会計数値は、誤魔化せない。

③重要なのは現金・預金（現預金）で、キャッシュといわれる現預金を管理すると会社の息づかいが分かる。キャッシュは企業の血液である。

④商品、仕掛品、材料などの棚卸資産を多くしない。黒字倒産の原因となる。

ここでは、「お金の使用目的」、「何ができる人財を確保するのか」、「何をするための設備（モノ）調達か」という目的を明らかにしたい。

「情報」だけがあってもお金がどの程度いるのか、時間軸でみた必要な資金の把握や、資産をどの程度保有できているかの、実態把握が問われることになる。

実学では「時間」と「カネ」の関係が、経営上の重要な管理対象となる。現金の保有残高の動きであるキャッシュフローは、実際に経営を行うと動きが激しく、見えにくい。しかし、いくら現金を持っているかは、重要な管理項目である。

３．事業に取り組む

　人、モノ、金が経営資源の３要素といわれる。

　研究、技術開発、生産、営業の各部門に人、モノ、金をどう合理的に配分するかは、経営の第一歩である。事業目標を設定して、人をどう育て、どう研究開発や工場建設などの設備投資や人に、どうお金を使うかは難しい。

　経営において、人、モノ、金をどう投資するかは、経営の基本である。さらには、無駄な時間を使わないようにする。モノづくりの事業計画の作成にあたっては、「研究」「技術開発」「生産」「営業」という全体像を頭にいれて取り組むことになる。

　図3.4は、「ヒト・モノ・金」がこのような事業の中に投入されて、市場に「商品・サービス」が提供されるまでのイメージ図である。

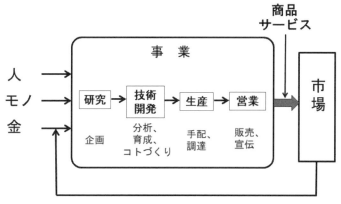

図3.4　事業に取り組む

３．１　市場づくりにあたっては、３Ｃを認識する

　売上を立てるにあたってのマーケティングの３Ｃ（図3.5）を学びたい。市場づくりにあたっては、次の５点を明らかにしたい。

　①対象市場（ターゲット顧客）を決定する。

　②競合社を洗い出す。

　③自社の商品・サービスの特徴（差別化）を明確にする。

④差別化、付加価値化の方針（機能、価格、品質）を決定する。

⑤ブランド構築に取組む。

ビジネスモデルを考える時、競合社（Competitor）の存在を意識したい。

図3.5に示す競合社Cという競争相手がいることによって、自社の特色を明確にする必要性が出て来る。競合社を意識した差別化を行うには、ブランドを構築する取り組みが有効である。現状、競合社が見えなくても、仮想でも競い合う会社がいる必要がある。

産業財の取引では、多くの場合、安全のため、2社以上の複数社から、顧客は購入するようにしている。従って多くの場合、気が付かなくても競争相手はいると考えるべきである。

競合社に勝つには、違いを明確にして差別化をしなければいけない。ブランド作りに取り組まなければならない理由がそこにある。

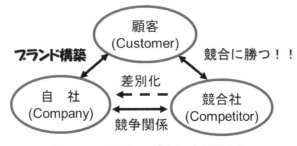

図3.5　マーケティングの3Cを意識する

買い手に対して「私の会社は、こういうところが良い」ということを語り、ブランド作りに取り組む。敵を意識するからこそ、自社の強みを更に磨こうとする。意外ではあるが、多くの会社が、競合社を意識しないで仕事をしていることが多い。「貴社の競合はどこですか」と聞いても答えることが出来ない経営者もいる。多くの日本企業は、敵を意識せずに「長いお付き合い」のような感じでここまで来ているから「敵から仕事を取るなんてとんでもない」と思っている企業人も多い。

しかし、競合と競争するといっても直接対決したり、喧嘩をしたりすることで、競合社に勝つわけではないので、その戦いはできるだけ、その存在を競合相手に気付かれないようにやることが最良である。そのやり方こそが、本書の中に書かれている技術経営である。勝とうとするから、新し

いアイディアが生まれる。

　技術経営は、手順を踏んで、繰り返し学んでいくことになる。その勝つ方法として整理したものが「ビジネスモデル」である。ビジネスモデルで、市場で勝つための仕掛けを作る。

4．経営は未来学というが、なぜか

4．1　計画を立てて、多様な戦略を立てる

　経営は未来学である。なぜ、未来学というのか。どのような会社にするかの目的があるからで、目的達成のための準備が必要となる。

　図3.6は時間軸を意識した上で事業を進めるために各部門との連携を整理した図である。この図を見ると、計画を立て、戦略を立てる流れが見えてくる。未来を見通して、各部門間の連携をするための計画を組み立てる必要性が見えてくる。

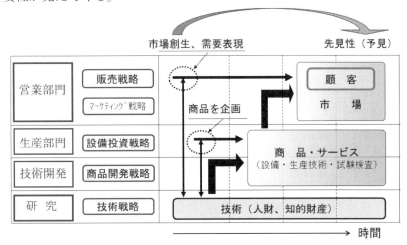

図3.6　経営は未来学

　なぜ「時間軸」を意識しなければならないのか。顧客や市場をつくるには、時間がかかるからである。「時間軸で手順を考え」「顧客を作り」「市場を作り」「商品を企画する」となる。時間軸を思考した時に、「モノづくり」や「コトづくり」がある。何か商品やサービスを作らないと、売上は立たない。作るために、商品を企画し、市場作りをする。サービスでも、「「サービス」という商品」を作るには、顧客を明確にして、すり合わせながら作ることになる。従って、商品・サービスを作るのには時間が掛かる。

　図3.6に「○○戦略」と並べているのは、「技術戦略」「商品戦略」「製

造」「マーケティング戦略」「販売戦略」と部門別に細分化した戦略があることに気付いて欲しいからだ。それらの戦略を「経営戦略」と概念的に大きく捉えることもあるが、こういう風に部門別にそれぞれのやるべきことを分担して組み立てる必要がある。経営層に限らず、仕事に取り組んだらそれぞれの部門のところで、権限の範囲で戦略をつくらないといけないことを示している。経営戦略もあるが、その戦略を詳細化した部門戦略もあることを示している。

４.２　経営目標が明確になって戦略を立案する

　戦略とは何かを図3.7を見て考えてみたい。戦略課題を解決することで、経営目標と現状とのギャップを埋めることができる。経営目標（コンセプト）と現状分析があって、戦略や戦術がある。経営力、実行力、技術力が、戦術、戦略を具現化し、経営を支えている。

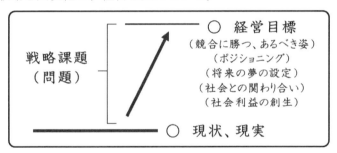

図3.7　戦略課題とは、経営目標とのギャップ

　「技術経営の『技術』は、何か」と良く問われる。実務で技術に関連しない戦略や戦術は無い。経営戦略と言うと、全て『技術』のついた技術経営戦略なのである。意識をしていないと、技術の存在が見えなくなる。本書では「技術の存在」を明確にしながら進めたい。

　「戦略」は「What」であり、「戦術」は「How　to」である。

　まずは、「経営目標」の設定が重要である。「何をするか」という目標と、「現状、現実」との間にはギャップが存在する。

　これについては、色々な異論を唱える方もいるが、いずれにせよ「戦略目標」が「現実」から乖離して、上に設定されていればそれを解決するために「戦略」の必要性が出てくる。

5．ビジネスモデルに取り組む組織

5．1　人の投入、社員が増えると組織化が必要

　組織づくりが出来て会社である。会社づくり、まずは、気の合った仲間を集めて、起業することになる。図3.8の20人から30人までの「仲間」が、起業した時の会社の状態である。起業当初は、固定経費を抑えたいので、多くの場合、30名以下の社員で構成される。それが、売上につながる仕事が増えて人手不足になり、人の採用が行われて、結果的に社員が増える。

　これは「人・モノ・金」の「人」の話で、人が増えるとチームを作り、リーダーを設けて組織化をして管理することになる。目標が高ければ高い分、人財の育成には時間が掛かる。どのような人を採用し、どのような能力を持つ人財に育成するのかが、企業のミッションになる。

図3.8　人の投入、社員が増えると組織化が必要

5．2　組織での様々なコミュニケーション

　ビジネスの基本に「顧客」と「会社」の関係がある。まさに、「お客さま（顧客）とのコミュニケーション」をする営業活動となる。それが、図3.9の外部とのコミュニケーションである。

　次に会社内で行うコミュニケーションを、内部のコミュニケーションという。社内のコミュニケーションは、図3.9に示す「従業員」と「経営者（管理者）」の間で行われるコミュニケーションである。そのコミュニケーションでは、報告、連絡、相談が大切である。それを「報・連・相（ホウレンソウ）」として、組織人となった時には、社員でも社長であっても心がけることが重要である。

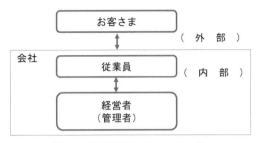

図3.9　組織間のコミュニケーション

５.３　戦略構想力と人財育成のキャリアパス

組織階層と組織構成図を図3.10に示す。

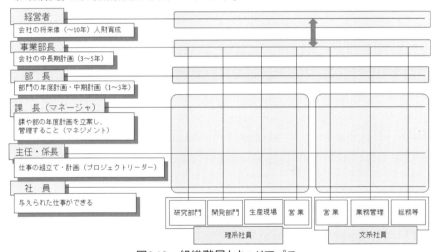

図3.10　組織階層とキャリアパス

人財は、理系社員と文系社員に分かれる。理系社員の職場は、研究部門、開発部門、生産現場、営業がある。文系社員の職場は、営業、業務管理部門、総務等となる。

組織階層は、社員、主任・係長、課長（マネジャー）、部長、事業部長、経営者となる。それぞれの職務分掌を次のように定義している。

社員は、与えられた仕事ができる。主任・係長は、仕事の組立て・計画（プロジェクトリーダー）ができる。課長（マネジャー）は、課や部の年度

計画を立案し、管理すること（マネジメント）ができる。部長は、部門の年度計画・中期計画（1年～3年）を立案できる。事業部長は、3～5年の中長期計画を立案できる。経営者は、10年先の会社の将来像を描き、次の経営を任せる人財育成を行える。

　キャリアパスは、階層が上がるにつれて組織間を移動して、総合力が身に付くように人事異動を重ねることになる。

　このような組織構成が良いかどうかの評価は様々であるが、日本企業の多くは日本型経営として、階層化で組み立てる組織づくりをする。

　例えば、日本型の経営だと、「経営者、事業部長、部長、課長、主任、社員」と、名称はさまざまであるが6階層もある。皆さんが知っている会社の階層はどうなっているかを考えて欲しい。

　小さな会社の職制では、4階層（社長、部長、課長、社員）で、組立てられている。

6．人財の育成

6.1　人の投入、社員が増えると組織化が必要

　現実的なマネジメントをするとしたら、「QCD」というモノづくりで使う用語が、実際には人の管理、組織の管理などに使える（図3.11）。

　経営マネジメントとして「QCD」がある。

　Qは品質で、機能・性能、クレーム、設計寿命、品質水準、ISO9001他。Cはコストで、人件費、製造原価、開発費、会計数値、ファイナンス。Dは納期で、客先納期、生産計画（リードタイム）、開発計画、中長期改革、サプライチェーン。

　この QCD 情報を個々に把握し、分析し、管理し、コントロールをする。これが経営である。

数値で管理することがマネジメントの基本

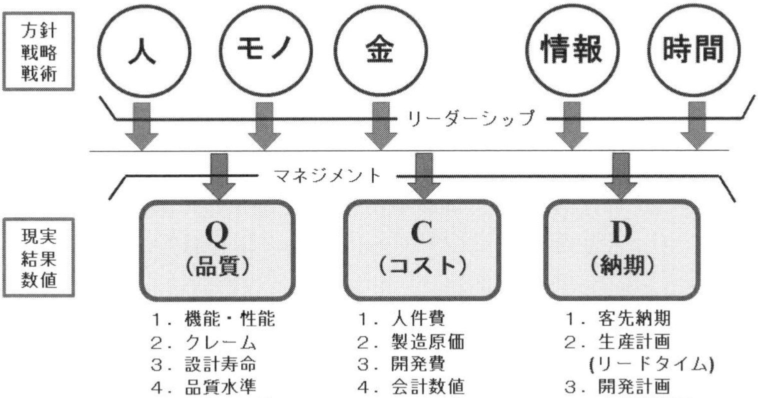

図3.11　人財育成のキャリアパス

6.2　お金で経営をマネジメントする

　事業の立ち上げ時、経費が先行する（図3.12）。図中には、A点、B点、C点、D点、E点がある。それぞれの点の意味を順を追って考えてみたい。

　①A点　単年度黒字となる点、単黒ともいう

　A点は、初期コストと売上との関係で、単月の黒字が見え始める点（単

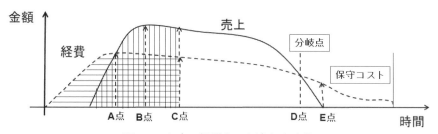

図3.12　お金で経営をマネジメントする

黒）である。その単黒は、月次管理の基本である。「単黒」とは、売上が伸びてくるとやがて、収益が赤字から黒字になる。どこかで赤字の事業が、黒字化する。単黒が新規事業では、最初の事業目標にする地点である。

②B点　売上がピークとなる点、市場を見極めて投資判断をする

B点は、売上最大の点である。ビジネスのピークを見極めることは、重要である。ピークを打った後、なだらかに落ちて行く。「継続投資なのか」、「投資は止めておくのか」という投資判断をするタイミングである。

③C点　累損の解消点、投資資金を回収する

C点は、初期の投資を含めて回収が終わって利益が出るようになった時点である。図3.12では、縞模様にしている横縞（経費累積）と縦縞（売上累計）がイコールになるタイミングである。投資を含めた累損（累積損失）を解消したタイミングである。その後にようやく「事業利益、儲け」が出て来る。

単黒になり、次に今までの研究開発投資が償却される。P/L（損益計算書）を見ただけでは分からない。研究開発投資をする人や事業計画を立てる人には、事業評価を行うには、こういう評価の目が必要だ。実際に絵を描いてみるとよい。

④D点　赤字転落、事業撤退タイミングを見極める、そしてE点で撤退

さてD点は損益分岐点である。これ以降は事業を止めなければならない。事業撤退。撤退すれば売上は0円である。

しかしメンテナンスコストが掛かる。メンテナンスコストは、必要な経費となる。顧客との関係で、いきなり撤退することは、なかなかできない。

7．経営の息遣いを会計数値から把握する

　経営を管理する上で、仕訳の左と右の違いや、勘定科目、資産取引と損益取引との違い、貸借対照表（BS）と損益計算書（P/L）などに関する、基礎的な簿記の知識（日商簿記検定2級から3級程度の知識）は、必要である。

【売上から現金入金】
売上　→　現金（預金）
　　　→　売掛金　→　現金（預金）
　　　→　売掛金　→　受取手形　→　現金（預金）

図3.13　売上処理の流れと仕訳（簿記）

　図3.13は、売上からお金がこういった形で変わりながら処理されるということを、業態によって違うこともあるが、ここでは売り手の処理について、簡単に説明する。

①現金取引　通常は現金売りである。口座に振り込まれる場合（預金）も商慣習では現金扱いである。

②掛け売り　商品を受け取ったときに現金を払わずに、後日に請求書を受け取った後に、請求書に書かれた期限までに現金を支払うという商慣習がある。会社間取引では、このやり方が多い。請求書を送付した時点に、売り手は売上と売掛金を記帳する。後日、指定の口座に現金が入金される。入金時点で、売掛金は回収される。

③手形の受取　請求書を受け取った後、支払期日に現金振り込みの代わりに、手形を支払う。手形には支払い期限が書いてあり、期日が来ると現金を指定の口座に入金するやり方である。売り手は、請求書を送付した時点に売掛金を記帳し、期限になると手形を受け取る。手形に記載の期限に集金に行ったり、期日までに指定の口座に現金が入金されたりする。

【仕入から現金支払】
仕入　→　現金（預金）
　　　→　買掛金　→　現金（預金）
　　　→　買掛金　→　支払手形　→　現金（預金）

図3.14　仕入処理の流れと仕訳（簿記）

図3.14は、販売するための商品を仕入れた場合の買い手側のお金の流れを示している。最後は、いずれも現金の支払いが起きる。

7.1 損益計算書の構成を理解する

経営の成績評価の基本的な財務諸表に損益計算書（P/L）がある。ここまでの議論にもなった「設備投資が必要だ」とか、事業体によって経費構造が違う。

モノづくりの企業では、製造原価がある（図3.15）。

販売費・一般管理費（販管費）も、「営業重視のやり方」とか、「研究開発に償却がいる」とか、経営のやり方で経費構造は大きく変わってくる（図3.15）。

損益計算書(P/L) ： 期間で評価する
日計、月次、４半期、半期、年間（年次）

（注）営業経費等＝（販売費および一般管理費）－研究開発費＝純販売費および一般管理費

図3.15　損益計算書の基本構成

7.2 日本型経営のリストラは配置転換を基本とする

プロフィット（利益）を大きく保つには、常に最適化して固定費を落とす努力が必要である。その事業に掛ける固定費を落として、違う所に投資しようとする。新規事業に人を回す。優秀な研究者を違う所に回すとか。部署を変えるとか。５人だった要員が２人となり、さらに１人に減らすことをする。

　この概念を理解していると、早めに手を打つ事ができ、その効果がでて利益を安定的に確保できるようになる。例えば会社の中には、色々なグループがあり、それぞれが部門管理をしている。つまり、損益分岐点以下の事業を無くしてしまえば、一気に赤字経営を解決することができる。

8．事業収支を見極める

8．1　経費には固定費と変動費がある

　別なセクションでも扱うので、このセクションでは、基礎的なことを説明する。

　経費には、「固定費」と「変動費」がある（図3.16）。

　経営者は、自社の「固定費」を把握しなければならない。どの程度の売上で利益が出るようになるかを把握するには、「固定費」を把握しないと、会社の損益分岐点が見えない。変動費もあるが、起業時に大事なことは、まず固定費以上の売上を上げることである。そこが第1段階の目標になる。

　次に売上と共に増加する経費を勘案して、損益分岐点を超える売上となる目標の実現に取組む。従って、損益分岐点を抑えておくことが大切で、売上の状況に応じて損益分岐点を管理し、コントロールすることになる。

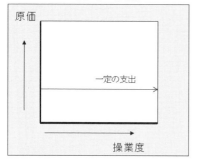

固定費事例

減価償却費（生産設備等）
給料（正規従業員の時間内労働など）

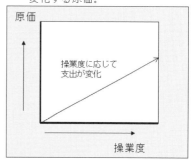

変動費事例

投入材料費
給与（時間外労働時間）
パート労働者など

図3.16　固定費と変動費

8．2　経営責任者は損益分岐点をいかに把握し、いかにコントロールするか

　損益分岐点（図3.17）は、非常に大事な概念である。

　損益分岐点について、社会人でもあまり良く分かっていない人が結構いる。経営の基本であるので、分かるまで取り組む必要がある。

　200という数量でちょうど「売上」＝「コスト」。その時点での利益はゼロである。

①利益を上げるための方策、方法は何か。

②固定費を下げるのと、変動費を下げるのと、どちらを優先するか。

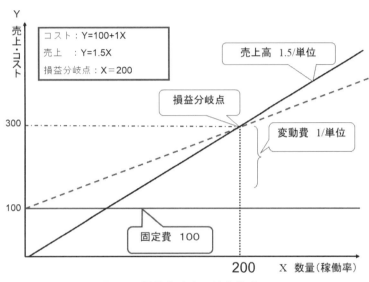

図3.17　損益分岐点の基本構成

８．３　売上がピークを打ったあとの経費管理を学ぶ

　売上が右の方にあったが、何らかの事情で売上が急速に下がって来た。その時、どう運営するかである。

　売上が伸びている時は変動費を下げる余地があるが、競合が出て競合に負け始めた時や、景気の波もある。

　マーケット自体の成長が期待できなくなってしまった時とか。そういう時にどう対応するかを、経営者は、常に考えておかなければいけない。

　売上が損益分岐点以下になったとき、社長はどのように会社を動かすかが一番の命題だ。社長として固定費、変動費をどう「イジル」かを、きちんとわきまえていなければいけない。売りが見えない時には、固定費を下

げるしかない。

　例えば製造から販売までの期間を、効率を高めて短くしたら計算上では
あるが、原価に占める固定費を半分にできる。普通６ヶ月掛かっていたも
のを２ヶ月にして、継続して取り組み、２ヶ月＋２ヶ月＋２ヶ月で、３回
転したら３倍の利益が出ることになる。

　一般論を言っているだけでは、経営リーダーにはなれない。それで納得
してしまうと、何も考えることはできない。工期の短縮でも、固定費を抑
制することもできる。生産性の改善から、利益を増大させることもできる。

おわりに

　技術経営の基礎中の基礎である、ビジネスモデルを学んできた。まずは、ビジネスモデルをしっかり組み立てておかないと、お金儲けはできない。

　この章では、ビジネスモデルの「商品・サービス」「顧客・市場」と「お金」という3要素を個々に説明した。

①自社のビジネスモデルの「商品・サービス」「顧客・市場」と「お金」という3要素をきちんと語れるようにする。

②市場づくりでは、顧客を明確にして、商品・サービスに対して市場の誰が、いかほどお金を払ってくれるかを明らかにする。

③市場づくりでは、顧客（Customer）、競合社（Competitor）、自社（Company）の3Cを認識することが重要である。

④経営計画を立てて、関連部門の多様な戦略を立案する。

⑤経営の息遣いを会計数値から把握する。

【参考文献】
(1)Herny　Chesbrough 著、大前恵一朗訳（2004）『OPEN　INNOVATION』産業能率大学出版部

> 用　語

BS：Balance Sheet（貸借対照表）
Customer：顧客
Company：自社
Competitor：競合社（同じ市場で競争相手となる会社）
P／L：Profit and Loss（損益計算書）
QCD：Quality, Cost, Delivery（品質、経費、納期）

第4章

❖

商品開発の取り組み

杉本 晴重

- ・商品開発はモノづくりの重要な企業活動
- ・大きく商品企画と開発（研究・設計・開発）から構成
- ・顧客・市場ニーズを把握し、自社のコア技術を使ってニーズに応える

　商品開発は、モノづくり企業において商品供給（サプライチェーン）と並んで重要な企業活動であり、市場の需要を購買へつなげることからデマンドチェーンとも呼ばれる。

　商品開発の前工程である商品企画では、「市場・顧客ニーズの把握」「自社のコア技術による商品開発」「競合製品との差別化」が重要である。

　一方、開発（研究・設計・開発）では、失敗を恐れず遂行する開発組織体制の構築と PDCA による着実な進捗管理、特に開発期間の短縮が成功の鍵となる。

1．商品開発とは

1．1　モノづくりにおける商品開発

　図4.1に示す通り、モノづくりは大きく、商品を企画、開発する商品開発プロセスと、商品を生産、販売、サポートする商品供給プロセスの2つのプロセスから構成される。商品開発プロセスは市場の需要を喚起する、魅力ある商品を創出する意味からデマンドチェーン（需要の連鎖構造）とも呼ばれる。

　一方、開発された商品の確実な供給を目指す商品供給プロセスは、サプライチェーン（供給の連鎖構造）とも言われ、狭義に「モノづくり」を示す場合もあるが、第5章で詳しく説明したい。

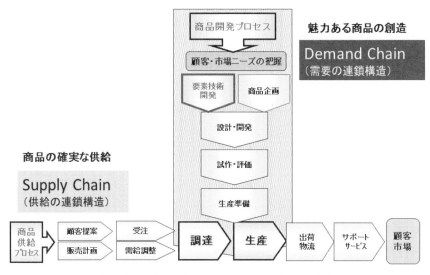

図4.1　モノづくりにおける商品開発の位置付け

1．2　商品開発とは

　商品開発とは、一言で言うと、「市場・顧客ニーズの本質を探り、自社のコア技術を活用してニーズに応える新製品を創出すること」である。

　ここで、重要なことは次の3点である。

　①市場・顧客ニーズの本質を探ること。

②自社に保有するコア技術があること。

③コア技術を使いニーズ、要求に応える製品、解決策を、競合製品と差別化して提供すること。

1.3　商品開発の価値

図4.2はモノづくりで、どのビジネスセグメントに利益があるかを顔のイメージで示したものである。

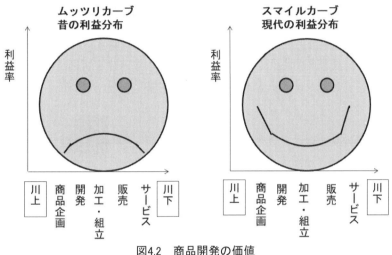

図4.2　商品開発の価値

川上（商品企画・開発）と、中流（加工・組立）と、川下（販売・サービス）との各分野の利益率の違いをみると、モノが中心だった昔は、生産の利益率が高い「ムッツリカーブ」で、モノからコトへ価値がシフトしている現代は、「企画」「開発」と「サービス」の利益率が高い「スマイルカーブ」になっている。

この変化は、アナログ技術からデジタル技術へのシフト、顧客ニーズの多様化、産業の垂直統合から水平分業化、共創と競合のグローバル化など様々な要素が関係しているが、「売れるか売れないか」「売れても儲かるだけのコストで設計されているか」は、川上の商品開発で、かなり決まるといって過言ではなく、重要なプロセスである。

1.4 商品開発分類

　商品開発の分類には、色々な切り口があるが、提供する価値の種類により分類する方法がある。

　一つは本質的価値を追求する、いわゆるイノベーション型で、開発には人、金、時間もかかり成功確率は高くないが、当たれば大きなリターンが期待出来る。いわゆるハイリスク、ハイリターンである。

　もう一つは、いわゆる既存商品の改善や改良型で、新しい付加価値を提供する方法で、商品コンセプトを明確にして、短期間で開発することが要点である。

　開発プロセスモデルに基づく商品開発の分類もある。

　一番目は技術集約型で、製造業の基本形であり、差別化技術の開発と評価、検証が重要である。例えば、自動車、電気機器、半導体、精密機器等である。

　二番目はマーケティング集約的製品で、市場テストと評価への迅速なフィードバックが重要である。例えば、化粧品、日用品などである。

　三番目が試行錯誤型製品で、市場フィードバックにより最適製品化を図るので時間と感度が大事である。例えばファッション衣料品などである。

　前述のイノベーション型は技術志向が高く、改良・改善型はマーケティング集約志向が高いが、実際は、明確に分かれている訳ではなくて、イノベーション型にも市場、顧客ニーズを踏まえたマーケティングが必要であり、改良・改善型にも他社との差別化を実現する技術開発が必要である。

1.5 開発障壁：「死の谷」をいかに克服するか

　画期的な新技術と新製品の開発は、ハイリスク・ハイリターンの傾向があり、その開発には多くのリソース（人・金・時間）を要し、開発途中での技術課題や問題の発生や、問題を解決することができず、挫折してしまうことも多い。

　このような革新的技術を使った製品化に立ちはだかる開発障壁は、「死の谷」と呼ばれるが、これを乗り越えるには資金力や優秀な人材、研究開発力、企業トップのコミットメントや知的財産戦略が重要になる。

　米国ではベンチャ企業や国家研究機関が、この「死の谷」を乗り越える役割を担うケースが多く、ベンチャキャピタルやメンターによる資金の援

助や商品化・事業化の支援などが大きく貢献している。

　一方、近年、日本では革新的技術に取組むベンチャ企業も少なく、資金援助の規模も小さく、産学連携も有効に機能しているようには見えない。

　しかし、アナログ時代に比べ、デジタル時代の技術革新スピードは速く、またグローバルにオープンイノベーションが進んでおり、協業やM＆Aにより、この開発障壁を克服しているケースも多い。更にデジタル化とグローバル化は、市場変化のスピードを加速し、市場への参入障壁も下げているので、開発障壁を乗り越える可能性は高くなっている。

２．商品開発プロセス

２．１　商品開発プロセスの概要

図4.3に「商品開発プロセス」の流れを簡単に示す。

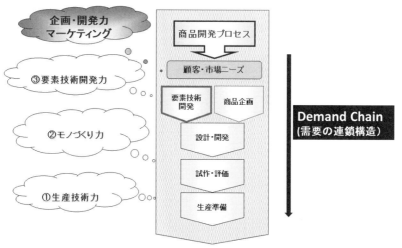

図4.3　商品開発プロセス

　商品開発は大きく、①市場・顧客ニーズの把握、②商品企画、③要素技術開発、④設計・開発、⑤試作・評価、⑥生産準備から構成される。

　すなわち商品開発は、企画力と開発力からなる総合力といえる。

　商品開発のスタートは、「市場・顧客ニーズを把握する」ことである。対象とする市場、顧客とそのニーズを明確にしないと、どのような商品を企画、開発すればよいか分らない。特に社会、生活が豊かになり、多様な商品が大量に供給されるようになった現代では、どの市場でも、誰にでも売れる商品などほとんどない。

　把握した市場・顧客ニーズに対して、自社の持つコア技術を使っていかなる顧客価値を提供するか、競合製品との差別化を明確にすることが重要である。そのためにも、常に自社の持つ技術的な強みを強化し、さらに新たな技術を開発する「要素技術開発」が重要である。

　企画された商品は具体的に設計・開発、試作・評価を経て、生産準備が

完了すれば量産に入り、正式な出荷へと移行するが、この段階ではモノづくりの後工程である「商品供給プロセス」の重要な要素である生産管理、生産技術からなる「生産力」が大いに関係してくる。

２.２　自社の強みと顧客ニーズとの整合がキー

市場・顧客ニーズの把握は、商品開発の第１ステップである。これは前述の改善・改良型の開発では特に重要であるが、表面的ニーズではなく本質的ニーズの背景（WANTS、困っていること）を把握することが大事である。

顧客は多種多様な要求、要望を持っているが、その中身は千差万別で、個々の要求・要望に全て対応した商品を開発することはリソース面、収益性からも現実的では無い。重要なのはニーズの背景にある共通する本質的なこと、あるいはまだ顕在化していないが、今後重要となるであろうWANTSなどを感じとり想定することである。

一方、自社保有のコア技術、自社の強みを明確にして商品に活かさないと、ニーズを把握できても、他社と差別化した真に顧客ニーズに合った商品は出来ない。

もう一つ大事なのは、お客様は一つではないことである。エンドユーザ（使用者）だけでなく、購入者、販売チャネルもお客様である。

B2Bの場合は、エンドユーザ（Ｃ）が見えない時がある。そのため、開発した製品がB2B2Cの「Ｃ」で受け入れられない、売れないというケースも良くある。この階層化した複数のお客様が「商品に何を求めているのか」「どのような商品を買いたいあるいは売りたい」と思っているのかを把握する必要がある。

B2Bでは、購入者や販売チャネルは、エンドユーザとは異なる要求条件を持っている場合があるので、特に注意が必要である。例えばエンドユーザ（使用者）は使い易さを、購入者は価格、保守性を、販売チャネルはブランド力、他社との差別化等を重視する傾向がある。

図4.4に著者が関係した、オフィスプリンタを具体例に示している。市場・顧客ニーズからオフィスプリンタに対するユーザニーズをまとめ、一方、自社の持つLEDコア技術の特徴を生かして、ニーズへどのような価値で応えるかを表している。

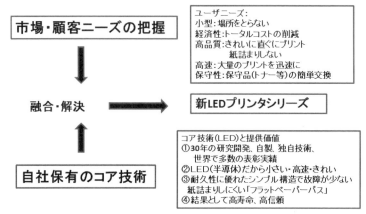

図4.4　顧客ニーズと自社コア技術による提供価値（オフィスプリンタの例）

2.3　市場調査

　市場・顧客ニーズを知るための市場調査法には、多種多様の方法がある。

　市場・顧客調査レポート、顧客との面談、クレーム情報、アンケート調査、顧客満足度調査、学会・展示会、特許情報、業界紙（誌）、大学・公的機関からの情報、インターネット情報等などである。市場の調査にあたって、気を付けるべき点がいくつかある。

　一番目は、机上（インターネット）や一時的な市場調査からだけでは、ヒット商品は簡単に生まれないということ。

　いわゆる表面的なこと、顕在化したことは分かるかもしれないが、「本当のお客様は誰なのか」「そのお客様が真に何を欲しているのか」はなかなか分からない。比較的有効なのは、クレーム情報で、現製品を改良する、トラブルを解消するだけでは無く、新商品をつくる時にヒントになることが多い。アンケート調査は、一見良さそうだが、過大に信用しない方が良い。本音や悪いことを、時間を割いて真面目に書いてくれる人は少ない。質問方法、内容に十分な工夫と準備が必要である。

　二番目は、似たようなことを考えている人は世の中に沢山いて、成長トレンドだけを追うと、結局、似たようなものしかできないということ。

　調査検討で大切なのは、他社と差別化する商品、事業を創生するという目的を持って情報を集め検討することである。

　三番目は、現場の観察、ユーザ状況の継続的把握である。どのような人が自社製品あるいは他社製品を、どう使っているか観察することが大事である。一度売ったお客様に対して、あるいは他社が売ったお客様も含めて、常に市場・ユーザの状況を継続的に見る、あるいは意見を聞いていると、必ずヒントがある。

（1）お弁当宅配サービス「玉子屋」の事例

　継続的に顧客情報を収集し、経営改善に反映している好例が、オフィス向けお弁当宅配サービスの「玉子屋」である。この事例を取り上げて説明する。

　一つ470円のお弁当、1日60,000食を宅配するお弁当屋さんで、仕入れ原価率が50％以上、おかずの数平均7種類、1日あたりの平均廃棄ロス率0.1％未満という数字も、この業界としては異例だが、色々なユニークな取り組みをしている。

　お弁当容器を毎日回収し、食べ残し内容をチェックして、メニューの充実、受注増と安定化を図り、配送中に配車間での弁当受け渡しという仕組みを取り入れて、需給数量の差異を減らすなど、全社を挙げた取組みはユニーク（差別化）である。

（2）市場の分析に取組む

　市場分析では、市場調査により得た情報と SWOT 分析などにより、機会（ビジネスチャンス）と脅威（ビジネスリスク）、自社の強み、弱みを分析・評価し、ビジネスチャンスのありそうな市場と商品を検討する。

　競合社と競合商品の分析も非常に重要である。

　分析は重要であるが、開発者、経営者は、これらの分析結果をうのみにすることなく、自身の感覚を研ぎ澄まし、好機心を常に持って社会を見、毎日の世の中の動きから自分自身が感じることを合わせて判断し、商品開発に反映することが非常に重要である。

　常に「お客様の潜在する問題は何か？」「ニーズの背景にあるモノ、コトは何か？」「どのような解決手段・方法を提供できるか？」を問い、モノだけでなくコト（サービス）も合わせてビジネスモデル（付加価値と儲ける仕組み）を考えることが大事である。

2.4 商品のアイデア出し

　アイデア抽出法にも色々あるので、ここでは代表的な方法を紹介する。

　一つ目は、新しい付加価値の創出に着眼する方法である。

　全く新しい製品・サービス提供を目指す場合は、社内に眠っている技術・特許を掘り出して、従来顧客と対極の顧客を見つけることや、積極的に社外との対話の中でニーズとシーズを結び付けるなどの方法がある。一方、既存サービスに新しい付加価値を提供する場合は、これまでにない、事業の仕組み、低コスト、スピード、多様性を加える等の視点が重要となる。

　二つ目が、オズボーンリストを使って既存品に対して、多様な視点から検討する方法である。

　転用・応用・変更・拡大・縮小・代用・再利用・逆転・結合等の視点からアイデアを導き出す。例えば、近年のスマートフォンは、「結合」アイデアの塊である。

　三つ目は、メガトレンドとの組み合わせからアイデア出しする方法である。

　例えば社会的関心の高い、少子高齢化・地球温暖化・健康志向・再生医療、人手不足、グローバル化などである。実際、高齢化や健康志向などを反映した新商品が多数開発されているが、時代変化が激しい時ほど、新商品のチャンスもあるが、既存商品へのリスク要因にもなる。変化への注意が大切である。

　四つ目が、異業種のベンチマーキングをする方法である。

　わざわざ異業種なのは、同業者はお互い良く知っているので、参考になることが少ないが、異業種の方が新たな気付きがあり、参考になるケースが多いからである。

　このようなアイデア出しの際に、クレイトン・クリステンセンの言葉「質問力・観察力・ネットワーク力・実験力の4つの行動的スキルを持ち、それを関連付ける思考力が革新的アイデアを生み出す力」は、アイデア創出の上で大変参考になる。

　このような方法で、ブレインストーミング等を交えてアイデアを出し、ブラシュアップして行く。検討には営業、マーケティング、技術者など専門家だけでなく、多種多彩な人材が参加すると、差別化された画期的アイデアが出ることが多い。

3．商品企画

　市場調査と分析が進み、市場・顧客ニーズと自社のコア技術による顧客価値提供の可能性が出て来ると、商品アイデア出し等を行って、更に具体的に詳細を検討し、その出力を商品企画書として経営層に提案する。
　さらに指摘された事項を見直して、修正提案し承認を得て正式な商品開発が始まる。

3.1　商品企画書
　商品企画書では、下記の項目が報告、提案されていないといけない。
　①商品開発の目的、目標、方針
　②市場調査と分析結果
　③市場セグメンテーションと製品ポジショニング
　④商品コンセプト
　⑤商品企画案：仕様、デザイン、コストと価格、訴求点など
　⑥販売計画（販売目標、販促、広告等）など
　⑦商品開発計画：線表、主要開発項目、協業戦略、知財戦略など
　⑧投資計画
　⑨収支計画
　以下に重要な点について説明をする。

3.2　商品開発の目的・目標・方針
　商品開発のねらい、目的、目標と方針を明確にする。例えば、全くの新商品で新市場開拓を狙うのか、既存市場の製品で売上・収益強化を狙うのか、あるいは強い商品、良い商品、長続きする商品、愛される商品など商品の性格も狙いの一つである。
　目的は売上か収益か、シェアアップか、ブランド強化か、目標は販売量、売上、収益、シェアの数値や生産・販売期間などを決めなければならない。
　さらに販売中止を判断する条件なども想定し、企画書に折り込んでおく。

3.3　市場調査と分析結果
　前述した市場調査と分析結果から、ビジネスチャンスのある対象市場と

ユーザニーズ、市場規模、競合状況等を明らかにする。

　具体的に、ターゲットとする市場セグメンテーションと開発する製品のポジショニングと他社競合製品あるいは自社の既存商品との差別化を明確にする。

３．４　市場セグメンテーション

　商品企画において、まず重要なのが対象市場の定義、明確化である。市場をセグメンテーション（細分化）し、ターゲットとする市場セグメント毎の顧客層とニーズ、要求価格、市場規模、競合社と競合製品等と、開発する自社製品の位置付けと、差別化を明確にすることが非常に重要である。どの市場、誰にでも売れる商品などないし、ターゲット市場を広く設定すると、開発する商品も主張がどこにあるのか分らず、差別化も難しい。

　市場セグメントを定義するとは、「誰に」「何を」「どのように」提供するかの定義であり、特に次の３要素が重要となる。

　一番目は、市場性であり、市場の性格、要求、規模、成長性、将来性などが重要である。

　二番目は、競争環境であり、競合商品の有無、そのシェア、強み弱み、競合社数も重要である。

　三番目は、前述した自社の適合性で、自社のコア技術を生かした商品を創出し、自社の強みを生かせる市場であるかどうかが重要となる。

　なお、既に顕在化している市場だけでなく、いまだ潜在している市場も重要な検討対象となる。

　図4.5に、プリンタ市場の市場セグメンテーション例を示す。

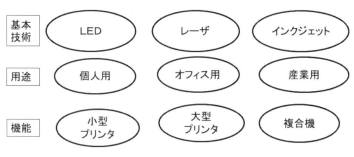

図4.5　プリンタ市場の市場セグメンテーション

　ここでは、大きく基本技術、用途、機能で分類しているが、それぞれの組合せで市場がセグメンテーションされる。

　例えば、LED 技術を使った個人用小型プリンタとか、レーザ技術を使ったオフィス用複合機が市場セグメントとなる。

３．５　製品ポジショニング

　対象市場を製品に着目してさらに分類したのが、製品のポジショニングである。

　自社製品と、競合社の製品の市場での位置付けを行い、競合製品との差別化を図る方法である。具体的には、製品の機能・性能、価格、使用者の特性（性別、年齢、所得、家族構成など）、便利性・必要性等を比較軸として、ポジショニングマップを作り、差別化を評価する。

　このマップは、他社製品だけではなく、自社製品のシリーズ化を検討するのにも役立つが、重要なのは顧客視点でつくることである。供給サイドの視点でつくると、高機能、高技術なものは必ず売れるはずだとの思い込みが、どうしても入ってしまう。

　図4.6にＡ４カラープリンタを例に、横軸に印字速度、縦軸に収容できる紙の枚数をとって、先行する競合製品をＡとＢ、新規に開発する製品をＣとＤとして示している。

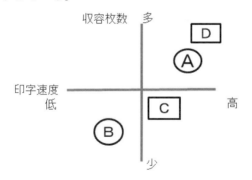

例：A4カラープリンタ
比較軸：印字速度、サイズ（大きさ）、解像度
　　　　価格、収容枚数、消耗品寿命等

図4.6　製品ポジショニング

後発で市場参入する場合は、特に顧客にとって価値のある機能、性能を
コストパフォーマンス良く提供する必要がある。

　図4.6では、高速で一度に大量印刷する顧客層を想定して優位性を比較
している。もちろん、優位性は二軸で決まるような単純なものではなく、
特に価格、品質、寿命など、さらにプリンタの場合だと解像度とか消耗品
の価格なども重要であり、対象とする市場セグメントの顧客ニーズ、価値
を十分に考慮する必要がある。

　なお、販売量を増やすには、マーケティングや販売のし易さからも、あ
る程度の商品品揃えは必要である。しかし、あまりにも品揃えを増やすと、
商品間の違い、顧客への訴求ポイントが不明確になり、市場が混乱するだ
けで、本命の商品がぼやけて売れない羽目になることが多い。過剰な商品
種類は、生産上もかえってコストアップや在庫増を招く恐れがあるので、
十分な検討が必要である。

３.６　商品コンセプト

　市場セグメンテーションが決まれば、そこにどのような商品をいくらで
どのように売るか、他社との違い、差別化や顧客価値を明確にするため、
商品コンセプトを検討する。

　コンセプトとは、基本となる概念であり、商品コンセプトとは、その商
品の基本となる概念、すなわち何を主張した商品なのかを表す。

　具体的には、機能・性能、特徴だけでなく、デザインやネーミング、販
促などにも関係する。自社ブランドとの整合性も、十分に考慮する必要が
ある。

　商品コンセプトを作る上で重要なポイントは、お客様視点であること、
特徴と強みを明確にすることである。特徴とは、他社との違い（差別化）
やこだわりであり、強みとは自社のコア技術で、世界一とか業界初などで
ある。これがエンジニアリングブランドの核となる。

　仕様、デザイン、ネーミングなどの商品企画案は、商品コンセプトを基
に決めておかないと、企画がぶれてしまう。仕様は欲張りすぎると、ター
ゲット市場（顧客）と訴求ポイントがぼけて、商品の魅力がなくなる。ま
ずは商品コンセプト、顧客価値、他社製品との違い、主要な仕様、デザイ
ン程度をカタログ１枚にすることが大切である。

（1）商品コンセプトの例：マツダ

　最近マツダの自動車が注目される機会が多くなったが、その理由として「スポーティと運転する楽しみ」を全車種の商品コンセプトとして、トヨタ、日産、ホンダ等の大手と差別化していることが挙げられる。

　大手との競争ではかなわない大型セダンから撤退し、「デザイン・走りをスポーティに」をコンセプトとして SUV や小型車、バンなどに絞って開発し、広告宣伝もそれらしく「Be a driver」や「Enjoy driving」として、マツダの昔のイメージから一新している。

　これは商品コンセプトを作るときに、ターゲット市場・顧客と自社の強みと特徴を強調して、企業・商品イメージを一新して成功した好例である。

（2）商品コンセプトの例：バーミキュラ（愛知ドビー株式会社）

　1936年創業、名古屋にある老舗鍛造メーカ愛知ドビー株式会社が販売している鍛造ホーロ鍋「バーミキュラ」は、非常に明確な商品コンセプトを打ち出している。長年培ったホーロ技術と職人の手仕事で、鍋本体と蓋の隙間0.01mm以下を実現し、無水で美味しい料理を提供する。

　商品である鍋（ポット）と炊飯器のキャッチフレーズは、それぞれ、「"暮らしを変える鍋"目指したのは、世界一、素材本来の味を引き出す鍋」と「"炊飯器を越えたのは、炊飯鍋でした。"目指したのは、世界一、おいしいご飯が炊ける炊飯器」で、ユーザに対して非常に明確なメッセージとなっている。さらに料理教室を開催し、レシピを提供するなど、コトによる差別化も行っている。

３.７　商品企画案：仕様、デザイン、訴求点、価格等

　商品コンセプトを基に、仕様、価格、デザイン、顧客への訴求点などを商品企画案としてまとめるが、特に重要なのは品質である。

　品質には、下記に示すようにいくつかの分類があるが、特に重要なのは企画品質と設計品質である。企画品質は顧客要求を反映した商品企画の品質でカタログに記載されるレベルであり、それに基づき設計に反映した品質が設計品質、通常、「狙いの品質」である。これらが的確でないと、いくら高い製造品質（出来栄えの品質）を持つ製品が出来ても、顧客要求にマッチせず、売れない。

具体例として、かって韓国メーカにおされて液晶テレビ不振に陥った日本の家電メーカが、競って３Ｄテレビを開発したが、全く売れなかった。これは、３Ｄを勝手に顧客要求として想定し、「狙いの品質」としてしまったためである。

- ・真の特性：　顧客要求の品質（実用特性）
- ・代用特性：　直接測定困難な特性を代用する品質特性
- ・企画品質：　顧客要求を反映した商品企画の品質（カタログ）
- ・設計品質：　仕様書等により規定された品質（狙いの品質）
- ・製造品質：　実際に製造された製品品質（出来栄えの品質）
- ・使用品質：　顧客が使用する段階での品質（機能、仕様）

３.８　販売計画、投資計画と収支計画

　販売時期、販売数量、販売チャネル、販売価格・価格戦略、広告や販売促進策など、販売に関わる計画を立案する。そして収入として本商品の価格と販売予定数、販売期間から各年度の売上高を算出する。

　一方、製造原価、販管費などから商品コスト、配賦される共通費用を算出し、研究開発投資、生産設備投資などの投資計画から投資額を出して、収支計画を計算する。

　収益計画では、単年度黒字となるまでの期間、初期投資を回収して累計黒字になるまでの期間、販売、サポート期間累計の収益額などが重要である。

３.９　価格戦略

　価格戦略では、商品価値に見合った適正価格を設定することが重要だが、戦略的に市場投入初期に高い価格を設定して、早期に投資回収を狙う戦略と、一方、初期に安く設定して早く市場を獲る、他社からシェアを奪い取るなど、色々な戦略がある。

　なお、商品価値を評価し、数値で決めることは容易ではなく、実際には価格は需給状況、競争環境、原価等から決めるが、最終的には、お客様が払っても良いと考える価格（価値）と競合関係から、市場で決まってしまう。よって、単なる価格競争にならない様に、いかに高く買ってもらえる商品を企画、開発するか、そしていかに収益を上げられるように安く早くつくれる商品を開発するかがポイントになる。

　経営戦略として、「絶対に値下げしない考え」と一方、「売れ残って不良在庫になるよりは早く売ってしまった方が良い」「現金化したほうが良い」という考えもある。

　サービスは不良資産化しないが、ものは簡単に値を下げるとドンドン価格競争になってしまい、ブランドを毀損することもあるので、慎重な判断が必要である。

3.10　商品開発計画

　販売開始時期を決め、それに間に合うように開発、設計、生産などの開発の組織体制と線表を決める。線表には重要なマイルストーンと、重要な進捗管理項目（コア技術の開発レベルを評価するデザインレビューや試作品の評価など）、知財戦略なども含める。

４．商品開発

　商品企画提案が承認されると、本格的な商品の開発、設計がスタートするが、商品開発、特に全くの新商品開発には多大のリソース（人、モノ、金）がかかり、時間もかかる場合が多く、十分な計画立案と進捗管理が必要である。

４．１　商品の「見える化」と情報共有

　商品開発において、売れる商品、安く作り易い商品を開発するためにも、商品コンセプトを早い段階で見える化し、関係者が情報共有することが重要になって来ている。

　例えば、自動車業界では、開発の早い段階から最終製品のデザイン、構造等をビジュアルに見せ、情報を共有している。営業、生産等社内関係者やユーザからの声を設計、生産に反映し、より魅力ある車を早く、安く、作り易く開発することを心がけている。それによって、試作回数なども大幅に削減されているとのことである。

　なお、早い段階からの関係者による情報共有は、原価管理上も非常に重要になって来ている。近年、海外への生産移行、機械化の進歩、生産工程の大幅な効率化に伴い、製造業における製造原価に占める部材の割合が高くなっている。これは、生産部門でのコスト削減は依然重要であるが、コストの大部分を占める部材が決まる開発、設計段階が非常に重要であることを意味する。量産以降に、一度決まった部材を変更することも容易ではない。コスト競争力の強化は、生産段階の原価低減活動から、開発設計段階の原価管理活動へ重点が移っている。

４．２　コア技術の強化と知財戦略

　計画段階においては、まず自社の持つコア技術を評価し、さらなる改善あるいは新規開発の必要性があれば、その計画を織り込む。一方、補足する追加技術が必要ならば他社との協業（共同開発や技術導入など）も計画に盛り込む。

　特許調査を行い、他社特許を回避出来れば良いが、どうしても他社特許が必要な場合は、クロスライセンスあるいは使用権の取得を検討する。

　中長期的な事業継続、拡大のための技術ロードマップ作成と研究開発計画、知財戦略も重要である。

４．３　開発組織体制と運営

　開発段階におけるキーポイントは開発組織と進捗管理であり、開発組織の留意点を述べる。

　組織体制の構成と運営は、高度な新技術開発を伴う「技術集約的開発」と、改良改善中心の「マーケティング集約的開発」で異なる点も多いが、共通する点は「燃える集団をつくり、的確に PDCA を回して、目標に向けて諦めずに最善を尽くせる組織体制をつくる」ことにある。以下、重要な点について補足する。

（１）リーダの人選

　リーダには、高度な技術知識以上に、目標達成に向けた大局的な判断、メンバの意欲、知恵を出さす指導力とコミュニケーション力、関係他部門や社外との協力推進力などが望まれる。

（２）構成メンバの多様性

　メンバは、一部の専門技術者だけに偏らず、営業、マーケティング、購買、製造、物流など多様な人材を集めて、色々なアイデアや考えを出さす。
　多様性は、燃える集団を作る上の有効策でもある。

（３）責任と分担の明確化

　効率的に開発を進めるため、個人と組織の権限と責任を明確にする必要はあるが、時限的な組織の場合は、職務権限などのような詳細な規定は不要で、自由度を持たしておいた方が良い。

（４）良好なコミュニケーション

　定期的な打ち合わせや、リラックスした職場環境（大部屋制度、お茶のみスペース等）を設定して、上下左右の風通しを良くし、開発進捗を共有し、必要時には迅速な対応が取れるように図る。

（5）人材育成機能

商品開発は、人材育成の重要な場である。将来、経営者になるには、少なくとも一度は、一連の商品開発業務（商品企画、開発、供給、販売、サポート）を経験する必要があると考える。

サントリーではないが、ビジネスは「やってみなはれ」で、実際に自分で経験しないと分からないことが圧倒的に多い。しかも本当は、失敗しないと分からない。取り返しのつかない大失敗は困るが、失敗したり、行き詰まらないと人の能力は育たないし、知恵は出てこない。

４．４　開発進捗管理

開発進捗管理とは、開発線表を作って計画と実際の進捗差異を定期的に評価し、必要なアクションをとる、いわゆる PDCA を確実に回すことである。

評価としてはDR（デザインレビュー、設計審査）が有効である。

管理項目としてはQ（品質）、C（コスト）、D（納期）に関係する項目が中心となるが、市場環境の変化や競合他社の動き、技術動向などにも注意しておく方がよい。

緊急時には定例会議を待たずに、すぐに対応しないといけない。

この中で大事なのは経営者しかアクションをとれない経営判断である。

特に技術問題による大幅な開発遅れ、コストの大幅アップ、他社からの類似商品の先行発売、目標品質の未達、知財問題など、重要事態の際は、経営者の判断を仰ぎ、必要な対策をとるべきである。担当リーダに任せておいてよいケースと、経営者が「これはヤバいな。ここでリソースを入れた方が良い」、あるいは「スケジュールの再調整が必要か」とかを感じ、適切な判断が取れるように、経営者は日頃から開発状況の把握と開発チームとのコミュニケーション、信頼関係を構築しておく必要がある。

４．５　開発時間の短縮

ビジネスで効率的に収益を上げるには、人、モノ、金を早く回転させることであることは言うまでもない。商品開発について言えば、いかに高く売れる商品を企画し、安く作れるように開発設計するかが注目されるが、開発時間を短縮することは、同様に重要である。

　特に近年、デジタル化による商品のモジュール化が進み、開発期間も商品寿命も短くなっており、開発時間の短縮価値は益々大きくなっている。

　現代は、グローバルな生き馬の目を抜く情報革命の時代であり、とにかく時間を大事にすることが重要である。供給者、消費者両方にとって時間そのものが大きな価値と考えるべきである。

　開発時間短縮による効果として、①開発コストの低減、②市場参入の早期化（一番乗り）、③受注型の場合は納期短縮、④より正確な市場予測と商品企画の的中精度向上などがある。

　具体的な短縮方法としては、①工数の重点投入、②シミュレーションや仮想現実（VR）などの見える化によるフロントローディング、③３Ｄプリンタ等による試作時間の短縮、④作業の同期化、コンカレント（並行）作業等がある。

　自社の技術リソースに限りがある場合などは、大学や他社との協業による一部開発業務の委託や共同開発なども、有効な手段である。

　なお、開発スケジュール（線表）を決定づけるクリティカルパス（一番時間がかかる作業のパス）の分析には、PERT図（Program Evaluation and Review Technique）が有効なので参考にして欲しい。

4.6　知財戦略

　商品開発において知財戦略は大変重要な課題である。

　知財戦略は技術を保護する研究開発戦略と深く関係するばかりでなく、商品、事業を保護する事業戦略、経営戦略として取り組む必要がある。

　技術動向、他社特許を調べ、特許マップを作って、自社特許をさらに強化し、必要ならば他社特許を回避する、あるいはクロスライセンスで他社特許の使用権を獲得する等、特に技術の重要度が高い商品では、知財戦略が重要な戦略の一つとなる。近年、技術開発、商品開発並びに市場のグローバル化が急速に進んでおり、特許出願にあたっては、国内と欧米先進国だけでなく、中国など、新興国での海外出願の重要性が増していることも留意すべきである。

　なお、商品開発の過程で創出されたアイデアや技術を特許として出願することは大事であるが、貴重な技術情報を公開することにもなるので、製造方法などは特許として出願せず、ノウハウ発明として公開しない戦略も

ある。

４．７ 想定リスクと対策

　十分な事前の市場調査・分析や準備、対策を打ったつもりでも、商品開発においては、予想外や不測の事態が発生する危険性が常に伴う。特に実績のない新技術に依存した商品開発や全くの新規市場への参入などでは、その危険性が高いので、常にアンテナを高く状況変化を早期に発見して対策をとれるようにしておく必要がある。

　商品開発にあたっては、つねに想定されるリスク、例えば大幅な技術開発遅れやコスト高、同様の競合製品の先行発売、市場・顧客のニーズ変化など想定されるリスクをあげ、発生時の対応策、場合によっては開発中止も含めて検討しておく必要がある。

5．商品開発の成否

　江戸後期、平戸藩主であった松浦静山の言葉に「勝ちに不思議の勝ちあり、負けに不思議の負けなし」という名言があるが、商品開発にも当てはまる点があり、まさしく「成功に不思議の成功あり、失敗に不思議の失敗なし」である。すなわち、完璧でなくとも、幸運もあって成功することはあるが、失敗する場合は必ずそれなりの理由がある。

　商品開発に際しては、完璧を期すと言ってもリソースに制限もあり、特に時間（市場導入タイミング）が非常に大事であるので、見切り発車をせざるを得ない場合もあろう。ただし、致命的となる失敗原因もあるので、成功の確度を高めるため、これだけは押さえておきたい要因を説明したい。

5．1　成功要因

　開発の成功要因として、主に社内と社外それぞれに起因する要因が挙げられる。

　もちろん、ここで列挙した事を全部やれば必ず成功する訳ではないし、多少の問題があっても成功する場合もある。

　当然、商品企画が正しく立案され、開発を計画通りにやり遂げれば、生産、販売に注力できて成功の確率は高くなる。成功するケースでは、①経営トップによる強いリーダーシップとコミットメント、②明確な目的と的確な目標（顧客、価格、投入時期、販売方法、商品コンセプト、ビジネスモデルなど）設定と遂行、③燃える集団作り（とにかく諦めずにやり抜く）、④チーム内のオープンなコミュニケーションとモチベーションアップ　⑤外部評価に対する迅速な対応が重要と考えている。

　まずトップによる強いリーダーシップとコミットメント、例えば必要なリソースを適時に確保しないと、単に頑張れでは続かない。緊急時のリソースの追加や、特許問題、他社との戦略的協業など、経営トップしか出来ないアクションが必要なケースは多い。

　明確な目的と目標設定では、なぜこの開発をするのか、狙いは等の目的、目標が明確になっており、関係者に周知徹底していること、ターゲット市場・顧客とニーズを明確にし、競合製品との差別化、顧客への提供価値と、それを実現する自社のコア技術が明確な商品は成功の確度が高い。

差別化が明確な商品コンセプトは、商品企画で一番重要で当然と思われるが、差別化された商品アイデア・企画はそう簡単には出ない。これを解決する糸口は、生の情報量と深い考察力、多様な人財を企画・開発のメンバに入れることである。

　そしてターゲット市場への市場投入タイミングは、一番重要と考える。

　市場投入が遅れると他社に先行されたり、市場、顧客ニーズが変化したりする危険がある。商品コンセプトが正しければ、商品投入は早い方が有利である。特にデジタル時代においては、勝者総取りの傾向があり、後述するように、商品が完璧でなくとも早く市場に投入して、市場の反応を受けて商品を改善、改良して行く方が良い場合も多い。

　燃える集団作りでは、メンバの能力は大事であるが、それ以上に、やる気と情熱を持った人材が重要で、リーダは、目的と目標をメンバに徹底し、常にオープンなコミュニケーションとモチベーションアップを心がけて、目標達成に向けて、前向きに明るくメンバを鼓舞してやり抜くことが鍵である。

　商品開発には予期せぬ課題、難関がつきもので、試行錯誤も多い。「ネバーギブアップ」は何事においても大事で、その際、メンバの多様性が役立つことが多い。

　開発面では、画期的な技術だけを追わないことも重要である。技術者はどうしても新しい画期的な技術を追いがちであるが、顧客は技術を買う訳ではない。技術が画期的でなくても、既存の技術や商品を使って顧客ニーズに合わせて、顧客が選ぶ商品を作ることも大事である。

　商品開発では、出来るだけ技術的な問題がない、完成度の高い製品を出荷したいと考えるのは当然で、もちろん、そのための努力は必要であるが、同様に重要なのが、市場投入した製品に対する顧客、市場の評価を受けて、迅速な改善、改良を加える外部評価に対する迅速な対応である。

　商品開発が一発、一回で成功することはほとんど無い。市場での反響を見て迅速にフィードバックし、商品を改良し完成度を上げることが重要である。そのためにも、リーディング顧客との早期のコミュニケーションが大事である。

5.2　失敗要因

　失敗要因は無数にある。失敗の数だけあると言っても過言ではない。
ここでは、よくある典型的な要因を5つあげる。

（1）時代の流れを読み間違える

　例えば、ユーザニーズの読み間違い、市場投入時期が遅すぎ・早すぎ等
で、規制、環境、人口問題等の社会変化や、技術変化の読み間違いに起因
している場合も多い。

　近年、グローバル化に伴い、デジタル、ネットを中心とした技術革新が
急速に進んでおり、一時的なユーザニーズに惑わされることも多い。

（2）ビジネスモデルが顧客ニーズに応えていない

　デジタル化は、急速なビジネスモデルの変化も起こしている。一例がモ
ノからコト（サービス）へのシフトである。モノによっては、顧客ニーズ
はモノを買うことにはなく、モノを使うことに本質があり（所有から使用
へ）、スマートフォンやＰＣのように、モノ以上にアプリケーションソフ
トやクラウドサービスなどのコトが重視されるなどである。

（3）良いもの・ハイテクは売れるとの思い込み

　特に技術重視で、B2B 主体だった企業が消費者向け商品を開発する場
合などは、高度な技術を使っているから、売れると思い込むことがあるが、
結果としてユーザニーズに合わない、顧客価値が伴わないなどで失敗する
ことがよくある。

　決して、技術にこだわること自体が悪いことではないが、ユーザは技術
に対してお金を払うのではなく、顧客価値に対して払うことを忘れてはな
らない。

（4）他社商品との差別化が不十分

　これは非常によくあるパターン。売れている他社製品の良さばかりを意
識し過ぎて、差別化がおろそかになり、似たような製品となり、結局、二
番煎じとなって市場に埋没する。

　先行して売れている製品がある場合は、とにかく、相手の良い所でも一

部は捨てて、自社の強みと違いを強調した商品とすることが非常に大事である。全ての人が顧客である必要はなく、そのようなことは現実的ではない。ターゲット顧客に売り込むだけの特徴と強み（商品コンセプト）があれば、販売する人も売り易いはずである。

（5）自社ブランドに合わない

　これもときどき見かける失敗例である。例えば、自社ブランドが高価で洒落たデザインを築いているところに、廉価で地味な大衆向けの商品を投入して失敗するケースなどである。

　開発する商品が、自社ブランドに合わない時は、別ブランド名（商品名）を付けるとか、別会社にして販売するとかしないと、その商品が売れないだけでなく、せっかく築き上げた既存のブランドイメージを毀損しかねない。

おわりに

　商品開発はモノづくりにおけるスタートであり、イノベーションを生む可能性を秘めている。商品企画者、開発者は常に、社会、市場の動きをウオッチし、その変化が及ぼす潜在ニーズの熟成の機会を捉え、自社の強み、こだわりを生かした商品企画と開発に取組むことが求められる。

　従来の商品開発は、自社開発による高度な技術（テクノロジー）を中心にした、いわゆるハイテク製品が多かったが、近年は自社に拘らず、オープンイノベーション等を活用して多彩な技術（テクノロジー）を組み合わせ、エンジニアリングを駆使して融合し、顧客価値創出に重点をおいた商品開発が主流になってきたように見える。

　これはモノだけでなく、コト（サービス）を含む新たなビジネスモデルの創造が求められてきたからであろう。インターネットに加え、AI、IoTなど、第4次産業革命の進化に伴い、自動車産業等、従来から日本が強い産業だけでなく、医療、環境、エネルギー分野など、今後、新たな分野で、新たなイノベーションが創造される機会が増えると期待している。

【参考文献】
(1)クレイトン・クリステンセン他著（2012.1）『イノベーションの DNA －破壊的イノベータの5つのスキル－』Harvard business school press

| 用　語 |

B2B：Business to Business（企業間取引）
C：Consumer（消費者）
M&A：Merger and　Acquisition の略で企業の合併、買収の総称
PERT：Program Evaluation and Review Technique
PDCA：Plan, Do, Check, Action
SWOT：S（Strength：強み）、W（Weakness：弱み）、O（Opportunity：機会）、T（Threat：脅威）

第5章

❖

モノづくりを学ぶ

杉本 晴重

- ・モノづくりは、必要な量を、期待されるコストで、必要な時期につくる
- ・営（営業）・生（生産）・技（技術）三位一体の連携が肝要
- ・原価管理と管理会計を使って数値で、モノづくりを管理する

　モノづくりの基本は「必要なものを、必要な量だけ、期待されるコストで、必要な時期に作る」ことである。モノづくりには、営（営業）・生（生産）・技（技術）、三位一体の連携が肝要である。生産とは、4M（Material、Man、Machine、Method）により、目標のQ（品質）、C（コスト）、D（納期）とP（生産量）を達成するプロセスである。

　モノづくりでは、ムダ取り活動や業務改善活動により、より良い製品を安い製造原価でつくり、損益分岐点を下げて利益が出る体制をつくる。海外生産には多くのメリットがあるが、投資リソース（人、モノ、金）も大きく、リスク、デメリットもあるので、十分な FS（Feasibility Study）と準備が必要である。

1．モノづくりとは

1．1　モノづくりの基本

　近年、ビジネスモデルにおいてモノに加えて、コト（サービス）が重要になっているが、今なおモノづくりは、経営者にとって学ぶべき貴重なビジネスの基本的知識を多く含んでいる。

　JIS 生産管理によれば、「ものづくり」とは「所定の品質の製品を所定の期間に、所定の数量だけ期待される原価で生産する」と規定されている。モノづくりの基本を一言で言うと「必要なものを必要な量だけ期待されるコストで必要な時につくる」に尽きる。これが出来ないと、納期遅延による商品不足や過剰生産による過剰在庫などが起こり、売上だけでなく原価にも影響し、収益、財務の悪化、さらに市場、顧客の信頼・信用を失い、ブランドの低下、従業員のモラルダウンなど多くの問題が発生する。

1．2　モノづくりの流れ（プロセス）

　モノづくりは、第4章「商品開発の取り組み」で述べた、商品開発プロセスと商品供給プロセスからなる企業の総合力であるが、本章では、生産を中核としたサプライチェーンと呼ばれる、狭義のモノづくりである商品供給プロセスについて説明する。

　商品開発プロセスにより開発された商品は、図5.1に示すように、顧客への販売活動による受注、あるいは事前の販売計画に基づき、生産計画を

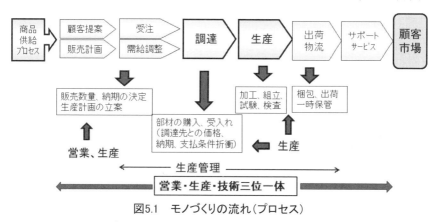

図5.1　モノづくりの流れ（プロセス）

立て、部材調達、生産（加工・組立・試験・検査等）、出荷、物流を経て顧客に届けられる。

さらに、販売後もサポートサービスを通じて、顧客の継続的要望に応え、次の販売へと結びつける。

1.3　営・生・技（三位一体）によるモノづくり

図5.1に示す通り、商品供給の主体は生産であるが、基本である「必要なものを必要な量だけ期待されるコストで必要な時につくる」ことを達成するには、営（営業）、生（生産）、技（技術）からなる三位一体となった連携が必須である。

販売・マーケティングを担当し売上責任を持つ営業、調達・生産・物流を担当する生産、設計・開発を担当する技術の3部門は、相互に密に連携しており、全体として商品供給の Value Chain（価値連鎖）を形成している。

計画した目標を達成するには、この連鎖を正しく機能させる必要があるが、現実のビジネスでは計画外の事態がよく発生する。

例えば、部品不良による生産遅れ、強力な競合商品の登場による販売不振など様々であるが、その際、重要なことは各部門が問題点と、それぞれの部門がとるべき対策を共通認識して迅速に対応することである。各部門は常に販売、生産、在庫状況、設計変更の有無などを情報共有し、決めた対策を協力して実行し問題に対処する。そのためにも、常にオープンなコミュニケーションが出来る環境づくりが大事で、経営者の重要な役目である。対策は個々の部門毎の個別最適ではなく、常に会社としてお客様を最優先して全体最適から決めることである。もちろん、全体最適は計画外の事態の時だけでなく、日頃から計画を着実に遂行する上においても、重要であることは言うまでもない。

2．モノづくりビジネス

モノづくりを、ビジネス面から説明したい。

図5.2に示すように「モノづくり」ビジネスは、人・モノ・金を使って商品・サービスを企画・開発、生産、販売し、代金を回収して初めてお金（売上、収益）となる。すなわち、ビジネスの成否は、いかに効率よくリソースを使い、早く、良い商品を開発し、早く安く生産、営業が販売して早く代金を回収できるかである。

後述するように、売価に比べ、原価が妥当な利益を上げるに十分低いことはもちろんであるが、モノづくりビジネスにおいては、時間の要素は非

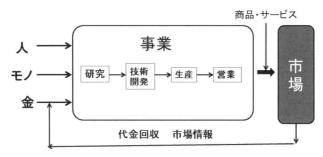

図5.2　ビジネスの基本的仕組み

常に大きいのである。

例えば、図5.2では、商品開発の期間、生産リードタイム（4.4(2)項で説明する）、販売から代金回収までの期間などが、代表的な時間指標である。

時間の短縮は、結果的に人、モノ、金の効率化につながる。

2．1　モノづくり事業の成功条件

モノづくり事業を成功させるのに必要な条件は何か。第4章「商品開発の取り組み」で述べたが、第一の条件はもちろん、市場があること。すなわち、顧客がいる、ニーズが明確であること。ただし、顕在していないニーズもあるので、潜在しているニーズをいかに掴むか（需要表現）も、重要なポイントである。

第二の条件は、差別化技術があること、自社のコア技術で競合製品と差別化する価値を提供する。

　第三の条件は、利益を出す仕組みがあることである。

　これは、顧客がお金を出しても良いと考えるビジネスモデルの問題と、社内で利益を出せる仕組み、典型的なのがコスト改善や顧客満足度向上を目標に業務改革と、会計数値による収益管理等、常日頃から行う仕組み（システム）があることである。

　そして、従業員に儲ける意識があることも重要である。大企業病に罹ると、自然に儲かると思っている従業員が多い。

　インテル創業者の一人アンドリュー・Ｓ．グローブの言葉「パラノイアだけが生き残る」ではないが、常に危機感、緊張感を持って経営にあたることが大事である。経営者だけでなく、従業員自身が、どうすればもっと顧客に喜んでもらえるか、どうすればもっと良いモノを効率的に作れるか、自分は何が出来るか等を考えるようになると業務改善・改革も本物である。

（1）商売の原点

　商売の原点として、「入るを量りて出ずるを制す」という有名な言葉がある。いかに売上を増やして出費を減らすか、当たり前だが実際は容易ではない。特にモノづくりにおいては、売上原価は商品開発プロセスで決まる部分が多く、商品供給プロセスでは、いかにコストを減らすかが重要となる。

　そのためには、無駄な出費を無くすことが一番である。

2.2　真の付加価値とムダ

　付加価値とは売上から原材料費、外注費など社外調達費を除いたもので、営業利益と人件費、減価償却費から構成されているが、ここには多くのムダが含まれている。

　ソニーの中村末広は「付加価値は宝の山で、多くのムダがあり、これを減らすことにより、利益を増やせる。真の付加価値を生み出すことが大事である」と言う。そして「真の付加価値とはものの形や質を変えることであり、すなわち、加工とか組立などの作業で生み出される」とも言っている。

　形や質を変えない作業、動作、状態、たとえば作業者の手待ち状態、運搬、在庫、などはムダであり、これらの作業、動作、状態を減らす、なくすことによって利益を増やせるわけである。

これらの付加価値を高めない代表的なムダが、下記の「7つのムダ」である。

　　①作り過ぎのムダ
　　②手待ちのムダ
　　③運搬のムダ
　　④加工のムダ
　　⑤在庫のムダ
　　⑥動作のムダ
　　⑦不良を作るムダ

　モノづくりの各工程には、このムダが多く含まれている。中村は、製造業では①在庫、②運搬、③動作のムダに加え、④過剰な情報技術（IT）投資の4つが、大きなムダと言っている。

　この7つのムダは、それぞれ関係したものも多く、営・生・技が三位一体となった業務改善によって「ムダ取り」に取組む必要がある。例えば、加工や組立作業を多数の作業者で分業する「分業によるムダ」を削減する「セル生産方式」や、在庫、手待ちのムダを減らす「ジャストインタイム方式」は、生産性を上げる日本のモノづくりを代表する手法で、世界に広がった。

　ここで、筆者が最大のムダと考える在庫のムダを説明したい。

　例えば、PC（パソコン）やスマートフォン等の電子機器は、多数の電子部品、機構部品等のハードウエアと、ソフトウエアから構成されている。工場では、これら部品を購入し、加工、組立、試験、検査等の各工程を経て完成品として出荷する。

　まず在庫は、この生産工程上で発生する生産待ちの部品在庫や、工程途中の半製品の仕掛品と加工、組立、試験、検査後の出荷前の完成品である。出荷後に、倉庫や販売チャネルで保管される製品も、販売されるまでは在庫である。在庫が適正量を超えると、これら在庫に伴う保管スペースや倉庫代、管理費、保険代なども増加し、ムダとなる。

　在庫は現金が寝ているという意識が必要で、いかに減らすかが重要である。

　この在庫を減らす改善策として、部品、材料などの外部購入品を必要な時に必要な量だけ納入してもらう JIT（ジャストインタイム）方式と、手待ち時間の短縮と工程数を減らすセル生産や作業改善などがある。

　注意すべきは、このような改善活動は、生産部門だけではできないことである。

　JIT やセル生産、作業改善を効果的、効率的に実行するには、開発、設計段階から作り易さを折り込んでおく必要があるとともに、統制すべき部材、数量、スケジュールを決めるには、在庫状況、販売状況や販売見通しを把握しておく必要がある。

　すなわち、ここでも営・生・技の協力、連携が必要であり、対策規模とスピードをサポートするには IT（情報技術）システムが欠かせない。

2.3　見える化と情報共有

　日常業務を円滑に進め、適切な経営判断をするためには、モノづくりの見える化と情報共有が欠かせない。情報共有の第一の目的は、問題点の把握、認識である。計画した目標と現状の差が数値的に分らないと、問題点も分らず、適切な対策を検討することも出来ない。第二の目的は、各部門、各自が当事者意識を持って自分は何が出来るか、何をすべきか自分で考えるためで、お互いに見える化したデータをもとに目標達成に向けて協力することが可能となる。見える化の対象としては、生産量、売上高、在庫、売掛金や品質データ等が代表例である。

　大事な事は、見える化により判明した課題、問題に対して、PDCA を回して対策、改善に継続して取組むことである。現代は、時間の勝負である。出来るだけリアルタイムのデータ、例えば、現在、何がどれだけ売れているか、何がどこに、どれだけ在庫に残っているか等の生の情報を把握することが重要である。

　経営者あるいは事業責任者は、管理会計により、生産から販売までのモノづくり状況を数値的に管理し、重大な問題が予見された場合は、適切な対策を迅速に打つことが肝要である。

３．モノづくりマネジメント

　モノづくりマネジメントとは、生産の基本体制の構築、チェック項目の設定とその管理業務のことで、大きく、生産概念、モノづくり体系、生産技術、生産・工程管理、品質管理、原価管理などを含むが、それぞれ中身が深く、専門分野なので、ここでは経営者が最低知っておくべき要点だけを述べる。

３．１　生産概念

　「生産とは、入力である Material（材料）を Man（人）、Machine（設備、治工具）、Method（方法）を使って、生産プロセス（加工、組立）を経て、期待するＱ（品質）、Ｃ（原価）、Ｄ（納期）でモノを出力することである」と概念づけられる。

　図5.3に概念を図に示す。

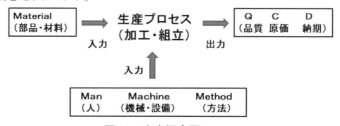

図5.3　生産概念図

（１）生産４要素（４Ｍ）

　図5.4に示す通り、生産にはその成否を左右する下記の４つの大きな要素がある。これを生産の４要素と呼び、頭文字をとって「4M」と呼ぶこともある。

　　Man：直接作業者、間接作業者
　　Machine：設備、機械・工具、施設など
　　Material：原材料、部品
　　Method：生産方法

　Ｑ（品質）、Ｃ（原価）、Ｄ（納期）に変化があった時、まずチェックすべき項目は、この 4M である。「品質が悪くなった」「コストが高くなった」「納期が遅れた」といった時には、この 4M の内の何か（一つではなく複

数の時も）が変化しているハズである。

　例えば「工場を海外へ移転した」「部品のベンダを変えた」「設備や治工具を替えた」とか、4M変動はよくあるので、チェックを怠ってはいけない。なお生産物量、コストを過度に追い過ぎると品質にほころびが出易いことが多いので、増産する場合は、十分な事前準備、評価が必要である。

　まずは、生産の平準化がQ、C、Dの改善、安定の一番の要素である。

（2）需要3要素とモノづくり資格2要素

　需要3要素というのは、今までも述べているQ、C、Dのことで、再確認の意味で説明する。

　　Q：品質はもちろん、不良を出さないことが第一であるが、顧客の望む品質を実現し過剰品質にならないことが重要である。

　　C：原価は顧客が納得する価格を実現し、妥当な利益を出すことが重要で、何でも安ければ良いわけではない。

　　D：納期も顧客希望の納期を守ること、機会損失を起こさないことが大事である。

　この3要素に加えて、「安全（S）」と「環境（E）」も重要なモノづくりの要素であり、モノづくり資格2要素と呼ばれる。

　ここで安全とは、商品の安全、生産現場の安全などであり、環境とは、省エネ、環境負荷軽減、化学物質無害化等を指す。

3．2　モノづくり体系

　計画通りのQ、C、Dを正しく実現する事がモノづくりの要諦であるが、これら3要素は独立したものではなく、相互に大いに関係する。

　品質は、市場で顧客に見えるので、「外の競争力」といわれ、一方、原価、納期は通常外部には見えない「内の競争力」といわれるが、この需要3要素を実現するための生産管理、工程管理、品質管理、原価管理、そして生産技術を加え、体系立てた全体がモノづくり体系である。

　これら重要な生産体系の構成要素についてポイントを説明する。

（1）生産管理と生産管理業務

　生産管理とは、所定の方法で、所定の品質の製品を、所定の数量だけ、

期待される原価で、所定の納期に合わせ生産するために、需要を予測し、諸活動を計画統制し、マネジメントサイクル（PDCA）を回し、生産活動全体の最適化を図ることで、具体的な生産を行うための「準備、お膳立て、進行、検査係」と言える。

　生産管理の具体的業務は、次に示すように非常に多岐にわたっており、ここでは項目と簡単な説明に留める。

　①設計管理（仕様）
　②需要予測（期間・量）
　③生産計画（何をいくらでいつにつくる）
　④生産統制（指導、調査、調整）
　⑤作業管理（作業方法設計改善）
　⑥資材購買管理（必要資材を所定の時期に、必要量適正品質価格で調達保管）
　⑦品質管理（顧客の要求に合った品質、サービス）
　　品質保証と品質管理は製品・サービスの品質を担保する重要な業務であるが、品質の基本は、設計と製造工程内のつくり込みにある。
　⑧工場計画（規模、設備、人員配置、工程、ユーティリティ）
　⑨設備管理（設備保全、計画を通じ生産性向上）
　⑩運搬管理（製品・資材の運搬手段効率化）
　⑪原価管理（製品毎に原価を把握・管理し、財務諸表および原価低減に利用）

（2）各要素と生産管理体系

　需要3要素（Q、C、D）と生産の4要素（4M）は生産管理体系の各項目と密接な関係にある。

　Q（品質）は、品質管理、C（原価）は原価管理、D（納期）は生産計画、工程管理、生産統制で管理する。

　Method（方法）は、設計管理、工場計画、設備管理に依存が高く、Man（人）は、作業管理、Machine（設備）は、工場計画、設備・治工具管理で、Material（材料）は、資材・購買管理、外注管理などで管理する。

（3）生産技術

　日本のモノづくりの強さは、弛まぬ生産技術と生産管理の革新と改善活動による、高い生産性と品質にあるといって過言ではない。生産技術革新

の目指す所は、シンプルでスリムな作り方、柔軟性のある生産方式、省エネ・環境保護、飛躍的なQ、C、Dの改善などである。

　具体的には、セル生産方式、金型、ロボット、繋ぎ技術、測定技術等など革新的な生産設備と人に優しい生産方法が特徴で、今後は IoT や AI などが重要になる。

4．モノづくりと数値管理

　管理会計とは、経営者が見る企業内部の会計情報である。管理会計の情報をもとにして、経営者は、自社の経営状況をタイムリーに把握、分析し、業績改善のために必要な意思決定を行う。

4．1　管理会計による経営

　企業の重要な使命は、「社会に貢献し継続して発展すること、そのためには売上・利益を上げ雇用を増やし給料を上げ、税金を払う」ことであるが、そのためにはまず計画と目標値を立てる。次に経営管理のために、目標値と実績値を、管理会計を使って評価する。

　売上高や営業利益等は、制度会計で外部発表するが、個々の製品の毎日の売上高や収益性、生産量、原価、品質、在庫等は、内部的に管理、見直されて必要な対策がとられる。すなわち PDCA を回すために活用されている。これが管理会計による経営である。

　言い換えると、3項「モノづくりマネジメント」で説明した 4M を管理し、目標のQ、C、Dと生産量、販売、売上、利益を達成するために、重要な指標を管理会計により数値化（見える化）し、PDCA を回すのである。

　管理会計では、社長、取締役、事業部長、営業責任者、工場責任者等、経営層が下記のような管理対象を決め、関連部門にその意図と数値目標を明確にして、管理させる。

- ・売上状況（予算と実際）
- ・事業損益（予算と実際）
- ・原価管理（標準原価と実際原価）
- ・商品・商品グループ別損益
- ・顧客・顧客グループ別損益
- ・組織毎（営業、生産等）の業績評価
- ・事業別評価
- ・在庫状況
- ・売掛金状況
- ・品質状況
- ・研究開発投資

・設備投資
・広告宣伝　　　等
　管理会計の運用で気を付けるべき点を下記にあげる。
　①経営層の管理する意図（目的、目標）を明確にし、管理項目と責任者、管理頻度を決める。数値管理は各関連部門が行うが、売上、収益、品質、在庫、売掛金など事業経営に直結する指標は、経営層も日常的に目を光らせている必要があり、目標値との乖離が大きい際には、迅速な原因究明と対策を指示することが肝要である。
　②管理項目は重要度と優先付けから決め、多くしすぎて集計作業にリソースがかかり過ぎないようにする。
　③目的、目標は担当者まで徹底し、当事者意識を持たせ、業務改善活動として継続させる。
　④計画通り行かない場合も、対策は個別最適ではなく全体最適で考える。最終判断は経営者の責任で行う。

4.2　原価管理

　モノづくりにおいても、会計数値上、一番重要なのは、売上と利益であり、売上責任は営業・マーケティングが負い、利益責任は通常、事業部と生産部門が負う。
　利益改善には、売上を上げるか、原価、経費を下げるか、その両方が必要であり、特にモノづくりでは、原価管理が重要となる。
　原価管理の主な役割は、次の5つである。
　①予測した原価と実際発生した原価との差異分析
　②製品の価格決定、製品別利益管理の実施
　③予算編成の評価と原価統制に必要な情報の提供
　④設備投資等、経営上の意思決定の際の情報提供
　⑤財務会計への売上原価と棚卸資産情報の提供
　原価管理は、個々の製品の原価を出し、価格決定のデータを提供し、収益向上の情報を提供するだけでなく、事業および企業の各年度の予算編成とその評価、中長期の投資計画上の意思決定など重要な役割を担う。

（1）原価構成

　原価は生産活動、販売活動、一般管理活動のどこで発生したかで分類でき、大きく次の3費用で構成される。

　①製造原価：製品の生産活動に要した原価

　　　例：材料費、労務費、生産設備の減価償却費等

　②販売費：製品の販売活動に要した原価

　　　例：営業員の給与、販促費、販売設備の減価償却費等

　③一般管理費：一般管理活動に要した原価

　　　例：本社担当者の給与、本社建物の減価償却費等

〔製造原価〕

　製造業の収益に一番影響する製造原価は、大きく、次の2通りで分類される。

・形態別分類

　「何に消費したか」で製造原価を分類するのが形態別分類で、大きく次の3費用に分類できる。

　①材料費：物品を消費したことで発生する製造原価で、製造原価の中で一番大きな比重を占める。

　　　例：原料費、購入部品費

　②人件費：労働用役を使用したことで発生する製造原価。

　　　例：賃金、賞与、退職給付費用

　③経費：上記以外の経営資源を消費したことで発生する原価。

　　　例：ユーティリティ（電気、水、ガス）等工場管理費、生産設備の減価償却

・製品関連分類

　一方、製品生産に関して直接的に認識できるか否かで分類する方法がある。

　①製造直接費：製品の生産に関して、直接的に価格認識できる原価。

　　　例：部品材料費、組立工数費

　②製造間接費：製品の生産に関して、直接的に認識できない原価。

　　　例：工場建屋減価償却費、工場の間接員費用

この二つの分類方法を組合せて表5.1のように分類できる。

表5.1　製造原価の分類

形態・製品	製造直接費	製造間接費
材料費	直接材料費	間接材料費
人件費	直接人件費	間接人件費
経　費	直接経費	間接経費

（2）標準原価計算

通常、年度計画等を立てる際には製品の標準原価を設定し、標準原価を基準に原価管理を行う。標準原価は次のように規定される。

標準原価＝直接費（材料費＋労務費）＋製造間接費

ここで、直接材料費は製品に使われる部品、材料の費用で材料原価×使用量、また、直接労務費は加工・組立工数の費用で時給×作業時間、製造間接費は電気・水道、減価償却費、製造間接員の費用などで、直課（生産に結び付いて直接認識）できない場合は、生産物量、生産額等に応じて配賦する。

・標準原価計算プロセス

標準原価プロセスは、年度計画の立案だけでなく、原価管理、コスト削減、決算の早期化の点からも重要であるが、そのステップは次のように示すことが出来る。

①あらかじめ計算されている個々の部材の標準原価と組立人工数と労賃を基に、製品の標準原価を計算する。

②当計算期間中の実際発生額を集計する。

③①と②の差額を標準原価差異と呼び、標準製品に追加配賦、調整して実際の製品原価とする。

・標準原価と実際の原価

標準原価差異として実際に発生するのは、大きく直接材料費差異と直接労務費差異である。前者は部材の価格差異と数量差異に起因し、後者は賃率（工賃）差異と時間差異に起因する。価格差異はベンダとの交渉不調とか、他ベンダへの切り替え等により発生し、数量差異は作業ミスとか品質不良等で発生する。賃料差異は賃上げ予定の変更、時間差異は作業員の変

更や工程改善による時間短縮などで発生する。

　なお、為替による差益、差損は、期初に標準の為替レートを決めておき、期末に標準と実際の為替差異として、まとめて計上することが通常である。

（3）原価計算の方法

　原価計算は、生産形態の違いに応じて原価計算の方法が異なる。すなわち、受注生産形態では個別原価計算、見込み生産形態では総合原価計算を用いる。

・個別原価計算

　顧客の注文に応じ見積りし、異なる仕様の製品を生産する場合（受注生産形態）に適用し、注文の内容により生産にかかる原価が異なるために、注文品ごとに製造原価を集計する。

・総合原価計算

　仕様の統一された製品を大量生産する場合（見込み生産形態）に適用し、生産にかかる原価が均一となるので、一定期間の生産量で製造原価を集計する。

　製造原価を直接材料費と加工費に分けて計算する。

　一方、全ての製造原価を製品に集計する全部原価計算と、変動費だけを製品に集計する直接原価方式がある。これは販管費や固定費（間接費）を配賦せずにまとめて期間原価として計算する方法である。

４.３　事業の収益評価と改善

（1）変動費と固定費

　原価を分析し原価低減活動を行うに際して、原価を変動費と固定費に分類することが大変有効である。

　ここで変動費とは操業度の増減に応じて発生額が増減する製造原価で、部材費や直接労務費などの製造直接費である。

　一方、固定費は、操業度の増減に拘らず常に発生する製造原価で、固定的人件費や減価償却費等、製造間接費と経費である。

　原価は、変動費と固定費の合計となる。

（2）経営分析指標：CVP（Cost Volume Profit）分析

　固定費、変動費を使って、製品、事業の損益分析をする方法として
CVP 分析がある。損益分岐点分析とも呼ばれ、管理会計上の分析手法の
一つで、利益と販売数量、コストの関係を分析する。

　図5.4において、横軸は販売量（生産量）、縦軸は売上高（原価）で、販売
数量の増加に応じ、売上高と原価（変動費＋固定費）が交差する点を損益
分岐点と呼ぶ。

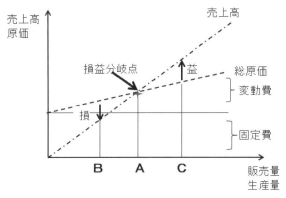

図5.4　損益分岐点による分析

　図から分かる通り、損益分岐点以下の販売量では事業は損失であり、以
上であれば利益となる。

　経営者は、まず損益分岐点を下げて、事業を収益体質にすることが大事
である。

　課題は固定費か変動費か。固定費は人件費か減価償却費か。変動費は材
料費か労務費かなど、課題を明確にする。対策は一律ではなく重要度・効
果性を検討し、優先順位を決め目標、担当、時間を決めて集中して行うこ
とが大事である。

　もちろん、売上増も収益増に貢献するので、販売数量を増やす努力、製
品単価を上げる検討もすべきであるが、数量を追うあまり追加の販促費
（販売促進費）が必要だったり、価格を下げざるを得なくなったり、結局、
収益を悪化させる危険もあるので、まずは、コストを見直し損益分岐点を
下げることである。なお、生産規模が拡大すれば、部材の調達コストが下

がり固定費の負担が減るので、いわゆるスケールメリットが出るはずであるが、本当に増えた分が売れるのかがポイントである。

固定費を下げるには、効率化による人員削減や固定費の変動費化などの案があるが、固定費の人材や設備には単なるコストではなく、資産あるいは将来投資と考えるべきコア人材、コア設備も多数含まれる場合も多く、安易な削減は企業の強みを損なう危険もある。

変動費を下げるには、大きな比重を占める材料費の低減検討が最初である。

ただし、変動費の大半を占める部材費は商品企画、開発段階でほとんど決まり、生産段階での対策には限界があるので、原価対策は商品開発の早い段階から、生産部門が参加して行うべきである。

製品構成を良化させることにより、損益分岐点を下げることもできる。すなわち原価率の良い製品の販売を増やし、悪い製品を値上げして生産量を減らし、製品群（プロダクトミックス）としての事業の損益を改善するのである。

（3）生産部門の役割

コストは商品企画、開発の段階でかなり決まってしまうといったが、収益改善における生産部門の役割は小さくない。個々の利益改善は小さくても、物量が大きくなると、効果総額は大きく、原価低減計画が未達だと損益に大きく影響する。当然、不良や納期遅延が発生すると大きな損失となるので、やはり生産部門の役割は大きい。

収益改善に関係する生産要素 4M について説明する。

Man（人）については「多能工にする、外注化する、自動化する、TAT（Turn Around Time）を短くする、不良を削減する、作業効率化」等の方策がある。

Material（材料）は「使用量を減らす」「安い材料に変更する」。これは評価活動や設計変更を伴うので、効果を踏まえた対応が必要である。次に「在庫を減らす」「安く買う」。「安く買う」には複数購買にして安い所から買うことをまず考えるが、逆に購買先数を減らして「大量発注」や「長期契約」でコスト低減する場合もある。これは一長一短があり、全体最適で検討する必要がある。「支払い条件」を武器に、より安く買う方法もある。日本企業の場合は、支払い期間を延ばしてキャッシュフローを良くす

るが、外資系の場合は逆に支払い期間を短くして安く買うこともある。いずれにしても生産リードタイムや売掛金の回収期間なども関係するので、これも経営的な総合的判断が必要である。ほかにも「代替品を使う」「リサイクルをする」「不良を減らす」等の案がある。

　Machine（設備）は効率化がポイントで、「レンタルにする、稼働率最大化、段取り時間短縮」などあるが、「手待ちのムダとり」すなわち「段取り時間短縮」は非常に効果大である。24 時間稼働なども機械の稼働率を上げる有効な一手である。

　Method（生産方法）では、生産時間の短縮、物流の効率化等である。具体的には、「TAT 短縮、7 つのムダとり、プロセス改善、最適製品構成・量」等による生産時間、物流の短縮、在庫の削減などである。時間節減の効果は大きい。

　なお、近年、地震、洪水などの自然災害で部品供給が止まり生産中止に至るケースがある。部材種類と数量の増大、グローバルに拡大した供給網（サプライチェーン）など課題も多いが、柔軟な部材供給体制と物流体制の確立、適切な在庫確保などで、経営への影響を最小限に留める努力が必要である。

（4）企画・開発部門の役割

　前述の通り、構成する部材、作り方を左右するデザイン、構造設計などは、ほとんどは企画、設計・開発段階で決まってしまうので、コストマネジメント上も重要である。

　企画・開発で一番大事なのは「高く売れる、安く早く作れる製品を企画・開発し、利益向上に結び付く製品構成」にすることである。

　二番目が「開発期間短縮」。例えば使用部材の標準化・共通化、再利用、人員効率化、試作数の削減、リソース管理などによる開発の効率化である。

　三番目が「設計変更（量産時出戻り）をなくす」。これはもちろん、材料、人件費、時間のムダを減らすことになる。近年、企画、設計の早い段階で 3 次元 CAD や 3D プリンタを使い、製品をコンピュータ上や試作モデルとして見える化し、関係者がそれを見てイメージ・デザイン合わせ、製品の作り方などの改善を行い、トータルな商品開発強化を行っている。さらに 3D プリンタでの直接生産も一部始まっている。

（5）外部流出費用

　「外部流出費用」とは自社内の費用ではなく社外に支払っている費用である。購入する部品代とか外注加工費用、営業でも広告宣伝や販促費など色々ある。さらに共通的な建物、通信費用、ユーティリティ、保険、交通費などかなりの額になるはずで、一度、見直す価値がある。

　この外部流出費用の削減にあたって、経費対策は代替案や不要不急なものはないか等の比較的対策案が検討し易いが、生産では外注から内製化に切り替える等、十分な評価、検討が必要となる。内製化には追加投資が必要な場合が多く、変動費の固定費化となる等のリスクにもなるからである。本当に内製化する意味と価値があるかよく検討する必要がある。

　一方、外注化（アウトソーシング）も、自社コアコンピタンスへの集中強化、投資負担の軽減、需要変動への柔軟対応（固定費の変動費化）等のメリットもあるので、検討に値する。

４．４　生産性
（1）労働生産性

　加工・組立を中心とする生産の利益寄与が低下しているとはいえ、物量が大きくなれば、その生産性の改善は会社全体の収益に大きく影響する。ここで、生産性とは投入量と産出量の比率で示すことが多く、投入量とは労働、資本、土地、原料、燃料、機械設備などあり、産出量とは生産量、生産額、売上高、付加価値などである。通常は労働を投入量として測った生産性：労働者１人１時間当たりの生産性＝労働生産性を指すことが多い。ここで、労働生産性は物的労働生産性、価値労働生産性あるいは付加価値労働生産性で表され、次のように定義される。

　　　物的労働生産性＝生産量÷従業員数
　　　価値労働生産性＝生産額÷従業員数
　　　付加価値労働生産性＝付加価値額÷従業員数

　日常の生産現場の管理においては、一定期間（日、週、月、四半期）の生産目標数値と実績値をあげ、工場内に進捗を掲示して（見える化）して従業員のモチベーションを上げている。

（2）リードタイムと生産リードタイム

　前述のように、生産性には大きく労働（従業員）に着目した評価と時間に着目した評価があるが、時間軸で特に重要な評価指数が、生産リードタイムである。

　まず、リードタイムとは、発注されてから納入するまでに必要な時間で、大きく開発リードタイム、調達リードタイム、生産リードタイム、配送リードタイムの４つから構成される。

　開発リードタイムは、製品の開発、設計に要する時間であり、B2B の様な個別生産品の場合は、発注の都度、発生するが、量産品の場合は、発注時には既に開発済みであり、ゼロと考えてよい。

　調達リードタイムは、生産に必要な部品、材料などの調達と、設備、人、場所の準備に要する時間である。

　生産リードタイムは、部材を加工、組立、試験、検査して出荷するまでの時間である。

　配送リードタイムは、商品を運搬、配送する時間である。

　通常は、開発、調達、生産、配送を合計して、生産リードタイムということが多く、量産品の場合は、繰り返し生産されることが多いため、開発の時間を含めずに、調達、生産、配送の時間が実質的な生産リードタイムとなる。この場合、生産リードタイムは、部材調達、加工・組立・試験・検査、配送（運搬）の合計時間となるが、実際には工場内での作業中の手待ち時間や、仕掛品としての滞留時間や、在庫としての保管時間など、無駄な時間が発生してしまう。

　すなわち、いかに調達、加工・組立、試験、検査、配送の各工程の時間短縮と、工程内、工程間の無駄な時間を削減して、生産リードタイムを短縮し、生産性を上げるかが重要となる。

　生産リードタイムの短縮により、在庫の削減、資金回収の早期化、収益の改善、資金繰りの改善などが期待できるため、重要な生産性指標であり、経営指標ともなる。まさしく「時は金なり」である。

（3）生産性分析（原単位の把握）

　目標を立て管理する際には、基本とする原単位を決め、把握する必要があり、計画、変化をみる生産基準指標として、下記のようなものが挙げら

れる。
　　①調達、生産リードタイム
　　②製品あたりの人工数（人・時間）
　　③人工数あたりの費用
　　④月労働時間
　　⑤製品当たりの材料費
　　⑥製品あたりの設備費
　　⑦設備能力（設備稼働日数）
　　⑧製品に対する材料費、人件費、装置費用の割合
　　⑨製品あたりのスペース
　　⑩製品当たりの不良率
　これらの中で、共通的に重要なのは原価計算の基となる標準時間、標準部材費であるが、特に設備への依存が高い製品（例えば鉄鋼、石油・化学製品など）では、設備稼働日数（稼働率）などが重要な指標となる。

4.5　投資評価

　最後に、モノづくりにおける重要な投資である設備投資と研究開発投資について、簡単に触れておく。

（1）設備投資評価

　設備投資は稼働が長期に渡り、投資額も高額になることが多く、重要な経営判断事項で、投資前に採算性を十分に検討する必要である。
　投資によって見込まれる収入（売上高増加分）から、増加する費用（直材等の変動費や減価償却費、支払利息等）を差し引いて得られる利益を算出し、それを投資金額と比較し、採算性、投資回収期間を評価することである。

（2）研究開発投資の評価

　モノづくりにおいて、研究開発は設備投資、販売投資と並んで重要であり、研究費もきめ細かい管理が必要である。
　研究費用に対する評価は成果（Output）と費用（Input）、すなわち費用対効果で行うのが普通である。ここで、費用は、①将来の新事業として、本社が売上額あるいは利益額に比例して費用負担し投資する場合と、②受

益者となる事業部門からの受託費で賄われる場合などがある。また、成果の指標としては、①新製品事業移管数、②製品売上寄与（売上高、利益額）、③ライセンス益（売り、抑止力）、④宣伝広告効果（ブランド）、⑤人財育成への貢献などが使われる。

　なお、この費用対効果を改善する方法として、大学や研究機関への委託、オープンイノベーション等、他社との協業、M&A などがある。

5．海外生産

　2016年7月の経産省調査によると、製造業の海外生産比率は増加傾向にあり、2015年実績では国内全法人ベースで25.3%に達している。安価な労務費と人材確保を目的とした当初の海外生産から、現在は市場開拓（地産地消）や開発拠点化を目的に海外進出が拡大している。

5．1　海外生産のメリット
（1）コストメリット
　人件費、土地、建設費、税金・電力費・水道費等のメリットもあるが、一番大きいのは人件費と税金（優遇策）である。
　1985年のプラザ合意に伴う円高が、中国、東南アジアなど日本企業の海外生産を加速させたことはよく知られているが、近年、中国など人件費の高騰や貿易摩擦の物量減などで、見直しを迫られている。

（2）人材確保（特に労働力）
　日本国内では、少子化に伴う人材確保が難しくなってきており、製造現場希望の若い人も減っているといわれているが、新興国始め海外には若い労働力はまだ多い。

（3）為替変動ヘッジ
　為替変動は、コスト面での大きな不安要因であるが、海外生産により部材購入（買い）と販売（売り）相殺で為替変動をヘッジすることが出来る。

（4）市場に近い
　地産地消（需要のある所で作る）で、輸送費などのコスト面、現地雇用など地域貢献、知名度（ブランド）の活用等、市場地域での生産は、販売、マーケティング等多様なメリットがある。
　統計上も、海外生産を進めている日本企業の多くが、生産拠点以上に市場としての可能性を重視している。

5.2　海外生産のリスク、デメリット

（1）カントリーリスク

政治、安全・環境・衛生等のカントリーリスクは常に伴うので、事前の調査、対策準備等が必要である。

（2）為替（円安リスク）

円安時には海外生産のメリットがない。

（3）宗教・文化・法律・規制等の違い

国内ではなかなか実感がわかないが、進出先の宗教、文化は十分に尊重する必要があり、法律、規制なども専門家を入れて、事前に調査、検討しておくことが大事である。

（4）国内の現場力低下（国内空洞化）

全て海外生産に移行すると、国内の生産現場が無くなり、人材育成の場も減って現場力が低下する恐れがある。

生産物に付加価値が高い企業では、国内工場を指導的なマザー工場として、新技術開発、人材教育、生産量変動対策などに位置付けることが多い。

（5）品質・納期問題

海外生産の初期には品質問題が起きる危険性が高く、また輸送時間やコミュニケーション問題から納期遅れなども起きうる。特に小ロット品や短納期品の海外生産は、メリットよりデメリットが多い。

（6）人材確保・育成、労務管理

海外では、優秀な人材の確保と定着が容易ではない。給与、処遇、教育だけでなく、動機付けやキャリアパスを与え、日頃からコミュニケーションを良くして、現地状況を考慮したきめ細かい労務管理が必要である。

（7）サプライチェーンの確保

海外生産には、部材のグローバル供給が必要となるが、品質、コスト、納期面で安定した部材の供給と物流の確保は重要であり、先行して海外進

出した企業から状況を聞くなど、十分な現地調査が必要となる。

（8）知財（知的財産）問題

　現地で発明した知財の扱いや、退職技術者による知財漏洩防止など、初期から十分に対策を考えておくべきである。

　以上述べたように、海外生産にはメリットも多いが、投資額も大きく、課題も多く、進出に当たっては十分な Feasibility　Study と準備が必要であり、自社生産だけでなく、委託加工、委託生産などの代替案、併用も含めて検討すべきである。

おわりに

　モノづくりにおける基本は、顧客価値の高い魅力ある商品（モノ）を、いかに高品質を守り、早く、安く製造し、顧客に届けるかにある。

　そのために、メーカーは1秒、1円単位で生産性の改善に取り組んできたが、第4次産業革命の発展に伴い、モノづくりも大きな転換期を迎えている。

　モノづくりの重要なポイントである「営・生・技三位一体」による企業活動と「会計数値によるモノづくり管理」の重要性は今後も変わらないと確信するが、従来型の業務改革活動や、海外生産シフトが一段落した現在、次なる日本のモノづくりの強化を図る重要な時期に来ている。

　海外生産についても、既にかなりの企業が海外進出し、海外生産を進めているが、一方で進出先の発展に伴う労働力不足や、賃金アップが急速に起きており、貿易摩擦による影響、リスクも顕著になって来ている。今後の海外生産についても見直しの時期に来ていると言える。

　このような状況下、既に生産ラインでは多種多様なロボットが導入されているが、 IoTやAI等の新技術を駆使し、市場・顧客からの販売状況、ニーズデータと、サプライチェーンからの供給部材状況、在庫状況のデータをリアルタイムで把握することにより、より迅速に、きめ細かい生産計画の立案、生産管理、在庫管理も容易となろう。自動車の自動運転、ネット接続やドローン配送などモバイル系の技術革新により物流系の大変化も予想される。

　第4次産業革命に関係するこのような技術は、新商品、新サービスによるイノベーション創出のみならず、日本の強みであるモノづくり分野にも、イノベーションを起こす可能性は高く、新たな日本の強みの創出が大いに期待される。

【参考文献】
(1)アンドリュー・S・グローブ（2017）『パラノイアだけが生き残る』日経BP社出版
(2)中村末広（2004）『ソニー中村研究所　経営は「1・10・100」』日本経済新聞
(3)経済産業省（2016.7.1）『第46回　海外事業活動基本調査』、大臣官房調査統計グループ企業統計室

第6章

❖

西河技術経営学のルーツを探る

西河 洋一

・会社がうまく回れば、人・モノ・金は、自然と集まる
・会社の成長、将来像を語り、全てを巻き込んで全力を尽くす
・経営者は、絶対会社を潰さないという強い覚悟と諦めないこと

　2000年に株式会社アーネストワンの代表取締役に就任した。自己流ではあったが、経営に取組み、2005年には東京証券取引所の一部上場も果たした。そんな中、芝浦工業大学大学院 MOT 入学の話が出た。体験的に学んだ実学による経営と経営学との学問的なすり合わせに興味を持った。

　MOT での学びは、不動産業界を襲ったリーマンショックへの対応で活かすことができた。技術経営を学び、経営者の育成に関心を持ち、「西河技術経営学」として、整理を進めている。この章では、実務と理論とを対比させ、実理融合の観点から事例を取り上げ、技術経営（MOT : Management of Technology）を学ぶことの有用性を解説する。

1．経営理念

1．1　戸建分譲住宅事業を牽引してきた経営コンセプト

戸建分譲住宅事業に取組もうと思ったのは、今まで家が買えなかった購買層に提供しようと考えた。住宅取得は、夢である。その願いを叶えることが、事業取り組みの背景にあるコンセプトである。

次の3つは、社長としてアーネストワンを牽引してきたコンセプトである。

①年収別ピラミッドの底辺ほど、隠れた需要はある。販売価格の安い住宅を提供できれば、今まで住宅を持てなかった人たちが、住宅を購入できる。

②地域別で平均年収の4倍から6倍の価格で住宅づくりをすることで、平均的な人たちに多くの住宅を提供できる。

③高級車より安い住宅をつくる。誰もが買える住宅づくりをする。

1．2　自分なりにテーマを決める

自分なりに経営のテーマを決めることを社長になった時に決めた（図6.1）。

```
（1）株式上場による資本調達
　・土地仕入れ資金の調達、自己借入れの返済。
（2）安定した利益を生むビジネスモデル構築
　・規模の拡大により仕入れ価格を下げる。
（3）限られた資金を最大限に活用
　・事業サイクルの最小化。資金100万で年一億円儲ける。
　・利益率より回転率重視。
（4）質素倹約
　　自己資本をできるだけ早く高める。
　　企業体力の強化。
```

図6.1　自分なりにテーマを決める

社長に就任した時、とにかく会社は苦しい状況であり、その状況を早く抜け出したいと、株式上場で資金を調達し、それで自分の借金を返したいという願いで取り組んだ。上場するには、安定した利益が出ていなければならない。

（1）苦しい状況を早く抜け出したい

まずビジネスモデルづくりに取り組んだ。ビジネスモデルがしっかりしていれば、事業を拡大しても、会社は安定する。

社長就任の当初、会社にお金が無かったので、お金の大切さが身に付いた。

前任の社長が100万円を持ってきて「西河これを　一年で一億円にしろ」という宿題を与えられた。その社長の下で、1年間学んだことを思い出し、駆使して、1億円儲かるビジネスモデルを完成させて前任の社長に提出したら、次の日から前任の社長は会社に来なくなった。

おそらく、そのビジネスモデルは正解だった。貧乏会社だったので、質素倹約をした。例えば会社の備品なども、買った物件の事務所に残っていた机などをリサイクルして会社で使うようなこともした。

1.3　新社長として企業体制の建直し
（1）明るい未来を熱く社員に語る

新社長として会社の立て直しをしていくように会社を導くには、ハッタリでも良いから、会社の明るい未来を創造して、それを社員に語りかけていくことが必要である。求心力を高めることで、会社を成長させることが可能になる（図6.2）。

```
（1）社名の変更、マーク考案、ブランド名考案、商標。
（2）社是、社訓、行動規範の策定。
（3）経営方針、コーポレートポリシーを明らかにする。
（4）株式上場に向けた準備。資本政策。
（5）既存しがらみの根絶。業界の悪慣習の破壊。
（6）事業拡大による求心力増大。取引業者に大法螺を吹く。
（7）安定した仕事を、絶え間なく出す事で価格を下げる。
（8）約束を守る事で、味方を沢山つくる。
（9）企業イメージを改善する。常に正しい仕事。
```

図6.2　企業体制の建直し策

まず社名の変更に取り組んだ。伏見建設を、アーネストワンに変更した。会社のマークの考案もした。「サンクレイドルマンション」というマンシ

ョンのプロダクトブランドを作った。それを商標登録した。

　社是社訓、経営をして行くには、自分の考えをきちんと文字にして、社員に守ってもらうことで企業統制を行った。さらに、経営の方針とかを決め、社員にきちんと伝えて行く。あと上場に向けた準備、先ほどの資金の注入などもそうであるが、どのようにしたら上場ができるかを考えながら、資本政策をおこなった。

（2）約束を守れば味方は増える

　去年の３倍やるとか、５倍やるとか、そういう話をした時は、大法螺<ruby>大法螺<rt>おおぼら</rt></ruby>なのだが、その通りに会社が動くと凄い会社だということになり、人がどんどん集まってきてくれた。とにかく業者の人は、バブル崩壊で仕事がなかったので、安定した仕事を出すことができれば、安い金額でも動いてくれた。それで大きなコストダウンを図り、会社を大きくすることが出来た。約束を守れば、味方が増えるということである。

　当初は、西東京市に会社があったが、支払いが約束通りに払えなかったり、遅延したりで、地元では悪名が轟いていて、地元では仕事ができず、スタートした頃は、八王子や成田とか、千葉・稲毛にもよく行った。会社から２時間ぐらいかかるところで、とりあえず仕事をした。

1.4　アーネストワンのスタート時の社長としての心がけ

　アーネストワンのスタート時の社長の心がけ、この辺がやはり経営をコントロールする上では、重要である。特に、お金はすごく大切なもので、無駄なお金は使わない。

　社長としての心がけを図6.3に示す。

　社長になれば、交際・接待とか色々とお金を使いたくなると思うが、そういう飲み食いは自分の小遣いから出すことにすると、会社全体として、社長がそういうことをやっているのだから無駄なお金は使えないと、接待もなくなる。仕事も忙しかったので、無駄づかいをする暇もなかったが、社長がお金を使わなければ 社員も簡単にお金を使わなくなる。備品は拾ってくる。

　上場すると、銀行などに行かなければならないので、一応役員の車は黒いトヨタのクラウンを購入した。しかし、実は中古車で十数年前の車であ

１．会社のお金は自分では1円も使わない。
（1）業績が良くなると、無駄遣いを必ずするようになる。
（2）出張旅費、飲食、接待費、自腹で払う事により、無駄な出張や付き合いをしなくなる。
（3）社長が会社のお金を使わなければ、社員も安易にお金を使わなくなる。

２．購入した物件の残留物から、まだ使えそうな
**　会社の備品を拾ってくる。会社の備品は皆中古。**
　・物を大切に思う気持ちを持ち続けるための行動。

３．黒色の役員専用車
　・中古のクラウン、実は社員に買うカローラの新車(リース)より安い。

図6.3　アーネストワンのスタート時の社長としての心がけ

った。社員が乗っている営業車のカローラは、それは大体リースで揃えたが、役員のクラウン３台とカローラとは同じくらいの値段だった。黒塗りの車であれば、偉くなった気がして我慢できた。

1.5　社是と社訓
　図6.4は、私の考えた社是である。
　行動力、正義感、強い信念、社会に奉仕、これを我々の指針としてやっていこうじゃないかということを、社是として決めたものである。
　図6.5は、社訓である。
　社員がどのように動くかということを説いたものである。

社　是

行動力
正義感
強い信念
社会に奉仕

図6.4　社是

社　訓

一、気付いたら直ぐに実行
　　行動こそ飛躍の第一歩
一、細かい事こそ妥協せず
　　その積み重ねが大の利益
一、人のせいにするな
　　苦境は自己を正すことに
　　より必ず道は開ける
一、誠実な仕事をし
　　社会に貢献する
一、仕事は私事にあらず
　　事業は利益の手段ではなく
　　企業発展の目的とせよ

図6.5　社訓

一．気づいたら直ぐに実行　行動こそが飛躍の第一歩
一．細かい事こそ妥協せず　その積み重ねが大の利益
一．人のせいにするな　苦境は自己を正すことにより　必ず道は開ける
一．誠実な仕事をし　社会に貢献する
一．仕事は私事にあらず　事業は利益の手段ではなく　企業発展の目的
　　とせよ

２．ビジネスモデル

２.１　商売は高く買って安く売る

　しっかりした基盤を作るビジネスモデルを作るために、特に金銭関係、どうやって儲けていくかを、自分なりに考えた。

　「商売は高く買って安く売る」では、単純に考えると損しそうであるが、これで儲ける仕組み作りをした。

　当時、建売の分譲住宅は、土地付きの30坪ぐらいの住宅で、売値が3000万円というのが相場であった。それを切るような安い物件は、販売されていなかった。その状況下で、当社としては、「1棟当たり500万円を儲けよう」と決めた。

　普通は、そういう考えをしない。しかし、まず儲けを決めた。そのためには、どうやったらその儲けを出せるかを皆で考えた。

金銭の収支が、ビジネスの評価を決定する

　一棟あたりの利益を500万円得ようとすると、当時の建築費は、坪あたりで50万円であったので、30坪の家を建てると1,500万円の建築費が相場であり、それは工務店に建築をお願いした時の請負金額であった。

　それに対して、私たちは1,500万円に対して1,000万円で作れる住宅づくりを考えた。1,000万円で作れれば、500万円儲かるということである。

　販売は、販売エリアの不動産屋が仲介するのだが、取り引き金額の約3％の手数料を払うので、広告等のもろもろの販売経費は、他社とは変わらずおおよそ10％の300万円である。

　土地の値段は、3,000万円の物件だと、一棟あたり700万円ぐらいであった。「高く買って」というのがミソで、私たちは800万円を提示した。700万円と800万円だったら800万円の方に売ってくれる。100万円高く買うので、その代わりに支払いの期限が欲しいと。売主の土地の上に、まず家を建て、実際に住宅が売れた段階で、売却したお金から100万円高く支払う約束をする。

　そうすることで、全体の原価が他社では2,500万円であるのに対し、当社では建築費用コストを下げて2,100万円であり、400万円のヒラキがあった。こういう物件を3,000万円のエリアで2,600万円で売り出した。するとすぐ売れる。多くの場合、完成するまでに契約がついて、きちんと100万円

高く売ってくれた地主にお金が払えるとなる。

　完成するまでに売れない場合は、値段を100万円下げる。100万円下げると、他社は追従出来ない。値下げをすると実際は500万円の儲けが、400万円の儲けとなる。競合社は、赤字スレスレでやっているところを、当社はきちんと利益が出せるビジネスモデルとなる。この仕組みで、資金繰りは楽になり、継続的に急成長した。

2.2　デフレビジネスに徹する

　社長となった当時、デフレビジネスに徹することを行った。

　まず当時、日経新聞にマンションの価格は半値になったとのニュースが出ていた。それを見て、どうなるのか計算をすると、年率6.5％下落をしている。だいたい半値になるということを想像できないが、実際半値になって行った。

　同じトレンドで下がり続けるということを、書面を作って色々なところで周知をして、その通り皆に動いてもらった。例えば、大きな土地の開発物件は、造成で1年とか2年とか掛かるところがあるが、そういう長い期間の掛かるものは、将来に向けてどんどん値段が下がるのでやらないで、1棟2棟程度の小さい現場を着実にこなすというやり方をした。

　普通のサラリーマンの年収も どんどん下がっているような状況下で、住宅自体もどんどん下落していった。そういうことで、今後も事業を継続

（1）日経新聞の記事を発見。
（2）10年で不動産価格が半値になった。
（3）年間約6.5％の下落。
（4）誰もが半値まで下がると思っていない。
（5）将来的にもまだまだ下落すると仮定して考えた。
（6）時間を掛ける程、不動産価格が下落（デフレ）する。
（7）開発行為等時間の掛かる大型物件は極力行わない。
（8）年収の下落傾向が続く　＝　価格が下がり続ける。
（9）建物製造原価も同様に下げなければならない。
（10）協力業者に、原価を下げなければ、破綻すると説明。
（11）スピード経営により、デフレリスクを最小に抑える。

図6.6　インフレからデフレへの変化を読む

今後の分譲業界における展望、生き残るためには、コストダウンしかない。

　先日日本経済新聞の『首都圏経済・東京』の記事に新築マンション8000万円台だった地域10年間で、4000万円台という記事が掲載された。　　　　　　（2002年）
この価格下落を下記により分析

同率で下落したと仮定すると以下の通りになる。　　　　　　　　　　　　　　　単位：万円

西暦	1992	1993	1994	1995	1996	1997	1998	1999	2000	2001	2002
価格	8000	7464	6965	6498	6063	5657	5278	4925	4595	4287	4000
下落額		536	499	467	435	406	379	353	330	308	287
下落率		6.70%	6.69%	6.70%	6.69%	6.70%	6.70%	6.69%	6.70%	6.70%	6.69%

同率で向こう10年のシュミレーション　　　　　　　　　　　　　　　　　　　　単位：万円

西暦	2002	2003	2004	2005	2006	2007	2008	2009	2010	2011	2012
価格	4000	3732	3482	3249	3032	2829	2639	2462	2298	2144	2000
下落額	287	268	250	233	217	203	190	177	164	154	144
下落率	6.7%	6.70%	6.70%	6.69%	6.68%	6.70%	6.72%	6.71%	6.66%	6.70%	6.72%

更に向こう20年のシュミレーション　　　　　　　　　　　　　　　　　　　　　単位：万円

西暦	2012	2013	2014	2015	2016	2017	2018	2019	2020	2021	2022
価格	2000	1866	1741	1625	1516	1414	1320	1231	1149	1072	1000
下落額	144	134	125	116	109	102	94	89	82	77	72
下落率	6.7%	6.70%	6.70%	6.66%	6.71%	6.73%	6.65%	6.74%	6.66%	6.70%	6.72%

　バブル崩壊後わが国経済は、低迷し続けてきているが、10年間一直線で下落したわけではなく、幾度かの上昇の転機を迎えながら、現在にいたっている。現在景気が底を打ったとの政府の発表があったが、予断は許されず、今後もこの下方へのトレンドが引き続く可能性も濃厚である。
　これは、中国などの現在発展を続けている国への生産拠点の移転流出の現象が加速して起こっている事、我が国の少子化は進んでおり、人口増加による、内需の拡大が起きる可能性がまったくなく、おそらく現在盛んに産業拡大している中国等との労働賃金差が縮小されない限り、この下方トレンドは、続くだろうと推測される。
　このシュミレーションが崩れる可能性は、日本国が外国人の労働力を国内に受け入れ、生産人口を増加させて需要を拡大させなければ成長は考えられない。アメリカのように、グローバル化した国家を創りあげられるかである。　　　　　　　　　（㈱アーネストワン　西河洋一）

図6.7　「このままデフレは続く」との社員向けメッセージ

していくためには、製造原価をさらに下げていかなければならない。そのことを協力会社にも話をし、理解を求めた。
　方向性が見えていると、どのようにやればコストダウンが図れるかということを業者も一生懸命考えてくれるので、とにかく当社についてくれば、必ず勝てるということを話した。それを協力会社も支持して、一緒に取組

んでくれた。

社員向けメッセージ

　2002年当時の新聞に、新築マンションの販売価格の下落が記事になっていた。

　8,000万円だった地域が10年で4,000万円になるという記事である。

　それを文字で、今まではこうなったが、これから先10年はこのようになるということを予測し、図6.7に示す書類を作った。

　それは「バブル崩壊後わが国経済は、低迷し続けてきているが、10年間一直線で下落したわけではなく、幾度かの上昇の転機を迎えながら、現在にいたっている。現在景気が底を打ったとの政府の発表があったが、予断は許されず、今後もこの下方へのトレンドが引き続く可能性も濃厚である。これは、中国などの現在発展を続けている国への生産拠点の移転流出の現象が加速して起こっていること、我が国の少子化は進んでおり、人口増加による内需の拡大が起きる可能性がまったくなく、おそらく現在盛んに産業拡大している中国などとの労働賃金差が縮小されない限り、この下方トレンドは、続くだろうと推測される。このデフレシミレーションが崩れる可能性は、日本国が外国人の労働者を国内に受け入れ、生産人口を増加させて需要を拡大させなければ成長は考えられない。アメリカのように、グローバル化した国家を創りあげられるかである」という内容である。

　それを見た人たちには、なるほどと理解をしてもらいながら、デフレ対応の事業に取り組んだ。

２.３　経営のスピードを上げる

　経営する中で重要な施策が、事業の拡大と経営スピードを上げることである。そこに注意力を注ぐ。

　当時、銀行は、なかなか融資をしてくれなかったので、土地の売主さんから期間をもらったりしたが、早い段階で、会社の状態を普通に戻すということで、とりあえず銀行から借り入れができる会社にして行こうとした。

　ゼネコンは、材料を購入すると、大体４か月のサイトの支払手形を切る。支払いは手形を出してから４ヶ月後に資金を用意して渡せば良いので、その４ヶ月は、土地の仕入れの資金に充てて行くことができる。さらに、コ

ストをどんどん下げることを繰り返し繰り返し、取り組んだ。また、この資金はこの土地の決済にと、パズルのように組み上げていて、最大限に会社の資金を有効に使った。

3．MOTでの学び

MOT（Management of Technology：技術経営）をなぜ学ぼうと思ったか。
経営学を学ばずに実践的に経営を自ら考えて経営に取組んできた。経営学に関する知識はなく、全くの素人だったが、上場を果たすことができた。
実学で身に付けた経営に関する知識と学問的に学ぶ経営とが、何か考えが当てはまるのではないかと考えた。自分のやってきた経営を経営学と照らし合わせ、経営手法として学びたいという思いが強くなった。

3．1　MOT入学の動機

経営学を学ばずに、安定収益を得られる会社にし、上場できた。順調に会社は、大きくなってきたが、利益率がどんどん低下していた。「何かおかしい」と考えていた時、MOT の存在を知った。せっかくのチャンスなので勉強してみようと思った。
3つの理由について、説明する（図6.8）。

```
（学びの理由1：市場の変容）平成18年度（2006年度）売上は順調に
増えているものの、利益率が大きく下がり、何か市場がおかしくなっ
てきていると感じていた。

（学びの理由2：実理融合）経営に関して素人の自分が、何故短期間
に一部上場を果せたか。今まで行なってきた自分の経営を、実務と理
論の結びつき、実理融合の形で理解したいという思いと、自分の知ら
ない経営手法を学びたいという理由。

（学びの理由3：経営力の自己評価）売上一兆円達成するために、今
自分に足りないものは何か？果して自分に、それだけの大きなビジネ
スを仕切る能力を持っているだろうかを見極めたい。
```

図6.8　MOT（大学院）入学の動機

①市場の変容　利益率がどんどん低下していた。「何かおかしい」と考えていた。世界規模での市場をとらえることができていなかった。
②実理融合　学問的に何か考えが当てはまったのではないか、自分のやってきた経営と、理論的な経営手法を学ぶことで、突合せをしたいということを考えていた。まさに、実理融合を実践した。

③経営力の自己評価　売り上げ1兆円を超える企業になりたいと考えて
いて、1兆円をクリアするには益々勉強していかなければ難しいと考
えていた。この時の売り上げ1兆円達成の目標は、78歳と言っていた。
しかし6社を統合し、飯田グループホールディングスの社長に就任し、
現状、この夢はクリアできた。

3．2　現状の把握からMOTの学びを実践にいかす

MOT を学び始めて、自分の会社を MOT の計画を交えて、どのように
やっていくかということをまず考えた。

①リーマンショックでどうなるか、②住宅産業の歴史を学ぶ、③授業で
学んだことをすぐ経営に生かす、この3点について、解説する（図6.9）。

（1）リーマンショックでどうなるか

MOT 2年目の時に、リーマンショックが起きた。たまたま、プロジェ
クトの演習で「日米企業の財務分析と経営比較」という課題に取り組んだ。
弊社と似ている米国の会社を選び、財務分析や経営比較をしてみると、弊
社が1年遅れでアメリカの会社と同じ動きをしていることが分かった。

これは大変だと、筆者は不良資産を損切りしてでも処理して、次のステー
ジに移るという決心をした。米国の企業の財務分析から、そのことを発
見することで、対策を考えた仕事の組み立てができた。

リーマンショックによる業界の影響を予測し、企業が生き残るための経
営に取組んだ。市場の変化を作り、一時的に買い手市場から売り手市場へ
と転換させた。

V字回復のシナリオを画くのが社長の重要な仕事であると思っている。
大幅な赤字を出し、批判の嵐だったが、損切りをしておいたので、その翌
年は豊富な資金を使って、V字回復することができた。

（2）住宅産業の歴史を学ぶ

住宅産業の歴史を、技術経営的な切り口で学ぶことができた。

たまたま芝浦工業大学の学科長で長年 MOT（技術経営）研究に取り組
んできた児玉文雄から、「技術進化サイクル論」の講義を受講した。研究
テーマとして、業界の歴史を調べてみると、同じような変化が過去何回も

起きていることに気付いた。

技術進化サイクル論により、次のサイクルは何が起きるかを研究した。第一次オイルショック時に、ハウスメーカーが成長した。その事例から、なぜ成長出来たのかを学ぶ。

またバブル後、プレカット技術進歩によるハウスビルダーの成長があった。次の技術は何か。リーマンショックで、デベロッパーの多くが倒産した。需給バランス改善が大きなビジネスチャンスになると読むことができた。

次にハウスビルダーの業績は急回復し、次の不況対応への準備や未来市場を予測すること。未来がどうなるかの見極めが社長の重要な仕事になっている。

以上、学んだ「技術進化サイクル論」が参考になった。「技術進化サイクル論」は、本章の５項の技術進化サイクルで詳細に説明する。

（3）授業で学んだことをすぐ経営に生かす

経営に関する様々な考え方、組織の改革、イノベーションなどの経営学

１．リーマンショックでどうなるか？
- （1）プロジェクト演習　『日米企業財務分析と経営比較』
  - → 　損切りの早期決断。
- （2）リーマンショックによる業界の影響。企業生き残りの為の経営。
- （3）市場の変化。一時的に買い手市場から売り手市場へ。
- （4）Ｖ字回復のシナリオを画くのが社長の重要な仕事。

２．住宅産業の歴史を学ぶ
- （1）技術進化サイクル論により調査分析。
  - → 　次のサイクルは何？
- （2）第一次オイルショック時にハウスメーカーが成長。
  - → 　何故成長出来たのか？
- （3）バブル後、プレカット技術進歩によるパワービルダーの成長。
  - → 　次の技術は？
- （4）リーマンショック、デベロッパーの多くが倒産。
  - → 　需給バランス改善BIGチャンス。
- （5）その後、パワービルダーの業績急回復。次の不況対応準備、未来市場予測。
  - → 　未来がどうなるかの見極めが社長の重要な仕事。

３．授業で学んだことを直ぐ経営に生かす。
- （1）経営に関する様々な考え方
- （2）組織の改革
- （3）イノベーションのチャンスを掴む

図6.9　現状把握からMOTを実践する

の知識を、実際に経営に取組みながら学ぶことができた。したがって、授業で学んだことをすぐ実践に移せるという環境にあり、とても良い時期に勉強ができたと思っている。

3.3　MOTで学んだことを実践で活用

　大学院で具体的にどんなことを学んで、会社に戻ってどのように実践したかを説明する。

（1）グループワーク

　皆やっていると思う。ポストイットなどを使っての、グループワークである。MOT で学ぶまでは、グループで議論したことはなかったので、そのような活動することによって、チーム力を高めていくことができた。

（2）ビジネスゲーム

　あくまでもゲームであるが、例えば報酬なども、ゲーム的感覚で色々なことをやってみると、結構社員には受けるところがあった。

（3）情報システム

　グループウェアなどを勉強しながら、こういうのがあるということを知って、会社のシステムに取り入れた。

（4）リーダーの育成

　『リーダーシップ論』と題する学問を学ぶことで、リーダーはどのように判断をしていくかを学び、　それを社内研修で、講師になって社員に教えた。

（5）原価管理とマーケティング

　会計関係では原価管理、マーケティングなどは、MOT で学ぶまではほとんど学んだことがなかった。自然に商品が売れるのは、究極のマーケティングである。それに近いブランドづくりの取り組みを過去に取り組んできたことを、その時に思った。

（6） 知的財産戦略

　特許関係では、知財の戦略をどうやるのか、生産加工システムなども、いろいろな業種の先生方が、多くのことを教えてくれた。講義内容は、参考になった。

（7） その他の講義

　財務分析や、技術を発見する力やコンカレントの重要性を学んだ。イノベーション論では、新しいイノベーションをどうやって発掘するなど、大変役に立った。

　その他、MOT 基礎論、社会システム論、経営学の基礎、ベンチャー育成論、プロジェクト演習などが役にたった。

４． 技術経営を学び第三次オイルショックに対応

　かつて２度の石油ショックが起き、日本においては、1973 年に起きた第一次石油ショックの際に、一般消費者によるトイレットペーパー等の商品買い溜めという消費行動を誘発した。商品買い溜めは、物価の上昇懸念による、消費者の心理現象の表れであった。

　経営は、経済動向を把握せずに取組むことはできない。経済と経営の関係について、実践的な事例を引き合いに出して、説明する。

４．１　オイルショックと第三次オイルショック

　第一次オイルショック（1973年）、第二次オイルショック（1979年〜1980年）があるが、過去に値が上がった時でも、最高バレル当たり35ドルぐらいだったのだ。第一次オイルショックでは、スーパーなどに行くとトイレットペーパーなどが大量に買い占められて、トイレットペーパーが買えないなど、異常な行動が当時はあった。

　油の値段が上がると、インフレが進み、賃金の上昇が油の上昇カーブに追いつかなくて、生活が苦しくなるということが当時はあった。

（１）第三次オイルショック

　第一次でも第二次でも、原油の価格はバーレル当たり最高35ドルぐらいだったのだ。つい直近では145ドルになっている。これが第三次オイルショック（2004年〜2008年）だった。

　2007年6月時点では、原油価格が１バーレル65ドルであったが、2008年6月時点で140ドルと２倍以上高騰した。この現象は、第三次石油ショックと言えるのではないだろうか。この原油高の影響は、運搬コストは、もちろんであるが、ありとあらゆる物価に影響を与えた。

　住宅産業においては、建築コスト、土地価格の上昇で、販売価格を上げざるを得なかった。一方、消費者の賃金が徐々に低下し、消費者が買えなくなった。同業企業は、在庫という形で物件を多く保有してしまい、景気低迷により不動産価格が一気に下がり、在庫が一瞬にして不良資産となった。

（2）サブプライムローン

　油が上がったすぐ後に、世界中でサブプライムローンが事件化した。

　日本の評論家は、これはアメリカだけで起きていることであり、日本は関係ないとテレビで言われていたが、実際のところは大きな影響を日本の会社にも与えた。　特に不動産業・建築業には、影響があった。

　建設不動産の倒産が全体の９割で、金額的にも大型倒産があった。直近までは最高利益を出していた会社が倒産していった。

　例えばアーバンコーポレーションとか、ゼファーとか、モリモトとかがある。モリモトは、上場してすぐに倒産した。その時には、このようなレポートなども出ていて、戦後最悪を更新したとか、新興デベロッパーや地場のゼネコンが「ドミノ倒し」的に相次いで倒産していったなどと書かれていた。

　黒字倒産もあった。黒字だったら倒産しないということでは無く、会社として収益を上げていても倒産するという事例もあったが、それには理由がある。

４.２　黒字倒産の理由

　なぜ、黒字倒産してしまうのか。

　特に不動産の場合には、土地を買うのには資金が必要であり。それを銀行からの借り入れに頼っている。銀行から何億円、何千億円という借入をしている企業がほとんどである。景気が怪しくなり、事業収支が赤字になると、金融機関は、まず不動産屋に貸しているお金を貸し剥がしに走る。

　今まで順調に行っていても、銀行がお金を返せということになれば、会社は返済をしなくてはならない。銀行からの借り入れの条件に、「赤字になったら返済しなさい」ということが契約条項をつけられている。景気が良いときに、誰も赤字になるとは思っていない。ついつい安易にハンコを押してしまう。

　その条項の通り資金を引き上げられると、会社は倒産するしかない状況になってしまう。上場企業等も倒産したが、立派な企業になってしまうと、経営自体の経営感覚が麻痺してしまい、資金繰りに困ってもお金を払わなければ倒産しないにも関わらず、お金を払ってしまい倒産してしまったのだと思う。

4.3　市況の変化を察知する

　将来のことが分れば誰だって金儲けはできる。ただ未来が予測不能というところがミソであって、経営者は、市況がどうなるかということを推測しながら、いろんなことを試してぶつかって行く。

　サブプライム問題、日本では、アメリカの対岸の火事であり、日本には影響ないだろうと考えられていた。私もMOTを学ぶ時に、利益率が減っていた。それはリーマンの崩壊に向けて動いていた一つの現象だったのかと今は思う。

　このことが早く分かればもっと被害が少なくて済んだのだが、たまたま大学院に行って、多少の遅れはあったが、米国の企業を分析して、リーマンの影響を受けることに気付くことができたことは良かったと思う。

4.4　良い時、行け行けどんどん

　調子が良いと、銀行からの借り入れなども膨らんでいくが、大丈夫だということでどんどん拡大して行く。例えば、儲かっていくと立派な建物を作ってしまう。やはりそういうのを抑えられる経営者というのが、強い経営者なのかなと思う。

　現場監督の経験があるので、アーネストワンの本社を作る時は、経営をしながら現場監督もして安く作った。経営者になったときは、最大12億円という債務超過の状況で会社の経営を引き受けた。経営は苦しかった。トイレ行って小便をすると、血が出てくる。自分はどうなるのかと思うことがあった。

　今考えれば、楽しい思い出になるが、資金がショートしそうな時などは、自分が死ねば保険金で会社を守れるのではないかということを考えたこともあった。苦しみは二度と味わいたくはない。

4.5　MOTで取り組んだ日米企業の比較

　これは大学院で平成20年（2008年）7月、大学院2年目のときのプロジェクト演習で「日米企業財務分析と経営比較」と題するテーマに取り組んだ。

　当時社長であった会社「アーネストワン」と、米国の会社の「KBHOME」との売上高と経常利益を比較した。KBHOME は、アーネストの4倍ぐらいの売上げがあるが、同じように成長している。KBHOME は、サブ

プライムの影響で売上が落ちた。

　まだこの時は、アーネストワンの売上は、落ちていなかったので、対岸の火事なのかなというように思っていた。しかし、利益が落ちて来て、これをどうやって回復させるかということを、自分なりに考えながら、いろいろなことを想定して、会社を誘導してきた。

　KBHOME とアーネストワンの事業の内容は、かなり似通っていることが分かった。

　KBHOME は、サブプライムの破綻による損失を早期に解決するために、日本と違い早い段階で損失を伴う処理を行なっていることが分かった。イメージとして日本のバブル崩壊から反転するまでに12年程度かかってしまうのに対して、2〜3倍の速度で処理しているように思えた。

　ニュースの記事によると、KBHOME が発端で、大幅値下を断行したとあった。経済の悪影響は、何時まで続くか不明であり、経営を立て直すことが出来るかが気がかりである。不動産下落の局面では、いかに在庫を持たないかが大切で、業績を維持し、生き残るための条件である。

　サブプライムの影響は、日本にも波及していることを感じ取ることができた。弊社の利益率の低下等、非常に似た動きである。

　弊社の利益が下がっているので、危機感を持った。米国の KBHOME の方が早く下がったので、当社もここまで落ちるということを予測し、自分でコントロールをし、損切りをすることを考えた。この辺のシナリオを実際に人、金、モノを使ってどうやってコントロールするかというのが、社長の大きな仕事になってくる。

　研究の成果のまとめとして、KBHOME とアーネストワンの事業内容は、似ていて、両方とも一次取得者層を狙った事業をしていた。KBHOME 自体も、大幅値下げとかを早い段階で行っていたが、不動産を桁違いに多く保有していたので、立ち直りは厳しいのではないかと思った。

　実際、10年経ってから KBHOME を訪問する機会があった。再び米国の好景気になっていて、当時まではいかないが、かなり回復はしていた。しかし、予測した通り、業績の回復には時間がかかっていた。

　この時のアーネストワンの構造改革は、図6.10に示す施策を打ち出し、実行した。インフレに動いていたビジネスモデルをデフレビジネスモデルに一気に転換した。資金の回転効率を上げる。当時は、年間１回転まで落

（1）**不良資産（完成在庫）の損切りによる、決算大幅赤字出し。**
　　同業他社より半年早く決断。KBHOMEとの比較により察知。
（2）**不良資産売却により得た資金により、**
　　新規に土地を積極的に取得。
（3）**バブル崩壊を察知し、インフレビジネスモデルから、**
　　デフレビジネスモデルへ一気に転換。
（4）**事業サイクルの最短化。**
　　資金の有効活用。工事施工期間の短縮。
　　工事完成するまでに販売完了するという目標設定。
　　（スローガン：完成までに全部売る。）
（5）**資金回転率、年間1.0回転→2.3回転。**
　　借入金の圧縮、自己資本比率増加による、企業体力の強化。
（6）**一人当たりの生産性の回復。**
（7）**社員教育の充実。**

図6.10　アーネストワンの構造改革（2008年の施策）

ちていたものを2.3回転まで引き上げることが出来たから、V字回復をすることができた。

　以上の説明が、リーマンショック後の V字回復である。2009年3月期に大きな赤字を出したのだが、 2010年3月期には、累積赤字以上に利益を出せたので、V字回復を成し遂げた。これができたのは、経営学を学んだおかげだと思っている。

5．技術進化サイクル

「技術進化サイクル論」を児玉文雄は、『新規事業創出戦略』と題する本の中で論じている。

どういうサイクルで歴史は繰り返されるのか、図6.11を用いて説明する。

図の④と①の間にある、「ロックイン解除」というところからスタートして、反時計回りに①異業種間競争、②需要表現、③技術融合、④トリク

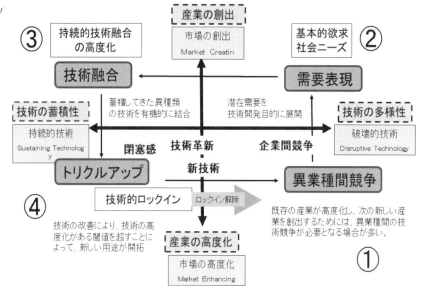

図6.11　技術進化サイクル（概要説明）

5．1　建築業界の技術進化サイクル

これを実際の建築業界に当てはめたものが、図6.12である。　第二次大戦が終えた戦後から、こういうように住宅の流れがあったと書いたものである。

さらに第一次オイルショックがあって、大和ハウスとか、積水ハウスがハウス55プロジェクトというところから大きく伸びていった。今は飯田グループは、これと同じポリシーを持って市場を大きくしている。多分、歴史は繰り返されると思う。

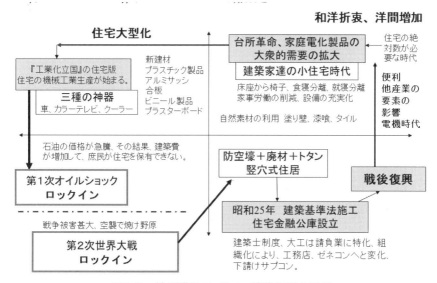

図6.12　技術進化サイクル：戦後復興の時代

５．２　ハウス55プロジェクトの技術進化サイクル

　図6.13が、ハウス55プロジェクトの技術進化サイクルである。小さな安い住宅をどのように作るかというプロジェクトであった。国家的事業の住宅　「ハウス55プロジェクト」開発の背景を簡単に説明する。

　1976年（昭和51年）に高品質で低廉な住宅を供給することを目的に、旧通産・建設両省共同のプロジェクトが発足した。名称は「新住宅供給システムプロジェクト」（通称「ハウス55プロジェクト」）という。延床面積100㎡の住宅を、1980年（昭和55年）時点で、500万円台の価格で大量供給可能な住宅生産システムを構築することを目標に掲げた。提案競技が実施され、42の企業グループが応募した。

　3グループが開発主体として選出された。そのうちの一つが、ミサワホーム，昭和電工，日新製鋼，日立製作所で構成されたミサワホームグループ〈MG-55〉であった。他に新日鉄・竹中工務店・松下電工の〈TOPS〉グループと、清水建設・日立化成・日本通運・北進合板の〈SG-4〉グループが当選した。

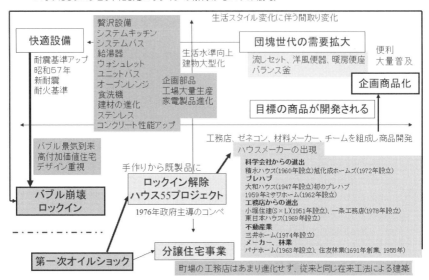

図6.13　技術進化サイクル：ハウス55プロジェクト

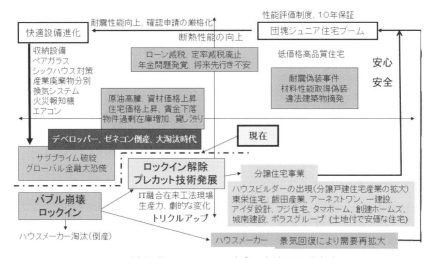

図6.14　技術進化サイクル：バブル崩壊から現在まで

　次にバブル崩壊から現在まで、図6.14に図示したことが起きている。

　さらに、これから住宅産業がどうなるのかということを、図6.15のように表した。

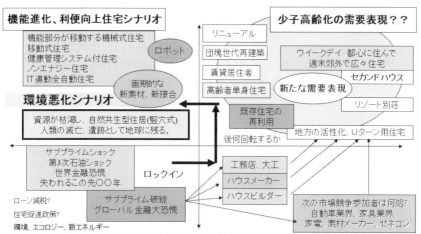

図6.15　技術進化サイクル：これからどうなる

　このように経営学で学んだ手法は、将来必ず役に立つ時がくる。是非とも、しっかり勉強をしていただきたい。

おわりに

1　MOTでの学び

自分の経営をMOTでなぞると方向性が見えてくる。

CEO（社長）によって、会社は運営されるというのは、紛れもない事実であって　社長が変わると会社が大きく変わる。

理論を当てはめて分析をする。他産業の過去の歴史を紐解き、重ね合わせて見る。技術進化の背景に起こったさまざまなこと。　経営というのは、100人いれば100通りあるということ。　よくトヨタのカンバン方式が良いと、いって取り入れるが、果たしてトヨタと同じような成果を出しているかというと、それはなかなか難しい。自分で経営システムズを作り、それを実践するということが重要ではないかと思う。

筆者が学んだ手法や理論は、ここにあるように理想化設計、シナリオプランニング、産業サイクル論、３Ｃ分析、ポジショニング、戦略マップ、プロジェクトマネージメント、ゲーム理論である。皆さんも色々な科目を学ぶと思う。それを、しっかり勉強されたら、将来役立つと思う。知識は、皆さんの財産である（図6.16）。

```
(1)理論を当て嵌め、分析する。
(2)他産業の過去の歴史を紐解くこと。
(3)技術進化の背景に起った様々なことを調査する。
(4)経営は、100人いれば100通りある。
(5)経営手法は自ら作るもの。
(6)今まで知らなかった手法や理論を常に学ぶこと。
```

図6.16　MOTでの学び

2　利益とはなにか

利益とは何かを、パッと言えるか。欲しても、利益はなかなか得られない。売上と経費との差異によって、生じるものである。

例えば、製造コストが安ければ、その差額が大きい分儲かる。収入と支払いの差額、できるだけ収入を早くして支払いを遅くすれば資金は残る。

（1）欲してもなかなか得られないもの。
（2）差異により生ずるもの。
（3）収入と支払の差額。
（4）企業成長のためのエンジン。
（5）社員生活の安定のために稼ぎ出すもの。
（6）消費者のマインドにより大きく変化するもの。
（7）お客様の喜びの大きさ。
（8）企業継続に欠かせないもの。
（9）税金を納めるために必要なもの。

図6.17　利益とは何か

　社訓にも書いてあるが、利益とは企業の成長のためのお金として効率良く使っていく。社員生活の安定のために稼ぎ出すもの。市場動向とか消費者のマインドによって大きく変化するものでもある。

　お客様に喜ばれることで、利益は増える。この製品が不良だと思えば、こんな高いものは買わない。税金を納めるために必要なものが、利益である。高い利益を出している企業が、必ずしも優良企業ということではなく、社会的に重要な働きをして、お客様の満足を得て継続する企業こそが、優良企業だと思う（図6.17）。

【参考文献】
児玉文雄、玄場公規編著（2000）『新規事業創出戦略』生産性出版

用　語
MOT（Management of Technology：技術経営）

第3部

市場創出

第7章

❖

サービスをビジネスにする

小平和一朗

- 無形の価値を提供するサービス、いかなる方法で顧客価値を高めるか
- モノづくりは、サービスと融合して、新しい価値を創出する
- 人財がサービスビジネスの質を決定する

　ビジネスに関するイノベーションが、サービスに関わり合いを持って新たに提案されている。ニーズ、シーズの議論を超えて、サービスビジネスには常に潜在需要が待ち構えている。従って、ニーズを探しあてる手段としてサービスがあり、サービスの重要性が認識されるようになってきた。いまやモノだけが単独で取引されることは少なくなり、何らかのサービスが関わり合いをもったビジネスとなっている。

1. まず「サービス」を考える

あらゆるビジネスが、サービスとの関わり合いを持ってつくり上げられている時代を迎えている。モノづくりは、コトづくりと顧客のニーズを作り出すことで、イノベーションといわれる革新的なビジネスを創生してきた。

最近は、モノが単独で取引されることは少なくなり、何らかのサービスが色々なかたちで関わり合いをもって、ビジネスが組み立てられている。サービスとは何か。サービスの基本を考えていく。

1.1　製造業とサービス業

モノづくりをするサービス業と、コトづくりをする製造業がある。モノとは、有形な商品のことであり、コトとは、無形のサービスのことである。産業区分でいうと製造業を第2次産業といい、サービス業を第3次産業という。

図7.1　製造業とサービス業

サービス業が7割を占める状況と、製造業もサービス業へ進出している状況では、サービス業そのものをより細分化してとらえ、整理区分する段階に来ているともいえる。

サービス業と製造業が生み出す価値を、サービス業ではコトであるサービスといい、製造業ではモノである商品という。その特徴的な相違を表7.1に整理した。

商品は売り手価値であるのに対して、サービスは買い手価値である。価値の評価では、全く異なっている。

また、契約は商品取引では、あれば良い程度で済む。しかし、サービス

表7.1　商品（モノ）とサービス（コト）の違い

比較項目	商　品（モ ノ）	サービス（コ ト）
産業区分	製造業	サービス業
価値評価	売り手価値	買い手価値
契約	あれば良い	必須
資産価値	有形資産	無形資産

取引では、作業内容とその支払らわれる金銭がもともと曖昧であるので事前に確認する必要がある。その対策として、契約書を作ってドキュメント化して、曖昧さを取り除く。

1.2　サービスの４つの分類

　サービス業は、今や全産業の GDP の７割を占める。現状の産業区分は、『日本標準産業分類の一般原則』によると、１次産業、２次産業（製造業）、３次産業（サービス業）に区分されている。

　１次産業は、農業、林業、漁業、鉱業、採石業、砂利採取業である。

　２次産業、製造業は、建設業と製造業である。

　総生産額の７割を占めるのが、３次産業である。サービス業は、多岐に渡る。

　電気・ガス・熱供給・水道業、情報通信業、運輸業、郵便業、卸売業、小売業、金融業、保険業、不動産業、物品賃貸業、学術研究、専門・技術サービス業、宿泊業、飲食サービス業、生活関連サービス業、娯楽業、浴業、理容、美容、旅行業、葬祭など、教育、学習支援業、医療、福祉、複合サービス事業：郵便局、協同組合、サービス業（他に分類されないもの。①廃棄物処理業、②自動車整備業、機械等修理業、③職業紹介・労働者派遣業、④その他の事業サービス業、⑤政治・経済・文化団体、宗教、⑥その他のサービス業、外国公務）、公務（他に分類されるものを除く）、分類不能の産業。

　ラブロックのサービスの４つの分類を参考にして、表7.2のごとく整理することができる。サービスが、有形の行為か無形の行為かと、提供されるサービスが人を対象にしているサービスか、資産価値を対象にしている

かを組み合わせて4つに分類した。

表7.2　サービスの4つの分類

	提供されるサービス対象	
	人	資産価値
有形の行為	**人の身体を対象とする** レストラン、居酒屋、バー、 旅客輸送、ホテル、 美容、理容、 医療、理学療法、 フィットネス	**有形資産を対象とする** 小売、クリーニング、給油、 郵便、貨物輸送、 修理、保守・メンテナンス、 不動産業、倉庫業、清掃、 賃貸、園芸、廃棄物処理
無形の行為	**人の心を対象とする** 広告・宣伝、教育、 エンターテイメント、 テレビ放送、経営コンサル、 情報サービス、心理療法、 宗教、電話サービス	**無形資産を対象とする** プログラミング、 データー処理、会計サービス、 銀行業務、投資顧問、保険、 法律サービス、調査、 電気・ガス、水道

1.3　サービス業の特徴

　製造業は、有形の商品であるモノを取引し、サービス業は、無形のサービスであるコトを取引する。サービス業の特徴を5つ紹介したい。

　①サービスは在庫を持てない

　サービスは、商品と異なり、つくりだめが出来ない。

　従って、サービスに人気が出ても、サービス提供が無限にできるわけではない。従って、サービス提供を断られたり、待たされたりする。

　②サービス価値は無形で、評価が難しい

　サービスは無形である。有形な商品（モノ）と違って、目に見えないので、サービスは評価が難しい。

　サービス価値は、結果評価となる。従って、新しいサービスを提供する初期の段階では、期待するものとのズレが生じ、トラブルのもとになる。提供価値をいかに文書化しておくかが、ビジネスを円滑にすすめるための要の技術となる。

　サービスは、無形であるゆえ、競合と比較することが難しい。

　③顧客とともにサービスを行う

　サービスの基本は、人と人との出会いと会話である。表情を含めて、顧客とのコミュニケーションにある。このやり取りが、サービスの質を決定する。顧客によって、あらゆる柔軟な対応が求められる。顧客が提供価値を判断する、正解のない世界である。

　コミュニケーションの質もロボットの出現で、変質している。セルフのガソリンスタンドの場合、給油を始めようとすると、「静電気除去シートに触れてください」と操作手順を指示される。無人化が進むなかで、顧客がサービス提供システムと、直接関わるサービスは、多くなっている。サービスの低下ともいえるが、習熟度が増すにつれて、サービス提供の効率化も増して、サービス価値も向上する。

　④顧客同士やスタッフの質がサービスを左右する

　スタッフや他の顧客の外見、態度、行動が、顧客満足度に影響を与える。ホテルやレストランでは、そこにいる顧客の質が、その場の雰囲気をつくり上げる。顧客層のレベルと販売価格が安くないことが、サービス価値をつくり上げる。

　サービスは、顧客の能力がサービス価値を決定するといえる。サービス価値は、提供者とサービスを受ける者との積（掛け算）となる。従って、サービスを受ける者が標準者より、相対的に10分の1以下であると、サービス価値はどんなに頑張ってても、標準者より10分の1以下になってしまう。顧客の質がアウトプットを左右するのも、サービスビジネスの特有なことである。

　⑤時間が重要な要素となる

　サービス提供を受ける顧客は、待つことを嫌う。顧客が増える過程で、どうしても顧客に迷惑をかけてしまう。

　サービス提供の数の制約もあり、予約してのサービス提供がメインとなる。コンビニの場合は、24時間営業をするという営業時間の拡大が強みづくりの要となっている。

1.4　ホスピタリティとサービスとの違い

（1）金銭価値と等価交換するサービス

　サービスとは何か。ホスピタリティとは何か。サービスをホスピタリテ

ィと対比して、その違いについて、考えてみたい。

「サービス」という言葉は、「サービスしてよ」と、店主に値引いて欲しい時に良く使う。しかし、経営用語として使うサービスは、無償で提供するサービスのことではなく、いかに対価として金銭価値として、対価を受け取れるサービスのことをいう。

本書では、無償でのやり取りする役務の提供を、「ホスピタリティ」と定義することにする。日本語では、ホスピタリティのことを「おもてなし」ともいう。それは、共通の概念である。

サービスの語源は、サーブである。主人に役務を提供するサーバントにつながる。従って、金銭価値が生じるように「サービス」を提供するには、提供する作業内容と範囲を明確にし、役務提供者である売り手と顧客である買い手との間での事前の契約が重要となる。サービスが無形のものを提供するとなると、「何をいくらで提供してくれる」かが非常に重要になる。

例えば、レストランで注文する場合を考えてみて欲しい。メニューをみて、注文する内容が分からなければ店員に聞き、価格をみて、納得して注文をする。その価格は、店によって様々である。

サービスビジネスでは、サービス提供前にその価値を決定し、顧客と共にサービスに取り組み、サービス価値を創生する。それは、サービスの特徴であるが、常に対価は顧客価値で決定されるともいえる。従って安売りをしないことが重要である。

（2）共創的相互関係をホスピタリティという

ホスピタリティについても考えてみたい。

ホスピタリティの語源は、「ホスピス」であるという。ホスピスを広辞苑で引くと、「宗教団体の宿」と書かれていた。ホスピスとは、歩くしか交通手段が無い時代に旅行者に無償で一夜の宿を提供することをいったとも聞く。泊めてもらった宿の主人との交流を通じて、無償ではあるが情報のやりとりをした。

日本でも旅籠が無い時代は、村の庄屋さんが旅行者を温かく迎い入れ、その旅行者から日本各地の情報を得たと聞く。マスコミなどない時代、旅行者を通して外からの情報を入手していたのだろう。主人と客人とが相互に満足しうる共創的相互関係が、出来ていたことを容易に想像できる。

　ホスピタリティとサービスとの関係を図に表した。（図7.2）

　ビジネスの多くはホスピタリティから始まる。顧客との間では、奉仕活動に近い情報提供や、顧客の事情を聴いた上での提案活動を経て、サービスの提案となる。この提案を顧客が理解して、契約に至る。

図7.2　ホスピタリティとサービス

（3）ホスピタリティとサービスとの対比

　ホスピタリティとサービスとでは、何が違うのか、ホスピタリティとサービスの定義を表7.3のごとく比較し、整理をした。

　ホスピタリティとは、主人と客人とが相互に満足しうる共創的相互関係で、相互に利益を享受でき、金銭価値が相殺される関係である。（表7.3の5項、6項）

　ビジネス構築過程では、売り手と買い手の関係が状況に応じて変わってくる。最初から売り手の価値を認めてお金を支払ってくれることにはならない。共創的相互関係が認識されてブランドにつながるサービスといえる。

表7.3　ホスピタリティとサービスの対比

No.	比較項目	ホスピタリティ　➡	サービス
1	基本概念	主客同一関係	一時的主従関係
2	行為	もてなす	奉仕する
3	関係	対等の関係	主従の関係
4	提供する姿勢	心温まるおもてなし	役務提供義務を果たす
5	相互関係	相互に満足しうる共創的相互関係	主従関係、主人の意志を優先し、従者は奉仕する
6	提供価値	相互利益、金銭価値が相殺	提供役務と金銭との等価交換

サービスで両者は主従関係にあり、主人の意思を優先し、従者は奉仕する役務提供価値と金銭とが等価交換の関係にある。ビジネスで売り手は、いかに買い手の求めるコトを金銭価値に転換できるかにある。モノづくりのビジネスにおけるサービス提供では、仕様に基づく明確な主従関係が顧客と合意できて、サービスビジネスを提供することができる。

　しかし、サービスビジネスで収益を上げるには、顧客との関係をホスピタリティの状態から、サービスの状態に遷移させなければならない。仕様を書いて金銭価値を明確にすることが必要になる。仕様を明確にした記録を交換して、顧客との合意ができなければ、お金を得ることはできない。サービスをして、高額なお金が欲しいのであれば、事前に見積もりを顧客に出して予算化をしてもらうことが必要である。相手の要求が見えた段階で、企画書を提出しておかなければ、ビジネスにはならない。

　お金にならないホスピタリティは、ビジネス創生の通過点であるとともに、手段である。お金にならないホスピタリティの段階は、貴重なビジネス行為である。

1.5　無形の価値を認識する

　サービスは、無形の資産価値をやり取りするビジネスである。

　繰り返しになるが、具体的に見える有形なモノの取引である有形価値のモノづくりに対して、形として目に見えない無形の価値のコトづくりといえる。

　まず「無形の価値とは何か」と聞かれた時、どう答えたら良いのかを考えてみたい。研修や大学の講義で、受講生に無形価値を分かってもらうために「今日の講義90分で得られる情報価値をいくらに見積もりますか」と聞くことにしている。無形であるがゆえに答え難い。図7.3を使って説明する。

　講義のコストは「受講料＋時間価値（機会損失）」で表すことができる。

　受講料は、今日の講義を聞くために支払っている受講料で、時間価値は、今日の講義を聞くことで、別な仕事ができなくなっている機会損失をする時間価値である。

　例えば受講料を1万円とし、機会損失はアルバイトをしていれば、90分で3,000円働けるはずとして、算出する。すると、コストは13,000円となる。

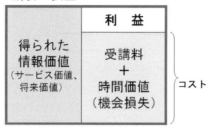

図7.3　講義で得られる情報価値

　「コスト＜得られた情報価値」とならなければ、当然ではあるが、講義を聞く価値は無い。

　ここまで説明し、受講生に再び聞く。得られた情報価値、つまり「サービス価値」「将来価値」をいくらに見積もるかを聞く。講師としては「できれば、10倍以上、将来価値でもあるので、100倍以上の100万円以上と答えて欲しい」と語り、サービス価値について考えてもらうことにしている。

　ここで、講義を受講することで得られる情報価値について別の見方から考えてみたい。受講生の心構えで、情報価値は桁違いに変化する。

　「情報価値＝講師の提供価値×受講生の能力・姿勢」と表したい。情報を提供するのは講師である。

　その講師の情報に価値があることが前提として、受講生の能力や受講する姿勢で情報価値は不思議なくらい変わってくるものである。無形の価値は、講師の能力も価値を左右するが、受講生の聞く姿勢でその価値は変わるものである。

　別な言い方では「無形資産であるサービスの売値は、顧客である受講生が期待する価値で決定される。期待値は、桁違いに変わってくる」とも言える。

1.6　サービスの変革を先導している情報通信技術（ICT）

　ICT（Information Communication Technology）といわれる情報通信技術によって、サービスビジネスは、21世紀に入って大きな変化をしている。

　情報通信の中でもインターネットの普及が情報通信革命といわれる変革を先導して、新しい概念のサービスモデルを次々とつくってきた。インタ

ーネットを使うことで、サービスの質が人手によらずに高度化した。サービスイノベーションと言われるようなビジネスモデルを創生し、ビジネスの仕組みを大きく変革してきた。

（1）第一次情報通信革命：インターネットの普及でサービスを補完する

　インターネットの普及は、無償の情報通信サービスが牽引した。通信コストを気にせずに、世界をインターネットで即時につないでしまうということである。インターネットで、世界を一つにし、新たなサービス基盤を構築した。電子メールやウェブが広く実用化され、いつでも、誰でも国境を超えて情報の入手が可能となった。

　ホテルや航空券などの予約システムが、まずは構築され、いつでもどこにいても予約するすることが可能となり、顧客との間で Win-Win の関係が生まれた。既存のサービスを補完する形で、ICT は進展した。企業のホームページも徐々に開設され、事業内容などを表示するようになってきた。

（2）第二次情報通信革命：インターネットを使ったサービスビジネス

　20世紀末にヤフー、グーグル、アマゾンが、新たなビジネスモデルを創生した。

　ヤフーは、情報の提供と情報検索エンジンの提供で顧客を呼び込み、効率的な広告宣伝で収益を得る仕組みをつくった。ネットにコンテンツが少ない時代には、主導的な立場でネットビジネスを牽引することができた。時代のニーズを先取りした情報提供（データ）でウェブ（Web）ビジネスの可能性を示唆してくれた。

　グーグルは、ヤフーと同じ検索サイトを立上げた。ヤフーより強力な検索エンジンを開発し、広告収入で成り立つ強力なビジネスモデルをつくる。何でも分からないことがあると、今やグーグルに聞いてみようとなっている。それが、スマホ社会ともリンクし、分からないことがあると、「グーグルに聞いてみよう」と、グーグルを使った検索が日常的になる。

　インターネットを使ったサービスビジネスモデルであるが、検索サービスを享受する顧客からお金を取らず、広告掲載業者からお金をとるビジネスモデルをつくり上げた。アマゾンは、書籍販売からスタートし、現状は日用品などを原則、翌日に配達するサプラーチェーンを構築した。

（3）第三次情報通信革命：インターネット機器が生活をする上での必需品になる

　大きな変革は、スマホの出現にある。スマホが出てくる前には、NTTが主導する日本の i-mode という携帯が一世を風靡した時代があった。しかし、世界の市場で普及させることはできず、ガラパゴス化してしまった。

　米国のアップルが、iPhone を出したとき、日本では、電話ではないとし、開発の遅れを招いた。もちろん電話機ではあるが、多機能付き情報通信端末である。iPhone には、既存の音楽 CD プレーヤー、デジタルカメラ、ポータブルテレビ、電子メール端末、テレビ会議などを取り込んでいた。

　日本の通信事業者が「スマホは、携帯ではない」と評価している間に、世界はスマホ全盛時代を迎える。スマホ開発で日本の通信機器メーカは、韓国企業に大きな後れをとった。そのスマホ、アップルの iPhone が、先導役となって、ウエラブルコンピュータといえるほどの進化をしてきた。

　今や、スマホを使った現金決済では、お財布携帯になっている。中国ではほぼ100％のキャッシュレス社会が出来つつある。

　GAFA と言われるグーグル、アマゾン、フェイスブック、アップルなどの企業が出現した。Google が出てきた当初は、情報検索だけで、どうしてお金が得られるかが、多くの人には分からなかった。利用者から得られる情報を利用して、ビジネスモデルを作りあげた。

　第四次産業革命では、データが資源といわれる時代になった。詳細は、第8章「ICT を活用した新規ビジネス」で説明している。

2．サービスの8Pを学ぶ

モノのマーケティング・ミックス4Pとは、Product（商品・サービス）、Price（価格）、Place（市場）、Promotion（プロモーション）の4つのPである。その4Pに対して、ラブロックは、サービスをマーケティング・ミックス8Pに整理している。

P1はProduct element（サービス・プロダクト）、P2はPrice and other user（価格とその他のコスト）、P3はPlace and time（場所と時間）、P4はPromotion and education（プロモーションと教育）の4つと、P5以降はサービス独特のPhysical environment（物理的環境）、P6はProcess（サービスプロセス）、P7はPeople（人）、P8はProductivity and quality（生産性とサービス品質）の4つの合計の8つである（図7.4）。

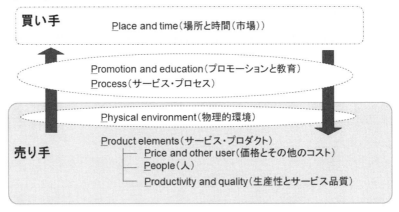

図7.4　サービスのマーケティング・ミックス8P

2.1　Product element（サービス・プロダクト）

サービスは、表7.2によれば、人の身体を対象とするもの、有形資産を対象とするもの、人の心を対象とするもの、無形資産を対象とするものの4つに分類することができる。

（1）人の身体を対象とするもの
人の身体を対象とするものには、レストラン、居酒屋、旅客輸送、ホテ

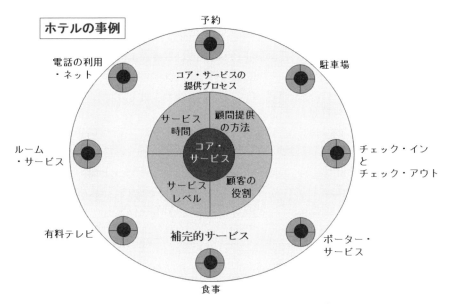

図7.5　コアサービスを取り巻く補完的サービス

ル、美容・理容、医療、フィットネスなどがある。代表的なサービスにホテルがある。

　ラブロックは、ホテルの事例を取り上げて、提供するサービスを図7.5のごとく整理している。

　ホテルには、コアサービスと補完的サービスとがあるとしている。サービスの中核要素であるコアサービスには、顧客ニーズに対する主要な価値の提供やホテルにて起こりうる問題に対する対応策が準備されている。

　補完的サービスは、コアサービスに付随するサービスであり、サービスの利用を促進し、サービスの価値や魅力を高めるものとして、準備しなければならない。補完的サービスの中でも主要なものとして、予約、駐車場、チェックインとチェックアウト、ポーターサービス、食事、有料テレビ、ルームサービス、電話やインターネットの設備がある。

　現状の予約システムは、インターネットを使うことで、24時間いつでも、どこからでも空き室状況が分かり、ネットから予約できる仕組みが出来ている。それが、当たり前になっている時代である。

駐車場は、ホテルについたらポーターが車を預かり、駐車場に入れてくれる。駐車場の空きスペースを探す手間がなくなるのと、車の管理に関する安心と安全を提供する。予約客には、駐車場スペースを優先的に確保し、駐車スペースが無いなどの状況を作ってはならない。

（2）有形資産を対象とするもの

　代表的なサービスに小売がある。伝統的な販売に、百貨店といわれ、広い店舗を特徴に何でも販売しているデパートがある。さらに24時間営業のコンビニがある。セブン・イレブンという午前7時から午後11時の営業時間を、24時間営業へとサービス提供の時間制約を取り除いた店舗がある。

　ネット販売は、地域的制約を取り除いた。AMAZON は、ものによっては翌日に届けるという、時間・空間の制約を取り除いた。本などは、そう数が出るものではない。都会に出なければ購入できなかった書籍販売で、それも世界を市場として、先導的な役割を果たした。現在は、物品販売でもネット販売で実績を上げている。

（3）人の心を対象とするもの

　学校をはじめとする研修サービスとテレビ放送などのマスコミが代表的なサービスである。実績からくる、ブランド優位なサービスビジネスを展開している。

（4）無形資産を対象とするもの

　プログラミング、データ処理、銀行業務、会計サービス、投資顧問、法律事務所などの無形資産を提供するものや、電気・ガスなどのエネルギー提供サービスもこの分類としている。

　水道は、水という有形なものの提供サービスであるが、この分類としている。電気・ガス・水道は、社会インフラを使った、ファシリティサービスである。

2.2　Place and time（場所と時間）

　サービスの場所と時間（Place and time）は、サービスの効率に大きく影響する。従来からの市場（Place）に加えて、サービスのスピード、時

間、オンライン上のサービス提供についても検討することが求められる。

　サービスを提供にあたって場所、順序、手段、チャネルを決める。

　①従来からの物理的な市場

　②ネットをつかったオンラインによる市場

　直接販売もあるが、手数料を支払い、販売を含めた接客業務を委託することもできる。ウェブ（Web）や電子メールを使用することで、顧客の都合のよい時間や場所で情報サービスを受けられる。インターネットを使うことで、いつでも、どこでも、24時間、世界中から時空間の制約を取り除いてサービスできる。

　コマツの KOMTRAX は、建設機械の稼動状況を Web サイトで時空間の制約を越えて監視・モニターすることができる。

　また、ホテルの予約、チケット販売、本の購入など、インターネットの活用で、サービス提供の場所と時間制約を取り除くことができている。

2.3　Price and other user（価格とその他のコスト）

　サービスが無形であるため、サービス価格の決定は難しい。サービス独特の要素がある。価格決定に当たっては、「サービスは在庫をもてない」「人件費（時間）で評価される傾向がある」「投資資産の償却を経費として組み込む」「手数料を考慮する」を理解して当たると良い。

　サービス価格の決定方法には、原価積み上げ、市場価格、顧客価値、競合の価格の４つの方法がある（図7.6参照）。

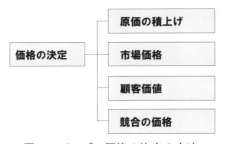

図7.6　サービス価格の決定の方法

（1）原価積み上げ

　価格経費をもれなく積算して、積み上げ合計する方法である。それを原

価積み上げという。価格決定の基本で、どのような方法で価格を決めよう
とする場合でも、原価の積み上げによる原価の把握は必要である。

　サービス提供価格は、原価に将来の投資を考慮した利益を付加して決定
する。サービス業は、目に見えにくいが、将来の投資が継続的に必要であ
る。そこを考慮して提供価格を決定する。

（2）市場価格

　サービス（コト）でも、商品（モノ）でも、市場価格の把握は重要である。
　競合の情報から、自社の価格は決定される。市場価格は、相場とも言わ
れる。あらゆるサービスは、市場価格と自社の立つ位置を考慮した上で、
自社のサービスの価格戦略に基づいて決定される。
　市場価格は、変動する。常にマーケットを睨んで自社の価格ポジション
を確認しておく必要がある。あらゆるサービスはその心構えが必要である。

（3）顧客価値

　サービス価値に付加価値をつける場合は、この顧客価値が重要である。
出金である原価と、かけ離れた価格をつける。俗にいうブランド価値など
がそれに値する。「高いけど、また行きたくなる」との評判に払うお金をい
う。

（4）競合の価格

　サービスグレードに応じて、競合は存在する。ビジネス事業を継続させ
る場合、競合の価格を意識せざるを得ない。上にするか、同じか、安くす
るかは、まさにサービスの質とも関わり合う戦略的課題で、価格は重要で
ある。結果的に業界が生まれ、グレードが生まれ、相場が形成される。

2.4　Promotion and education（プロモーションと教育）

　プロモーションと言われる広報活動と、顧客へのエディケーションと言
われる教育が、サービスを行う上で重要な役割をもっている。
　顧客と一緒にサービス提供プロセスへ参加をする上での基礎知識を、顧
客に伝えなればならない。その教育支援活動に取り組む。
　例えば、セルフのガソリンスタンドでの給油作業である。顧客が給油を

する上での方法や手順を守って、出来ているかを見守る。戸惑っている顧客に対しては、指導をするか、場合によっては支援をする。

　また、最近はネットを見ると色々な管理データの入手が可能である。操作が分からない顧客のために、分かり易いマニュアルを提示し、マニュアル通りに操作することで目的を達成できようにしなければならない。操作が理解できなければ、顧客は逃げてしまう。

　顧客とのコミュニケーションでは、サービスの機器やサービス施設の品質の高さを強調したり、サービススタッフの資格や経験や、サービスに対する思いや、プロ意識に対してPRを行っている。

（1）プロモーション（広報活動）
　・必要な情報やアドバイスの提供
　・ブランドやサービスのメリットをターゲット層に説明
　・特定の時期に行動を起こすよう働きかける。

（2）．エデュケーション（教育）
　教育（Education）は、サービス独特の内容である。
　サービス提供過程で顧客は、サービスに参加してサービス価値を享受することが多い。
　顧客が参加する場合、サービス手順や役割や目的を理解しなければならないため、顧客の理解を得て、教育を実施することが必要となる。
　エコ・サービスや小松の KOMTRAX では、サービスを受ける場合に顧客自身がオペレーションが出来て、必要な情報を得ることができる。事前に操作法をマスターして、サービスを受けることができる。顧客が参加してはじめて価値が創造される点は、サービスビジネスの特徴である。

2.5　Physical environment（サービス独特の物理的環境）
　サービスは無形であるが、物理的環境は、サービス品質の重要な指標になるという。ホテルであればロビーのつくり、部屋のつくりや内装であり、小売店では店舗環境である。レストランでは、内装の質がそのグレードを左右する。航空機では、クラス別の環境が準備される。
　この物理的環境を提供するのは、製造業である。サービスの目的や差別

化のコンセプトを理解して、モノづくりに取り組むことになる。携帯電話機、通信機器、無線基地局などは、通信サービスのための物理的環境とみることが出来る。

　JR 東海や電力会社、NTT は、設備機器の基礎技術の開発をする研究所を持ってサービス事業を進めている。ファブレスの米アップルは、製造業でよいのかという疑問もある。サービス業と製造業の違いの整理は、継続的な課題である。

２.６　Process（サービス・プロセス）

　サービスでは、役務提供の過程で顧客が参加する。

　どのような手段や手順で行うかのサービス・プロセス（Process）を明確にすることがサービス業では重要である。価値の提供を顧客にどのように行うかを組み立てる。顧客がサービス・プロセスに関わり合うことが多いので、無駄のないスマートなサービス・プロセスを組み立てないといけない。手順を誤ると、サービス提供に時間がかかり、煩雑で非効率なものとなり、無駄な時間が増えてしまい、顧客の期待を裏切ることになる。

（１）レストランにおけるサービス・プロセス

　ラブロックが取り上げているレストランの事例を引用してサービス・プロセスを説明する。ラブロックは、３幕で、サービス・プロセスを組み立てている。

　第１幕　フロントステージ：予約の受付段階からコアサービスの提供まで
　予約の受付も重要で、常連の対応は「いつもご利用ありがとうございます」が、出ると良い。「お待ちしております」と、会話を締めくくる。
　来店時、「山田様、お待ちしてました」と名前を語って迎えられるとよい。
　来客からテーブルへの案内まで、予約確認に時間を掛けずに、案内することが、フロントステージにおけるサービスの質を向上させ、顧客の期待以上のものにまずすることができる。
　予約内容の記録と顧客との対応、顧客のコートの扱い、食事の注文受付と準備、レストラン設備の清潔さと品格の維持と日常のメンテナンスなど。

第2幕　コアサービスの提供：提供メニュー、味と顧客ニーズ、食材とアレルギー

サービスの胆となる。シェフが顧客の前に出て挨拶するレストランも多い。笑顔で帰すことが原則である。残した食事をチェックする。

第3幕　支払いと見送り：サービスドラマの締めくくり

顧客のリクエストに応じて、請求書を素早く出す。清算は、誤りの無いように正確でかつ迅速に行う。お客さまへの感謝の言葉を述べるとともに「またご来店ください」「お待ちしています」とか、再度の来店を促す。

コートや預かり物は、間違いなく、待たせることなく、スムースに返却する。

洗面所は、清潔で管理が行き届いていることが重要である。客が利用したら、目立たなく、スマートにかつ迅速に確認し、清潔さを保つよう心掛ける。

2.7　People（人）

サービス業で最も高い能力を要求されるのが、フロントステージで顧客と組織の橋渡し役を行うスタッフである。

迅速、かつ効率的にサービスを提供するとともに、礼儀正しく、親切に対応しなければならない。技術がどんなに進歩しても、スタッフ（人）が直接顧客（人）にサービスを提供するのが基本である。

サービスは、人（People）による人（顧客）へのサービスの提供が基本となっている。従って、人の品質がサービス品質に影響を与えることになる。

■きわめて重要な役割を果たすサービスを担当するスタッフ

■高い能力が求められ、ストレスとなる接客

サービスビジネスを成功するための人財マネジメントとして、次の3つが重要である。

①優秀な人財を採用する

②スタッフ能力を強化する

③やる気を出させる

人材の採用で気を付けること

人材の採用に当たって気を付けることは、

①気力を教えることはできない、

②気力の充実した人材を採用する、

③人間としての魅力や細やかな気配りができる、

④職業倫理、几帳面さも重要である、

⑤研修をしても、温厚な性格に変えることはできない、

⑥サービスの仕事に適性がある。

2.8 Productivity and quality（生産性とサービス品質）

サービスに生産性はあるし、サービスにも品質はある。

サービス生産性とサービス品質は、お互い独立してはいるが、相互に影響を受けている。（図7.7）

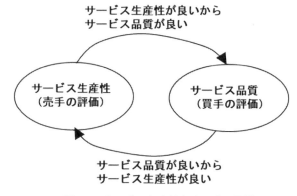

図7.7 サービス生産性とサービス品質

サービス品質とは、買い手が評価するものである。

サービス生産性は、売り手の評価による。

この２つは、独立しているので、常に双方が良い、良いの関係を維持することを目指して相互関係を維持すべきである。

表7.4には、サービス生産性とサービス品質の因子を、ラブロックがまとめたものを参考にして、それぞれ５つに再整理した。

表7.4　サービス生産性とサービス品質

No.	因　子	説　　明
\multicolumn{3}{} サービス生産性（サービス提供者の評価）		
1	有形要素	サービスを提供する施設やサービス機器、コミュニケーションツールの外観が魅力的である。制服などのスタッフの外観なども含まれる。
2	アクセス	サービス施設のアクセスが容易で利用しやすい。利便性は重要。
3	人財能力	サービスに関わる人財のサービスに関する技術や能力。
4	相互理解	顧客とのコミュニケーション。顧客の声を十分に聞き、顧客が理解できるように説明する。
5	顧客理解	顧客の属性、顧客のニーズの把握に努めている。
\multicolumn{3}{} サービス品質（サービス受益者の評価）		
1	対応力	主体的に迅速なサービスを提供する。
2	丁　寧	サービススタッフが礼儀正しく、親切丁寧で、親しみを感じる。
3	信頼性	誠実な対応で信頼してサービスを受けられる。
4	安心感	サービス内容が、正確で信頼ができる。
5	安全性	危険やリスクを感じることなく、安全なサービスを受けられる。

３．モノとサービスが融合

モノづくりだけでなく、商品企画段階からサービスで付加価値を付けることを考えたビジネスモデルが生まれている。

代表的な事例を図7.8に整理した。

①使用料（ライセンス）収入、②消耗品販売（費用バランス）、③業務受託サービス、④製販一貫体制（SCM を管理する）、⑤戦略的ライフサイクルモデル、⑥保守メンテナンスサービス等である。

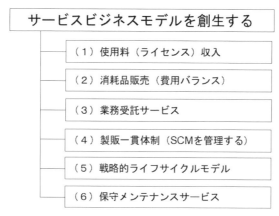

図7.8　サービスで付加価値を付けたビジネスモデル

３．１　使用料（ライセンス）収入
（１）月次収入の基本

事務所に設置されるコピー機の場合、ハードウェアは販売し、買い手は購入する。その支払いの多くの場合が、リース契約での月次払いとなる。

販売元とは、保守契約を結び、月次で運用経費を支払いう。固定使用量とコピー枚数で加算される月払いの料金体系になっている。

最近は、機器がインターネットに接続されていて、コピー枚数の管理やエラー情報を収集している。情報を分析し、事前に障害の発生を予知し、サービスの停止が無いように対処している。無停止運転を目指すことで、顧客とは、Win － Win の関係を築いている。

（2）IBMなどが取り組むソフトウェア・ライセンスモデル

・無償の問い合わせ（制限付き）サービスがついている。

・研修サービスは、有償コース、無償コースが用意されている。

・バージョンアップ・不具合に対するサービスは、有償の場合と、無償の場合がある。

（3）使用料（固定費＋変動費）：その他の事例

・著作権徴収サービスに絡む収益モデル、地図のコピーなど。

・特許権などの使用権を許諾することによる収入。

3.2　消耗品販売（費用バランス）

（1）消耗品販売事例

　キヤノンは、「カメラメーカーよりも消耗品のフイルムを売るメーカのほうが儲かるという事実」に気付き、プリンターの販売ではインクボトルを販売し、安定収益を確保した。

（2）インクボトル販売・ビジネスモデル

　インクだけの販売では付加価値がとれない。パッケージ化することで付加価値を取ることができる。その交換期間、価格の設定で、顧客ニーズを満足させる。模造品もでているが、独占市場を形成している。

3.3　業務受託サービス

　市場が小さい機器の販売、機器を販売してしまっては、売上時にしか売上が立たない。開発期間と販売期間とを比較すると、開発期間が何倍にも長くなってしまう。開発体制の維持をする上で、経営が不安定になってしまう。そこで、機器を販売せずに、その機械を使った業務受託サービスに取り組んでいる会社がある。

　バンガードシステムズの池野成雄社長は、プリント基板製造で使用するテーピング装置の販売は止めて、開発した装置を使ってのテーピングサービスビジネスに取り組んでいる。取り付ける部品の外観検査や歩留まりを良くするための特性検査などに取り組んで、サービス事業の付加価値をつけている。装置販売（一時的収益）から、テーピングサービス事業（長期、

安定）に業態を変更した。

３．４　製販一貫体制（SCMを管理する）

　製造業でサービス業との融合化が進んでいる。モノづくりから、モノづくりを活かしたコトづくりビジネスを作り上げた企業の事例を取り上げる。

　繊維産業ではユニクロ、情報通信機器販売ではアップル、複写機メーカーの富士ゼロックスやリコー、メガネメーカーのジェイアイエヌ、本書の筆者の一人でもある西河洋一が経営してきた不動産業のアーネストワンなどがある。

　製造と販売を一体化することで、流通過程におけるコストと時間に関する無駄を省き、安価で消費者の意向を反映したビジネスが展開できる。効率化された新しい流通システムが出来上がった。

　その移行や成長過程では、イノベーションといわれるような大きな変化が起こるため、実行にあたっては戦略的な取り組みが求められる。その戦略の実行は、社員や関連会社を含めた関係者の協力があって初めて可能となる。

（１）建築会社から不動産業に進出したアーネストワン

　モノづくりの戸建住宅の建築会社から、サービス業の不動産事業に進出した事例の紹介である。

　当時、アーネストワンの社長だった西河は「不動産事業へ出ようと決めたのは、中小の建築会社のままでは、安定的に仕事を受注することが難しい。発注業者からの発注を待つ仕事では、大幅な成長をすることはできないことに気付いた」からだと言う。上場を目標とし、業界トップの企業になろうとする西河の思いは、建築会社のままでは難しいことに気付いた。特に受注倍増という大幅な受注の拡大は不可能で、仕事を待つだけでは難しい。

　イノベーティブな方法での家造りの方法での工法を改革しようと思っても、発注側の要求仕様に規制を受けてしまう。独自な方法での取り組みができなくなってしまうからである（図7.9）。

　サービス業への進出にあたっては、自ら家を建てられるゼネコンの強みを生かした、競合との差別化を意識した事業の構築に取組んだ。住宅づく

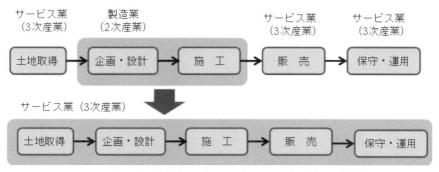

図7.9　建設業（製造業）からサービス業（不動産業）へと転身

りに関する「モノづくり」では、どこにも負けない自信があった。不動産事業に進出することで、土地取得から販売、保守までの一貫したビジネスを構築できた。土地取得から保守作業までの一貫したサービスを提供する。

（2）ファーストリテイリングの衣料品販売モデル

　ファーストリテイリングの柳井正社長が、取り組んだユニクロビジネスは、自ら企画した商品を糸の段階から縫製から販売までを一社で行う（図7.10）。

図7.10　ユニクロの製販一貫体制

　中間マージンを無くし、流通の時間も最小化して無駄を省き、低価格でかつ高い利益率の実現をしている。実現の裏には、経営のトップが現場に立ってマーケットの状況を把握し、そして必要と判断したら即座に手を打つことをしている。

　ユニクロの品番は、500型程度だそうだ。しかし、1品番当たりの生産数量は1万から数百万と桁外れに多く、売上や利益に直接響くという。売上を上げるためには、思い切った計画と勇気ある決断が必要である。リス

クを張って販売計画を立案し、資材を調達し、生産し、販売する。そのためのプロモーションを含めて強化する必要があるという。

「リスクをとるということは、最終的にリスクを最小にするということ。リスクを取らないとリスクはコントロールできない」「生産調整できるような仕組みを作り、売り方を含めた様々な要素が絡む。毎週毎週の判断がより必要になる」「そんな現場感覚を再度、営業や商品分野の幹部に教えないといけない」「現場感覚を持った人間が、最終的にリスクを取りながら全部わかり、しかも分業する。矛盾するかもしれないが、その矛盾を両立させる組織をつくらないといけない」との報告がある。リスクを取るとは、オペレーションのスピードを上げることだと、柳井は示唆している。

3.5　戦略的ライフサイクルモデル

設備機械を売らずに、受託サービスを考える。既に「3.3業務受託サービス」で、バンガードシステムズのテーピング装置の事例で説明しているが、装置の販売は止めて、開発した装置を使って、業務受託することで、継続的に売上を立てるようにする。またそのサービスに関連する業務に付加価値を与えてサービスをする。テーピング前に部品の外観検査、電気的検査、スクリーニングを実施し、部品品質を向上させ、完成品歩留まりを向上させ、付加価値をつける。

「3.1使用料収入」、「3.2消耗品販売」なども、同じような継続ビジネスである。この後説明する「3.6保守メンテナンスサービス」も、保守契約を顧客と結ぶことで、安定した収益モデルを実現することができる（図7.11）。

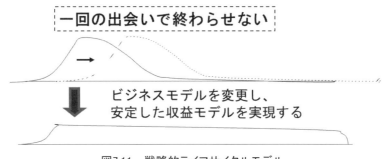

図7.11　戦略的ライフサイクルモデル

暗黒大陸中国の真実 【新装版】

ラルフ・タウンゼント著　田中秀雄・先田賢紀智訳
本体 2,300円【3月新刊】

80年以上前に書かれた本とは思えない！
中国がなぜ「反日」に走るのか？　その原点
が描かれた本が新装版で再登場。
上海・福州副領事だった米人外交官が、その眼で見た中国と
中国人の姿を赤裸々に描いた本（原著出版は1933年）。

苦悩する昭和天皇

太平洋戦争の実相と『昭和天皇実録』

工藤美知尋著　本体 2,300円【3月新刊】

昭和天皇の発言、行動を軸に、帝国陸海軍の錯
誤を明らかにしたノンフィクション。『昭和天
皇実録』をはじめ、定評ある第一次史料や、侍
従長や侍従の日記・回想録、主要政治家や外交官、陸海軍人
の回顧録など膨大な史料から、昭和天皇の苦悩を描く。

西河「技術経営学」入門

アーネスト育成財団編集　西河洋一・小平和一朗・
浅野昌宏・杉本晴重著　本体 2,800円【3月新刊】

経営人財の育成に取り組む西河技術経営塾の真
髄がこの一冊に。経営戦略論やマーケティング
理論などの中から、経営経験に基づいて実践的に使える知見を
わかりやすく整理。「技術経営」は、モノづくりやコトづく
りに取組む経営そのもの。

進化政治学と国際政治理論
人間の心と戦争をめぐる新たな分析アプローチ
伊藤隆太著　本体 3,600円【2月新刊】

気鋭の若手研究者が、既存の政治学に進化論的なパラダイムシフトを迫る壮大かつ野心的な試み。進化政治学（evolutionary political science）とは、1980年代の米国政治学界で生まれた概念。

札幌農学校の理念と人脈
独自の学風はどのようにして生まれたのか
山本悠三著　本体 1,600円【2月新刊】

優秀な人材を輩出した札幌農学校の創立から明治30年代までの発展の歴史を描く。その名称にかかわらず、理学・工学・法学などの広範な領域の講義を行い、政界・官界・実業界に進んだ卒業生も少なくない。

江戸の仕事図鑑　全2巻
　上巻　食と住まいの仕事【1月新刊】
　下巻　遊びと装いの仕事【3月新刊】
飯田泰子著　本体 各2,500円
　へえー、こんな仕事があったんだ！

看板書、錠前直し、便り屋、井戸掘り、刷毛師、灰買い、鍋のつる売り、瀬戸物焼継、蝋燭の流れ買い、素麺師、冷水売り、歯磨売り、早桶屋、宝舟売り、真田紐売り、湯熨師、足駄歯入、眼鏡売り、団扇売り、煙管師、古傘買、廻り髪結、象眼師、紙屑買、絵草紙屋、小鳥屋、太鼓持ち、かづら師、軽業……

生活用具をつくる人から、ゆとりを楽しむ遊びの世界で働く人まで500種のしごとをすべて絵で見せます。

３．６　保守メンテナンスサービス

顧客とは、保守契約を締結することが重要になる。

保守メンテナンスサービスとして考えられる代表的事例をあげた。

①装置納入時又は設備（システム）構築時に収益

②無償修理：故障修理　１年間無料

③有償修理：故障修理　実費請求（故障解析、報告）

④運用問合せ：操作・設定法など無料にて対応

⑤無停止運転の実現（予知、予防、オーバーホール）

契約にあたっての保守メンテナンスサービスの対価を考えてみたい。

通常、保守契約は、納入価格の10％〜20％程度に設定される。保守契約を前提にした、納入時の製品の販売価格とする。

損害保険と同じ考え方をするのが良い。契約価格の適正化とは、サービス転売可能利益の設定が望ましい。

サービス運用コスト　＜　保守契約　……　式（7.1）

式（7.1）の関係を保つことが重要で、色々な変動が考えられるので、余裕度を考慮して、最低でも保守契約価格がサービス運用コストを20％以上、上回っていることが望ましい。サービス運用コストは、修理部品を購入し保管する費用、修理要員を確保する固定費、顧客からの対応をするための窓口要員などで構成される。

サービス運用コストは、式（7.2）で表すことができる。

サービス運用コスト＝修理部品在庫＋修理要員＋顧客窓口……式（7.2）

おわりに

　サービスの基礎について学んだ。これからのビジネスは、サービスビジネスと常に関係をもってつくり上げられる。サービスに視点をあわせることで、顧客目線で考えることができるようになり、最新のニーズを探しあてることが可能になるからである。サービスを提供する対象は、多くの場合最終顧客であるからだ。

　情報通信技術（ICT）を使って、サービスビジネスは多様化し、効率化する。ビジネスモデルそのものが変質する。ICT とサービスの関わり合いについては、「ICT を活用した新規ビジネス（第8章)」で学んで欲しい。

　ICT の利用が増えても、サービスの原点は人と人との交流の中で行われる。更には、無形であることによる可能性も無限である。サービスを理解することで、新たなビジネス創生力の向上に役立つ。

【参考文献】
(1)服部勝人（2006）『ホスピタリティ・マネジメント学原論』丸善
(2)服部勝人（2004）『ホスピタリティ・マネジメント入門』丸善
(3)小平和一朗（2014）「エンジニアリング・ブランドの構築」『日本ホスピタリティ・マネジメント学会誌』第23号
(4)小坂満隆編、第3世代のサービスイノベーション研究会著（2017）『第3世代のサービスイノベーション』社会評論社
(5)Christopher Lovelock, Jochen Wirtz：監修 白井義男(2008)『ラブロック＆ウィルツのサービス・マーケティング』ピアソン・エデュケーション
(6)『日本標準産業分類の一般原則』政策統括官、
　　www.stat.go.jp/index/seido/sangyo/
(7)西河洋一、小平和一朗（2015.10）「経営者に求められるセンスウェア」『開発工学』Vol.35 No.1
(8)柳井正（2009）『成功は一日で捨て去れ』新潮社
(9)松下久美（2010）『ユニクロ進化論』ビジネス社

用　　語

ICT：Information Communication Technology（情報通信技術）
Product：商品・サービス
Price：価格
Place：市場
Promotion：プロモーション
Product element：サービス・プロダクト
Price and other user：価格とその他のコスト

Place and time：場所と時間
Promotion and education：プロモーションと教育
Physical environment：物理的環境
Process：サービスプロセス
People：人
Productivity and quality：生産性とサービス品質
Win-Win の関係：勝ちと勝ち、ともに利益を得られる関係

第8章

❖

ICTを活用した新規ビジネス

小平和一朗

- ・ICTが先導役になって、第4次産業革命が進行している
- ・ICTで新たなビジネスモデルが、次々に創出されている
- ・モノの流れが変わり、時間・空間を越えた商取引ができている

ICT（Information and Communication Technology、情報通信技術）が、仕事のやり方や、ビジネスモデルを新たに作り出して、産業革命といわれるほどの社会構造の変革を先導している。

ICT が、ビジネスのやり方の何を変え、どのような変革を遂げているのかを学びたい。e コマース（電子商取引）、サプライチェーン、電子マネー、情報提供サービス、機器の監視システム（IoT）をテーマにして、説明をする。

1．ICT（情報通信技術）とは

　今やあらゆるビジネスが、ICT（Information and Communication Technology：情報通信技術）に関わり合いを持っている。21世紀に入ると、「ICT が仕事のやり方を変える」「ICT で仕事のやり方が変わる」といわれ続けてきた。直接、間接を含めて考えると、モノだけが単独に取引されることは少なくなり、何らかの形で ICT に関わるサービスと融合したビジネスとなって、その便利さを享受している。

　ICT をビジネスの仕組みの中に取り込むことで、製品開発やサービス開発を強化にし、ビジネスモデルの変革を容易に起こすことが可能になっている。そのような状況下で、ICT を学び、新しい技術の潮流を理解し、社会の変革を感じ、変化を作り出すことができる技術経営を学ぶ。

1.1　ICT の進化の状況

　ICT の進化の様子を、携帯電話機の進化、物流革命、キャッシュレス、データは資源について、その概括をここでは説明する。

（1）携帯電話から情報端末

　一家に一台、黒電話が普及した時代を変遷して、一人に一台、携帯電話を持つ時代になった。その携帯電話も、いまやスマートフォンといわれている情報端末の時代に急速に移行した。スマートフォンは、アナログ電話機能の他に、各種の電子メール機能、情報検索機能、キャッシュレスサービス機能、ディジタルカメラなどの機能を持つ。

　通勤時間帯の電車の中をある日、改めて見直して、新聞を見ている人が一人もいなくなっていることに気付く。そして、乗客の半分以上がスマートフォンをのぞき込んでいる。新聞は売れなくなってしまった。改めて新聞を見直すと、掲載されていた広告が激減している。広告は、効率の良いインターネット広告に移行しているようだ。

（2）物流革命

　多くの人が、ネットを使って注文して、物品を購入する時代となっている。ネットから注文が入る物販ビジネスが進展すると、ロボットを使った

自動倉庫が機能化するようになった。ICT 技術による省力化で、人手不足の解消を行えるのが自動倉庫である。

　倉庫の中から商品を探してくる。この作業をロボットで処理することで無人化を実現し、コストと時間の効率化を図る。注文を受けた翌日には、配送が可能である。

　図8.1は、その処理イメージである。

　ネットで注文を受けると、自動倉庫から配送へと、ロボットが探し出し、出荷待ちの状態とする。定期的に取りに来る配送業者が、注文主のところに届ける。自動倉庫の在庫状態は、工場（製造業者）でも見ることができるようになっていて、補充が必要になれば、欠品が起きないように自動的に倉庫へと配送がされる。

　人手を掛けずに物品が流通する物流システムが出来上がる。この効率化で、安価な物品を即座に届けることができるので、自動倉庫を中心にして物流革命が起ころうとしている。

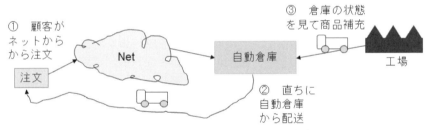

図8.1　自動倉庫を中心にして物流革命

（3）キャッシュレス

　既に中国では、現金が使えなくなっていると聞く。都市部では、スマホ決済でのキャッシュレスの時代となっている。全てデジタルデータで、商取引が行われていることが重要である。

　現金を扱わなくなると、銀行が必要でなくなるといわれる。売上情報をデジタルデータで受け取れるので、経理処理、売上管理、購買作業、マーケティング調査などが、人手を介さずに即時に自動的に処理することができるようになる。

　ビジネスの効率化が、革命的に進む。

（4）データは資源

　インターネットを使っての通信が普及し、世界は一つとなって、垣根なく情報が瞬時に世界をかけめぐる。デジタルデータは、資源であるといわれる。データを処理することで、価値を生む。顧客に関するデジタル情報を加工することで、サービス生産性を向上させることができる。

　ICT を取り入れることで、例えば現状のような紙の伝票を扱った、経理や総務や在庫係などの仕事は、無くなるといわれはじめた。ICT が社会変革を先導し、仕事のやり方やサービスの提供の仕方が変化している。

　データから価値を生むことができる時代が到来した。データに価値を持たせるには、何を見せるかの潜在需要の掘り起こしが課題となる。

1.2　そもそもICTとは何か
（1）人と人との間の情報通信

　情報通信のルーツは、対面しての音声による人と人とのコミュニケーションであった。実際に人と人とが会って、フェース・ツー・フェイスの対面で行っていた。音声による通常の会話、そのものである（図8.2）。

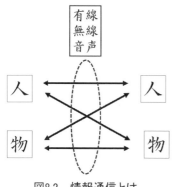

図8.2　情報通信とは

　電話という通信技術が開発されると、地域を越えて遠隔地との通信が可能となった。まずは黒電話といわれるアナログ電話の普及である。海外との通話も可能となり、人の声が空間を越えて遠隔地とリアルタイムに伝えられ、情報交換が可能となった。初期の頃の情報伝達手段は、電話線をつかった有線通信である。

　無線通信技術の進展で、大きくて、重い自動車に搭載した電話機が、小型、軽量化されて、個人が持ち運べる携帯電話機へと変わっていった。携帯電話を個人が持てる時代が到来した。誰でも携帯電話機を持ち運び可能となると、コミュニケーション手段が変わってきた。文化が変わる。いつどこにいても、個人を特定して電話することが可能になった。

（2）人と物との間での情報通信

　人と物との通信で、最初に取り上げなくてはならないのは、携帯電話である。スマホといわれる携帯情報端末の普及である。毎朝、電車の中の乗客が見ているのは、新聞に変わるネットからの情報を得るための閲覧である。天気予報、電車の運行、時刻表、国際情勢、事件、ゴシップ記事など、端末から容易に情報の入手ができる。

　人と物との通信には、色々なセンサーからの情報を受ける場合や、監視カメラからの画像による監視などがある。中国の街頭監視は世界の最先端であるが、日本でも監視カメラが店舗内や、道路などに沢山設置されている。中国では、すでに AI 処理で、個人の特定ができているといわれるが、日本はそこまで進化していない（図8.2）。

　身近なセンサーでは、温度センサーや車のナビシステムなどの位置情報の計測などがある。情報通信技術の進展で監視社会ができあがっている。

（3）物と物との通信

　第4次産業革命は、IoT（Internet of Things）革命といわれ、物と物との通信の時代が世の中を変革するといわれている（図8.2）。

　歴史的には、監視システムといわれる仕組みでは、物と物との通信をして監視をしてきた。IoT の時代における革命とは、その情報収集の仕組みの中に AI 処理などの情報処理をかませることで、設備間の自律的な制御を可能とする試みである。

　身近な機器の監視としては、事務所に設置しているコピー機の監視システムがある。使用枚数管理やトナー切れ、機器の不具合の事前予知などがあり、いかに設置しているコピー機を停止させることなく、無停止運転を実現することで、売り手良し、買い手よしのサービスの提供を実現している。

1.3　進化するコンビニのサービス

　コンビニのビジネスモデルを ICT で先頭に立って変革してきたセブンイレブン、「サービス開発の強化」や「ビジネスモデルの変革」に取り組んだ結果の姿である。効率化のための ICT の利用は、当然であるが新たなビジネスモデルを創出させることによって新しいニーズを作り出す。セブンイレブンは、新しいビジネスモデルの業界をつくり、社会に役立つサ

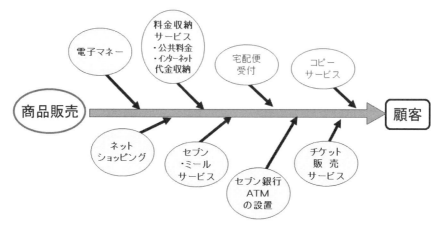

図8.3　情報通信を高度利用しているコンビニビジネス

ービス提供をしてきた結果である（図8.3）。

　公共料金の料金収納サービスは、銀行がやっていた仕事をコンビニが取り込んでしまった。コンビニは待たせない。皮肉な事例であるが、現金引き出し、銀行のATMからコンビニ設置のATMへと変わりつつある。

　チケット販売などもネット販売とリンクして、よく使われている。

　コンビニは、レジ情報から顧客行動や市場分析に取り組んでいる。コンビニでは、ビッグデータ活用の先駆けに取り組んできた。ビッグデータでなくても、市場分析・顧客行動分析は出来る。企業が入手しているマス・マーケットの情報を、いかに加工するかが課題である。

　実際には、色々な会社や個人商店の店舗でも動向調査はやろうと思えばできるのである。せっかく情報を持ちながら、なかなかこのような視点での取組みができないようにも思える。大なり小なりを問わず「本来、何をやったら儲かるか」「何をやったらお客様が喜ぶか」という潜在需要に応えることが必要だ。

　コンビニは、情報通信でビジネスをつくり、顧客目線にたって新たなイノベーションを起こしてきた。

2．eコマース

　eコマース、つまり電子商取引が、インターネットとスマホ携帯の普及で手軽に使えるようになった。パーソナルコンピューター（PC）の普及もあるが、スマホの普及によることの方が大きい。

　既存の物流システムに乗らない、地方の少量生産の特産物を全国に販売することができるようになった。時間的、空間的制約を越えて、遠隔地からの購入が可能となった。宅配便の事情にもよるが、翌日には、受け取ることが可能である。

　一般消費財の配送は、無人化が進む自動倉庫が配送を支えている。それを送り届ける配送業者が、物流の成長を支えている。

2．1　地方のおいしいものを購入

　岡山市にある「志ほや」は、「塩むし桜鯛」を天然真鯛を熟練職人が伝統製法でつくり続け、季節限定で全国配送をする。ホームページには「本釜でじっくりと塩蒸しにした「塩むし桜鯛」は、「志ほや」が自信を持ってお届けする老舗の看板商品でございます。伝統を守りつづけて100年、古くは江戸時代から、製塩業を営んでいた歴史を持つ「志ほや」ならではの伝統製法で熟練職人が、選りすぐりの天然真鯛を本格的に本窯で蒸し上げています」とある。

　神戸の須磨漁港の幸内水産のホームページには「いかなごの鮮度にこだわった昔懐かしい神戸の味をお届けします」とある。いかなごのくぎ煮、関東圏には出回らない特産品である。いかなごの佃煮の由来は、大工さんが家などを解体した際に出る古クギと形がよく似ていたためといわれる。2月末に漁が解禁される春先の季節限定の特産品である。

　地方の地酒、お酒の販売もネット販売で販路を開拓できた。地方の規模の小さい酒蔵では販売ルートをつくることが難しい。店舗に置いても売残りになってしまう。ネット販売での注文は、直接に購買と繋がるので無駄がない。

2．2　アマゾンの本の販売

　アマゾンで本を購入しようとしてサイトをのぞくと、本毎に読者コメン

トが載っている。また「この商品を買った人はこんな商品も買っています」という案内は、誘導されて次の本の購入に繋がる。このような誘導がアマゾンの特色になっている。統計データを取って順位付けをして、本の案内をしている。

中古品の本の販売も行っていて、安価に手に入れることができる。

２．３　モノタロウ

「モノタロウ」は、工具などの産業用資材をインターネットで販売している。ホームページには「2000年に私が仲間たちとモノタロウを創業し、間接資材の業界に参入した時、この業界の複雑な商流通をインターネットを利用したデータベースマーケティングで変革することでユーザーの皆さんに価値をもたらすことが出来ると感じました。そしてその価値を信じる仲間たちと全国のあらゆる現場に無駄な手間をかけることなくモノが足るよう、新しく効率的な購買プラットフォームを構築し提供することで間接資材調達の仕組みを変えてきました」と紹介されている。

ものづくりの現場では、数多くの消耗品が必要になる。従来、大手業者は大量に仕入れることで、安価に購入できるが、その管理に倉庫や人が必要になる。また、中小企業は、割高な調達となっていた。消耗品をネット販売することで、営業コストをかけず、品揃えした物品の販売ができる。

サンドペーパーのような消耗品を、中小企業だと在庫しておくわけにはいかない。必要な時に必要なものを買えると便利である。色々な種類を揃えておくだけで、スペースと管理する手間がいる。100個単位でしか売らないような消耗品が多い。これらの問題を解決してくれた。

２．４　メルカリ

C2C フリマアプリを手掛けるメルカリの紹介である。使わなくなった物を流通させようとするのが、メルカリのビジネスモデルである。メルカリが仲介し、個人と個人を直接つなぐビジネスモデルである。オークションよりも、リアルタイム性が高い。

メルカリは、かんたんに売り買いができて、安心、安全な取引が保証されている。今までリサイクルショップで売っていた人や、不用品を処分したい人たちが出品している。

　メルカリでは、金品やコピー商品、公序良俗に反するものは出品できないが、ブランド品や使用済み商品、身近にあるモノは出品可能である。相場より安く出品されていて、ヤフオクなどのオークション制とは異なり即決価格なので、値上がりすることなく出品時の価格で購入できるので、購入者にとって魅力的である。メルカリの出品は、スマホからでも、パソコンからでも可能で、次の手順になる（図8.4）。

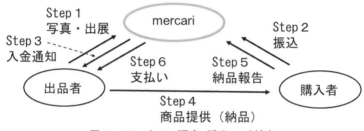

図8.4　メルカリの販売・購入の手続き

Step 1：出品者、カメラで取った商品写真、商品名、説明文を登録して
　　　　出品する。
Step 2：購入者、出品価格をメルカリに振り込む。
Step 3：メルカリから出品者に入金（商品が売れた）通知をする。
Step 4：出品者は、商品提供（納品）する。
Step 5：購入者は、商品が届いたら評価してメルカリに納品報告をする。
Step 6：メルカリから出品者に支払いがされる。

　購入者にかかる手数料は、基本的にないが、着払いでの出品の場合は購入者が送料を負担することになる。
　出品者が支払う必要がある手数料は「販売手数料・売上金振込手数料・ライセンス料」の3通りで、手数料は売上金から自動的に天引きされる。

3．サプライチェーン

ICT で、サプライチェーンからの情報を入手し、新たなビジネスモデルを作り上げることで、社会のニーズに応えている。基本的な仕掛けは、「売れた」という顧客情報が上流に向かって、一斉に流れる。

3．1　デル

デルは、商品仕掛を最小化することができるサプライチェーンをつくった。

顧客から注文を受けると、デルの工場に発注報告をし、生産に入る。基本的には、注文を受けてからモノづくりをし、在庫を持たないで済むサプライチェーンを築いている（図8.5）。

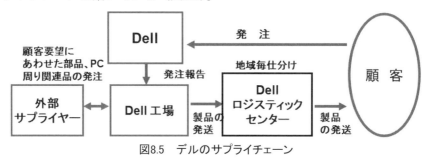

図8.5　デルのサプライチェーン

注文から約１週間程度で、デルのロジスティクセンターから顧客に向けて製品は発送される。

デルのホームページによると、デルが日本国内で販売している製品は、中国東南部の福建省・厦門にある CCC（China Customer Center）で生産されている。アモイは、中国の東南沿海にあり、対外開放を実施した深圳、アモイ、珠海、汕頭の４大経済特別区の一つである。

CCC は、2000年11月に稼動を開始したデルの工場である。日本、中国、香港向けの製品を生産していて、総敷地面積は、約11万㎡と、東京ドームの約2.4個分の大きさである。

デルは、全世界に北米２箇所、南米、ヨーロッパ、マレーシア、中国の合計６箇所に生産拠点をもっている。各工場の生産工程は、グローバルで共通である。CCC は、デルの生産拠点の中でも最新鋭の生産ラインを備

えた工場である。

３．２　ユニクロ

　ユニクロは、世界最強のSPA（製造小売）企業といわれる。SPAとは、一般に、原料の調達から、商品企画、開発、製造、物流、販売、在庫管理に至るまでの一連のプロセスを自ら手掛ける流通形態をもつ企業のことをいう。生産と販売を直結したサプライチェーンを自社リスクでコントロールする仕組を持つ。リスクを全てとることで、中間マージンが生じないため、このビジネスモデルは大きな利益を生む（図8.6）。

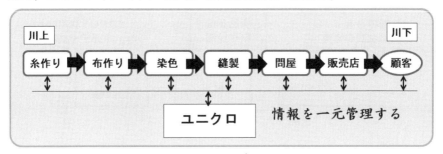

図8.6　ユニクロのサプライチェーン

　ユニクロのビジネスモデルは、自ら企画した商品を糸作りの段階から、縫製、販売までを一社で行うことで、中間マージンを無くし、中間工程の中での不良在庫を無くし、流通の時間も最小化して無駄を省き、低価格でかつ高い利益率を実現している。マーケットの状況を把握し、モノづくりのリスクを負い、製造指示を判断するマネジメント力が必要である。

　小売業であるとともに製造業でもあるという強みを生かした「ヒートテック」というオリジナル商品を、ユニクロは東レと共同で新商品づくりに成功した。素材開発を東レなどと長年手掛けることで、ヒートテック以外でも、フリースの素材などの開発で実績をあげている。同業に先んじて、特徴ある素材開発に取り組んでいる。各工程の情報を一元管理してビジネスに取り組む。

３．３　セブンイレブン

　小さな店舗を使って、顧客ニーズにいかに応えるか。セブンイレブンは、

売れ筋商品を陳列することと、商品在庫を最小化するという、この無理な要求を満足するよう店長は、情報を分析して発注をする。

　セブンイレブンの情報システムは、商品の販売動向を迅速に把握でき、発注の際のデータベースに活用することができる。商品の販売動向を商品開発や製造に活用できる。店舗での作業効率の向上に利用できるシステムがつくりあげられている。

　セブンイレブンの配送システムは、新鮮で美味しい状態で商品を店舗に、決められた時間に間違いなく納品することができている。サプライチャーの効率化により、物流経費を削減することができている（図8.7）。

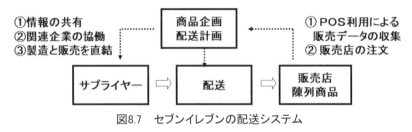

図8.7　セブンイレブンの配送システム

４．キャッシュレス

　キャッシュレスといえば、スマホ決済である。中国では、100％の普及していると、いわれている。日本では、JR で紙の切符レスで普及したSuica がキャッシュレスの機能をもっていて、広く普及している。

４．１　アリペイ

　支付宝（アリペイ）とは「アリババグループ」が提供する中国最大規模のオンライン決済サービスである。セキュリティや商習慣の違いからデビットカード「銀聯」が一般的には使われている中、近年急激に普及しているのが「支付宝」である。支付宝では、チャージしたお金から支払う。

　日本は、キャッシュレス後進国である。年々普及は進んでいるが、その進み方は遅い。現金を取り扱わないキャッシュレスが普及すると何が起きるのかを図8.8に処理イメージを整理した。

（１）現金

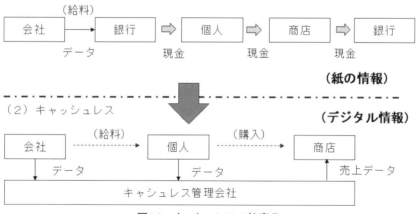

図8.8　キャッシュレスで効率化

　図を見て明らかであるが、現金による買い物より、キャッシュレスによる買い物の方が合理的である。簡潔に情報処理が進むことが見て取れる。流れが、スムースである。現金で支払っている限り、まず現金を取りに銀行に行く必要がある。また、その現金を持ち歩く必要がある。

一般消費財の世界でキャッシュレス化が普及すると、ビジネス活動がいかに効率化するかを考えたい。キャッシュレス化で売上情報は、デジタルデータで会社に渡されるので、人手によるデータ入力が不要になる。そこに分析ツールを導入することで、マーケティング部門の担当が、自らデータを集めてデータ分析をする必要が無くなる。

　会社の社内業務である、経理、マーケッティング、資材・購買などの要員が少なくてすむ。データを活用することで、財務データへの転用やマーケティング情報として使用できる。デジタル情報から財務データの作成、請求書の発行、購買情報（発注書）の作成、生産指示書の作成、マーケティング情報の作成などが、自動的に行われ、電子化された情報で配信される。人が関わって作業している業務が無くなり、仕事の質が変容する。

　デジタル化が遅れている日本でも、徐々に銀行に出かける人が減少し、銀行不要論が出始めている。

4.2　Suica

　鉄道の紙の切符を無くそうとして、JR 東日本があらかじめ現金をチャージして使用する電子切符のシステムを開発した。「タッチ＆ゴー」で改札を通れることをイメージにしたキーワードを作り、普及してきた。

　Suica も今は、全国で使えるようになっていて、電車でも、バスでも、買い物までできるように普及させた。日本版キャッシュレスである。Suica の機能付きの定期券には名前も入っているので、紛失の際には、駅にすぐ届けると、即座に使用を制限してくれる。Suica 付きの定期券を落としたことがあるが、駅に届けられていて、戻ってきた。安全な決済方法である。

5．情報提供サービス

グーグル、Yahoo が、情報提供サービスでは、歴史があり有名である。

5.1　Google

グーグル（Google）は、検索エンジンに特化し、シンプルなインターフェースを提供している。ユーザーは、より情報にアクセスしやすく、コンテンツプロバイダはより多くの人に情報を提供することが可能である（図8.9）。

グーグルの収入は、広告収入である。「Google 広告」と言い、検索エンジンを回して、広告依頼者の情報を出やすくしている。これを上手に使っている。グーグル広告とは、グー

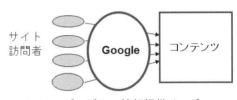

図8.9　グーグルの情報提供サービス

グルが提供しているクリック課金の広告サービスである。広告に誘導されたクリック数に応じて、広告代を広告主に請求する。

原則、Google は、コンテンツの提供をしないが、地図検索サイトの「Google　Earth」では、地図上で世界中を飛び回ることができる。膨大なデーターを保管し、運用している動画サイトの YouTube もグーグルが運用している。

5.2　Yahoo

ヤフー（Yahoo）は、自らコンテンツを提供している。ショッピング、ヤフオク、トラベル、ニュース、天気・災害、スポーツナビ、地図、路線情報などである。

ネット上のデーターの少なかった時代には、貴重な情報提供業者で、インターネット時代を牽引してきた。

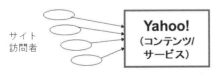

図8.10　ヤフーの情報提供サービス

現在、Yahoo の検索エンジンは、Google のエンジンを使っている（図8.10）。

５.３　飲食店紹介サイト、食べログとぐるなび

　食べログとぐるなびは、近くの飲食店を探すのに良く使われるインターネットサービスである。

（１）食べログ

　飲食店を中心に基本的に無料で掲載している。 ユーザーは、アカウント作成すると、レストランの口コミ情報や画像の投稿ができる。口コミの採点は「料理・味」「サービス」「雰囲気」「CP（コストパフォーマンス）」「酒・ドリンク」の５つで評価、各店の細やかな傾向を分かり易く伝えることを目指している。

（２）ぐるなび

　飲食店の情報を飲食店事業主から広告として募る。飲食店側は、管理画面から情報発信をし、利用者は無料で検索・閲覧することができる。飲食店情報を扱うポータルサイトとして草分け的な存在である。ほかのウェブ広告と大きく異なるのは、消費者が行動をするところまでを目的としている点である。

５.４　価格.com

　「価格.com」も有名になった。商品毎に一番安い価格を一覧表にして載せている。創業者の槇野光昭は、パソコン周辺機器メーカーに入社したとき秋葉原に通って、店頭の値段をチェックする営業経験をしたことがある。店で販売している値段を知ることのできるサイトがあれば便利だと思い、「価格.com」を1997年に立ち上げた。当初はインターネットから調査収集し、手作業で更新していた。

　知名度が上がり、販売店にとっても、「価格.com」に登録したほうがメリットを感じるようになり、販売店側が店頭価格を登録するシステムへと変わった。価格を登録するのは、通信販売主体の業者が多い。どこが一番安いのかの情報を競って載せている。

５.５　投稿データ誰のもの

　ここで気をつけて欲しいのは、ツイッターの規約には、利用者が投稿し

たデータを運営者が「全世界で使用、コピー、処理、改変、修正、公表、送信、配布できる」とあることだ。無料クラウドサービスを使う際、自身のデータを「対価」として支払っていると自覚しなければならない。匿名であっても、他のデータとつき合わせて個人を特定することができるので注意が必要である（表8.1）。

　フェイスブックもそうである。基本的に投稿したデータは、事業者側に利用権があることになっている。掲載した写真の利用権が、フェイスブックに移動するので、それを分かって承知の上で利用して欲しい。したがって、フェイスブックに使われて困る写真は、掲載しない方が良い。

　フェイスブックには「削除しても利用権は消えない」と書いている。「事業者は規約を変更でき、利用者は個別の通知なく、それに拘束される」ということで、サイト運営者側に著作権を含めた権利やデータの使用権が移譲されていると考えるべきである。

	グーグル	フェイスブック	ツイッター	ユーストリーム
投稿データについて事業者に無償・無限定の利用権があるか	×（利用目的を明示）	○	○	○
投稿を削除すれば事業者の利用権は消滅するか	△（明文なし）	○	×	×
事業者は規約を変更でき、利用者は個別の通知なくそれに拘束されるか	○	○	○	○

表8.1　クラウドサービス利用規約の概要

6．機器監視システム

モノに通信機能を持たせたものが多くなった。通信を使って、機器を遠隔から監視することで、新たなサービスが提供できている。モノとモノとの間の通信を IoT とも、M2M ともいう。

6．1　自動販売機に携帯を搭載する

日本コカ・コーラが、2008年に「1往復オペレーション方式」を開発した。

自販機に NTT ドコモの FOMA ネットワーク対応通信機能を内蔵して、問い合わせに対して、リアルタイムで在庫状況を送信する。担当者は自販機の在庫状況を、トラックの中からあらかじめ確認することができるので、売上金の回収と補充が1往復で完了するシステムである。 荷下ろしのトラックを販売機の傍に横付けできない場合に有効である。

売上金の回収や在庫確認、補充といった基本的なオペレーションの効率化を実現した。高層ビルや駅や空港などのセキュリティの厳しいオフィス内に設置された場所では、自販機のそばにトラックを停められないので有効である。

6．2　リコーの出力機器のリモート管理サービス

リコーの開発した@Remote（アットリモート）は、コピー機（デジタル複合機、レーザープリンター）をインターネット経由でリモート管理する新しいサポートシステムである（図8.11）。

導入のメリットは、定期的な機器の診断や機器の状態に応じた適切な点検を実施することで、機器故障の未然防止をすることができる。また、故

図8.11　リコーの出力機器のリモート管理サービス

障時の自動通報や状況確認の実施、迅速な保守要員の手配、修理依頼作業の簡素化など、機器のダウンタイムを最少化することができている。

　トナー注文などの機器に関わる業務の簡素化および業務代行が出来ている。トナー交換警報やトナーを交換すると、連絡しなくても、トナーを数日後に自動配送してくれる。

6.3　コネクテッドカー（車社会の変革）

　『情報通信白書　平成27年』にコネクテッドカーに関する報告がある。白書には「コネクテッドカーとは、ICT 端末の機能を有する自動車のことで、車両の状態や周囲の道路状況など、様々なデータをセンサーにより取得し、ネット ワークを介して集積・分析することで、新たな価値を生み出すことが期待されている」とある。

　事故時の自動緊急通報システムや、走行実績に応じて保険料が変動するテレマティクス保険や盗難時に車両の位置を追跡するシステム等である。

　図8.12は、トヨタのコネクテッドサービス（T‐Connect）の概念図である。常時、車とセンターとが接続されていて、事故発生時などの時の緊急通報サービス（ヘルプネット）、ドアこじ開けなどのアラーム作動を電話やメールで通知することや、盗難時の車両位置の追跡するサービス（マイカー Security）、通信で地図データを書き換えるサービス（マップオンデマンド）、渋滞を考慮した最適ルートを案内する（T ルート検索）などの機能を持つ。

　カーナビや ETC 車載器などの通信機器が搭載されてきたが、コネクテッドカーへの期待が高まっている。その背景は、次の通りである

　第1に、無線通信の高速・大容量化により、リアルタイムで大容量のデータが送れるようになった。

　第2に、車載情報通信端末の低廉化や同等アプリケーションを搭載したスマートフォン等による代替化が進んでいる。

　第3に、クラウド・コンピューティングの普及で、大容量のデータを生成し、流通させ、蓄積し分析し、活用することが可能となり、ビッグデータの処理が可能となった。

　・自動運転（住環境の拡大：過疎対策、流通コストの削減、安全）
　・ライドシェア（所有〔資産〕から使用〔コスト〕へ、資源利用の効率化）

・コネクテッドカー（個別車両の管理、サービスの質の変革）
・電気自動車（すり合わせからモジュール化、ゼロエネ住宅と蓄電）

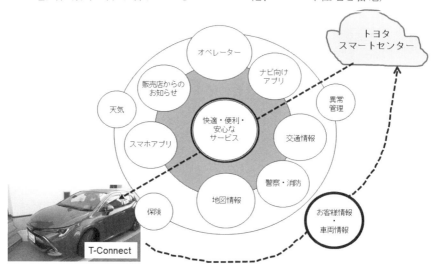

図8.12　トヨタのコネクテッドサービス（T－Connect）

おわりに

　ICT が先導役になって、第 4 次産業革命が進行している。ICT で仕事のやり方を変えるとともに、そのことで新たなビジネスモデルを生み出している。e コマース（電子商取引）、サプライチェーン、電子マネー、情報提供サービス、機器の監視システムについて説明をした。ICT に関わる代表的なビジネスモデルをいくつか紹介した。

　キャッシュレスでは、後進国になってしまった日本である。デジタルデータが資源といわれる程の改革が進む。ICT の機能とは、情報伝達手段の提供であって、重要なことは、そこでやり取りされる資源といわれるデータの扱いにある。

【参考文献】
(1)柳井正（2009）『成功は一日で捨て去れ』新潮社
(2)松下久美（2010）『ユニクロ進化論』ビジネス社
(3)西河洋一、小平和一朗（2015.5）「経営者に求められるセンスウェア」『開発工学』
　 Vol.35,No.1、日本開発工学会
(4)『情報通信白書　平成27年版』総務省
(5)日本経済新聞（2013.7.31）『ビッグデータ誰のもの』
(6)トヨタコネクティッド（2018）『T‐Connect サービスガイド』改定第 5 版
(7)T-connect　https://toyota.jp/tconnectservice/about/?padid=ag504_navi_pc

> 用　語

C2C：Consumer to Consumer（一般消費者と一般消費者間の取引）
CCC：China Customer Center（デルの中国での生産拠点）
ICT：Information and Communication Technology（情報通信技術）
IoT：Internet of Things（モノのインターネット）
M2M：Machine to Machine　（機器間通信）
SPA：Specialty Store Retailer of Private Label Apparel（製造小売業）
Suica　：紙の切符を無くすために JR 東が開発した。日本版キャッシュレス。

第9章

❖

海外取引の基礎知識を学ぶ

淺野 昌宏

- 商売の基本は、世界中何処にいっても同じであり、変わらない
- 相手の望むものを提供し、相手の納得するお金を戴いて、こちらも利益を得る
- しかし、文化や習慣の異なる地域では望むものが違ったり、望み方が違うことがある

　この章では、経営者が海外展開をはじめるにあたって、知っておくべき基本的な知識を、筆者の経験も交えて体系的に説明をする。

　実際に経営者自身が実務にたずさわることは少なく、貿易実務の判る社員が業務を担当することになるであろうが、経営者としてはリスクを回避し収益を増大させる観点から、全体の流れを把握してポイントを押さえることに心がけて欲しい。

　ビジネスの世界がグルーバル化する中、経営者として、広い視野と俯瞰的な視点で、海外取引に取組める力をつけて、新しい市場を開拓していって戴きたい。

1．海外取引の形態

　人類は太古の時代から、文化や商習慣の異なる地域とも、交易を行って発展してきた。この地域を越えた交易が、現代でも変わらず続いている。急速なネット社会の出現で、越境 EC による取引の増大や、ブロックチェーン技術によるデジタル通貨の出現など、今後、海外取引の形態に変化を起こす要素もあるが、ここで述べる内容は海外取引の基幹となる部分であり、デジタリゼーションが進行してもその基本は変らないと考えている。

　まず、海外取引の形態について整理してみる。

1．1　貿易取引と貿易外取引

　貿易とは、異なる国と国の間における売買取引のことで、目に見える貿易取引と、目に見えない貿易外取引がある。

（1）貿易取引

　貿易取引とは、他国の取引相手と商品の売買を行うことで、他国へ商品を販売・送り出すことを輸出、他国から商品を購入・持ち込むことを輸入と言う。この貿易によってビジネスチャンスを拡大することが出来る。

　輸出とは、自社の優れた商品の販売先を海外にも広げることで、国内の何倍もの市場を獲得することができる。

　輸入とは、日本にない新しい商品や安い商品を、日本の市場に紹介することで、新たなビジネスを開拓することができる。

（2）貿易外取引

　貿易外取引とは、商品貿易以外の海外取引の総称で、運輸・保険・海外旅行などの各種サービス、工業所有権、直接・間接投資、証券の輸出入などの目に見えない貿易のことをいう。後に述べる仲介貿易も、決済は生じるが商品は日本を経由しないので、貿易外取引の扱いとなる。

1．2　商品（有形）の貿易

　商品を輸出する場合や、輸入する場合の取引形態と、製造業が海外進出して現地生産をする場合の取引形態は次のようになる。

（1）商品の輸出・輸入の場合

　①直接貿易：直接貿易とは、文字通り海外の顧客と直接契約をして、契約を履行するもので、貿易上のリスクを全て自分で取る取引である。

　②間接貿易：貿易手続きの上では、海外の顧客と直接には関わらず、貿易商社に間に入ってもらう取引である。80年代までの、日本の製造業ではこれが主流であった。

　③代理店・販売店取引：取引したい国で代理店を決め、あるいは販売店のネットワークを作り、そこを通して販売する方法である。代理店管理の手法は国内と変わらないが、販売手法などにおいて、文化や商慣習の違いに注意する必要がある。

　④仲介貿易：日本の企業が、商品をアジア諸国から買って米国に売るなど、供給国と需要国との間で第三国が行う貿易取引のこと。商品は第三国を通過せず輸出国から輸入国に向けて輸送され、第三国は仲介手数料を取得する。三国間貿易ともいう。

（2）工場進出の場合

　①半製品輸出による海外現地生産：日本から半完成品や部品を輸出して、現地に建設した工場でセミノックダウンなどをやる場合をさす。

　②外部委託による海外生産：ファブレスなど、製造の専門業者に生産を委託する方法のこと。

　③自社による海外生産：自社が出資して海外生産する方法で、現地企業と合弁でやる場合と、国情がよく判っており且つ、法的にも認められる場合には100％自社出資することも考えられる。

1.3　サービス（無形）の貿易

　サービスの場合は、商品の輸出や輸入を伴わない。輸出の場合、現地でサービスを提供することになるので、形態は直営かフランチャイズになる。

（1）直　営

　現地に直接投資をして社員を雇用し、経営・運営するもので、店舗の収益が、そのまま会社の収益となる。しかしながら、多店舗展開には資金力が不可欠であることと、直接雇用となるため、マネージメントは徹底しやすいが、ブランディングの面で工夫を要することになる。

（2）フランチャイズ

メリットは国内での展開と変わらないが、文化の違いなどにより、フランチャイザーへの営業政策が地域の特性に対応できないなどの難しさがある。また、指導のための人員や経費を要する。現地の有力なパートナー企業と組み、役割を分担して両者の強みを発揮しながら展開する方法もある。

（3）ネット販売（越境電子商取引）

海外の消費者向けにネット通販で商品を販売するもの。国境を越えた商品の移動を伴うが、個人向けの少量取引から出発しており、現在はサービス業に分類される。自分でサイトを立ち上げる場合と、モール加盟店と契約して商品を販売する場合がある。

1.4　進出の形態

現地に事務所を出すにあたり、連絡事務所として営業権のない駐在員事務所と営業活動のできる支店がある。現地税務当局の課税対象となるか否かを明確にしておく必要がある。

（1）駐在員事務所

現地での営業権を持たず、日本本社の連絡業務、情報収集、市場調査、販売代理店の支援などを行う。営業活動（契約、売買金銭授受）をしない連絡事務所なので、通常は現地での課税対象にならない。

（2）支店

日本本社と同一の法人なので、通常は本社が契約主体となるケースが多く、現地での課税は発生していない。国によっては、認められない場合もある。

（3）現地法人

100％自社が出資する方法と、現地のパートナーとの合弁事業とする方法がある。

発展途上国の場合は、技術移転とか地場産業の振興のため、法律で外資を制限して、地場のパートナーを起用することを義務付けられる場合が多い。

２．海外取引の要点

２.１　リスクを認識する

　ビジネスにリスクは付きものだが、海外取引の場合には「国が違う」、「通貨が違う」、「相手が見えづらい」、「輸送距離が長い」、「商品受け取りと代金支払いに時間差がある」という特徴があり、これらに起因するリスクを最小限に留める対策が必要となる。

　具体的な対策は、「４．海外取引の実務」で述べるが、認識すべきリスクを上げると次のようになる。

（１）カントリーリスク（国が違う）

　政治情勢や経済・社会動向を常に把握しておく。

　戦争、内乱、政治体制の変更などにより、輸出入手続きや為替送金の停止などの事態に陥るリスクがある。特に、開発途上国との取引に関しては、事前に入念な市場調査を行い、国際情勢や当該国の政治情勢、経済・社会動向を常に把握しておくことが必要である。

　政治面では、外交関係（国境問題、紛争など）、対外貿易関係（貿易摩擦、資源問題など）、政情不安（反政府運動、クーデター、内戦など）、汚職など。

　経済面では、国際収支悪化（外貨不足、送金制限など）、金融情勢（為替相場、株式相場など）、労働事情（ストライキ、デモなど）、インフラ整備状況（港湾・空港、道路、通信、電力事情など）、商習慣など。

　社会面では、治安状況（強盗、誘拐など）、医療体制、環境問題、住民運動、自然災害など。

（２）法制度の違い（国が違う）

　通関や商品規格など各種規制を確認する。

　輸出の場合は、日本の輸出規制と相手国の輸入規制を、輸入の場合は相手国の輸出規制と日本の輸入規制を確認する必要がある。輸出相手国のライセンス取得の必要性や、商品規格に適合しているかなど確認出来ていないと通関できないこともある。また、輸入に際しては販売時の規制も確認しておかないと、輸入した商品を流通させられない事態が生じる可能性もある。

事前調査を実施する場合、公的な支援機関や、金融機関、コンサルティング会社、進出済みの企業からの聴取、法律事務所などの第三者機関を利用するなどで効率的に進めることができる。

（３）為替変動のリスク（通貨が違う）

　為替予約などの回避策を取っておく。

　日本円以外の通貨で取引する場合には、日本円への交換レートが日々変わるため、為替の変動リスクが発生する。相場の変動が激しい場合には、利益の確保のために、予め為替予約などの回避策（詳細は「5.3変動リスクとその対策」参照）を講じておく必要がある。

（４）企業の信用リスク（相手が見えづらい）

　信用調査を怠らない。

　国内取引と違い、取引相手と顔を合わせる機会が少ないので、相手企業の信用度（財務状況、生産・営業能力、経験、誠実性など）が把握しづらく、契約後の履行においてもリスクがある。事前に信用調査機関を利用するなどの方法で、信用調査を実施することが重要となる。

（５）意思疎通面でのリスク（国が違う）

　全て文書で確認し、文書で残す。

　言語が異なるため、意思の疎通に齟齬をきたすリスクがある。また、文化や商習慣に起因する考え方の違いや、貿易管理制度や通関手続きなどが異なることで、誤解や認識違いが生じるリスクがある。リスクを回避するためには、文書で確認しながら交渉を進め、交渉結果をすべて契約書に盛り込むことが重要である。

（６）貨物の損害リスク（輸送距離が長い）

　貨物海上保険を付保する。

　国内取引に比べ運送距離が長いため、運送の時間が長くなり、輸送中の事故や、貨物の変質、損傷などのリスクも高くなる。このリスクを回避するために、貨物海上保険を付保して損害をカバーすることが必要となる。

（7）代金回収リスクと商品入手リスク（商品受取と代金支払いに時間差がある）

相手の信用度にリンクした決済方法を取る。

国内取引と違って、商品の授受と代金の支払いを同時に行うことは困難であり、時間差が生じる。従って、前払いでない限り、輸出者が代金回収前に商品を出荷することになり、代金を回収できないリスクを負う。

逆に、輸入の場合は後払いでない限り、輸入者が商品入手前に代金を支払うため、商品を入手できないリスクを負うことになる。信用状付き荷為替手形を利用するのが一番確実だが、取引相手が政府機関などで信用度が高い場合には、信用状ナシ荷為替手形となることもある（詳細は「4.1代金決済」参照）。

（8）資金負担リスク（商品受取と代金支払いに時間差がある）

貿易金融やユーザンスを使う。

代金の回収リスクと商品の入手リスクがカバーされたとしても、輸出の決済が後払いであれば、輸出者は、商品の出荷から代金回収までの期間、代金を一時的に立て替えることとなる。また、輸入の場合決済が前払いであれば、輸入者は代金支払いから商品の入手・販売までの期間、立て替える形となるため、その間の資金負担のリスクがある。資金運用の観点からもこの立て替え期間を短くすることが重要であり、貿易金融やユーザンス（支払猶予）で資金負担を軽くすることが可能である（詳細は「6．貿易金融と政府支援」参照）。

２.２　ビジネス上の重要なポイント

前項では、留意すべきリスクファクターを説明したが、ここでは、ビジネス上で留意すべき重要なポイントを説明する。

（1）人材の確保と育成

海外人事施策の構築が望まれる。

海外で事業を展開するにあたっては、社長が陣頭に立って進める場合が多いが、社長以外に中核となる人材を確保し育成してゆく必要がある。現地の情報収集や現地での指導、交渉に当たる経営人材は、海外事業成功の

ための必須要件である。

　また、海外とのコミュニケーションや書類作成などのための人材も必要となってくる。適当な人材が社内にいない場合、海外経験のある企業ＯＢやコンサルタントなど、外部人材の活用を検討することも必要になる。留学生や外国人技能実習制度研修生、海外ボランティアの経験のある日本人を現地との「ブリッジ人材」として活用する企業もある。

　これらを実現する為には、場当たり的ではない統合的な海外人事施策を構築しておくことが求められる。

（２）労務、社内管理

　定款や諸規定集の整備を怠らない。

　現地法人設立時には、当然のことながら、定款、就業規則、職務権限規定、人事管理マニュアル等の規定の制定が必要になる。現地法人設立前後は、手続きや営業開始の準備に追われ、必要な手続きがおろそかになりがちだが、後々に問題が発生しないように注意する必要がある。

　また、海外の現場では、人種やキャリアの違う多様な従業員を雇うことになるので、労務や就業に関する規則、人事管理や人材募集、社内管理などに関しても同様に整備しておく必要がある。

（３）マーケティング

　市場に合った販売戦略の構築が求められる。

　自社の製品・技術・サービスの強みを発揮する為には、当該市場での販売戦略が構築されていることが必要である。需要は何処にあるのか、どのように宣伝・広告し、どのように販売していくのかを十分に検討し、実行することが求められる。

　マーケティングでは、主に、製品価値、価格設定、販売ルートや、販売促進のための営業方法、広告、コミュニケーションなどを検討しておくことが重要である。

（４）ビジネスパートナー

　パートナーの選定には相手の狙いも確かめること。

　現地の優良なビジネスパートナーが見つかれば、リスクをヘッジできる

だけでなく、市場への参入をスムーズに進めることができる。　事前調査を基にパートナー候補を選定することになるが、失敗しない為には、専門家の意見も十分に聴取して安易に判断しないことである。

　また、合弁事業の際には、自社のメリットだけでなく、相手側の合弁の狙いをよく確かめることも必要である。候補としては、取引先、合弁相手、販売代理店、コンサルタントなどがある。

（5）資　金
　資金需要を想定して十分な手当てをする。

　直接投資の場合には、莫大な資金需要が生じるが、国内での内部蓄積や安定的な経常利益が無い場合には、金融機関からの借り入れを考える必要がある。例えば、黒字化までの数年間を想定して、取引金融機関の理解と支援を得られるようにしておくべきである。

　海外現地法人の資金調達としては、「親会社の取引銀行に開設するスタンドバイ信用状を担保とした現地貸付」、「親企業を通じて日本国内での各種の公的貸付制度を利用する方法」、「現地金融機関による貸付」などがある。

（6）知的財産
　必要な知財登録と毅然とした姿勢が求められる。

　現地での商号や商標登録、工業所有権、著作権、技術移転などの知的財産権制度について事前に確認し、進出次第、商標登録、特許登録などを行い、自社の知的財産に関する法的権利を確保することが重要である。

　また違法な商標侵害、特許侵害に対しては、弁護士に相談した上で法に従って厳しい姿勢を見せることが、再発を防止する上で有効な手段となる。

3．海外取引の仕組みと国際ルール

　貿易取引では、相手国の経済状況や対外政策などに基づくルール、更に国際的なルールや規制にも対応しなければならない。ここでは、貿易に関わる国際的な協定やルールと貿易の流れ、および日本国内のルールについて述べる。

3．1　貿易に関わる協定
（1）主な協定
　① WTO 協定：条約の取り決めによる国際的なルールとして、世界貿易機関の WTO 協定があり、貿易の自由化を促進させることを目的としている。
　② FTA 協定：特定の国や地域との間でかかる関税や企業への規制を取り払い、経済活動を活発化させる為の協定。
　③ EPA 協定：物流のみならず投資、経済協力、人の移動などを含む、広い分野での連携を深める Economic Partner Agreement となっている。

（2）協定の具体例
　最近では、先進国が締結する FTA の多くが EPA と同様に、貿易以外の経済分野での協力を盛り込むようになってきている。
　①メガ FTA・ETA 協定：環太平洋経済連携協定（TPP: Trans Pacific Partnership）、東アジア地域包括的経済連携協定（RCEP: Regional Comprehensive Economic Partnership）、環大西洋貿易投資連携協定（TTIP: Trans-Atlantic Trade and Investment Partnership）、日本 EU 経済連携協定（EU-Japan Economic Partnership Agreement）
　②日本の FTA・EPA の現状（2019年12月現在）：
［発効済・署名済］　シンガポール、メキシコ、マレーシア、チリ、タイ、インドネシア、ブルネイ、ASEAN 全体、フィリピン、スイス、ベトナム、インド、ペルー、オーストラリア、モンゴル、TPP11、日 EU、
［交渉中］　RCEP、コロンビア、トルコ、日中韓、
［交渉延期または中断中］　韓国、カナダ、GCC。

３.２　貿易に関わる国際条約・ルール

　国際条約やルールには、「輸出入の規制に関する協定や条約」、「国際取引に関わる条約」、「商取引に関する規則やルール」の３種類がある。

　①輸出入の規制に関する協定や条約（輸出入規制関連）：WTO 協定、FTA 協定、EPT 協定、モントリオール議定書（オゾン層の保護）、ワシントン条約（野生動物保護）、バーゼル条約（有害廃棄物の国際間移動を禁止）

　②国際取引に係る条約（民法・商法関連）：ウイーン売買条約（国際物品売買の事実上の世界標準）、ニューヨーク条約（仲裁のルール）、船荷証券統一条約（海上貨物の運送）、ワルソー条約（航空貨物の運送）

　③商取引に関する規則やルール　：インコタームズ（取引条件のルール）、ICC 信用状統一規則（信用状を利用する代金決済のルール）、ICC 取立統一規則（銀行経由取立のルール）

　注：モノ・サービスに関する国際ルールは上記の通りだが、近年データに関する国際ルール作りの必要性が認識されてきた。中国は2017年にサイバーセキュリティ法を定めており、各国が自国第一で各々のルール作りをすると、デジタル通商の発展を阻害する恐れがあり、日米欧など数十カ国が中心となり、2019年1月から WTO で検討が開始された。2020年春までには新ルールが導入される見込み。

３.３　貿易取引の流れ

　貿易取引は、図9.1の通りの流れで行われる。

　①契約を締結する

　②輸出者は海運・通関業者に貨物の通関および船積みを依頼（船積依頼書）する

　③輸出貨物を保税地域に運ぶ

　④海運・通関業者は船積依頼書に基づいて、税関に輸出申告をする

　⑤税関は必要に応じて書類審査、現物検査を行い、輸出許可を出す（輸出許可書）

　⑥船積みを行う

　⑦船荷証券を発行し、海運・通関業者に渡す

　⑧輸出許可書、船荷証券を含む船積書類を輸出者に届ける

　⑨為替手形に船積書類を添えた荷為替手形を銀行に提出して決済する

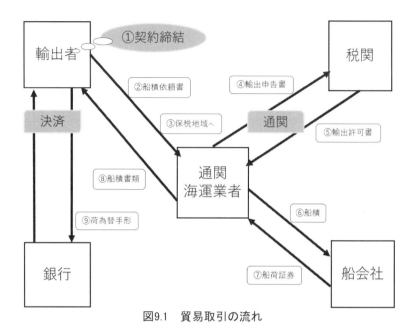

図9.1　貿易取引の流れ

3.4　インコタームズ

「売り手は何処で買い手に引き渡すのか」、「売り手は何処までの費用を負担するのか」、「売り手は何処までの危険を負担するのか」などの条件によって、同一商品でも売買価格が違ってくる。これを国際商業会議所が統一的に決め、インコタームズと称している。

現在利用されているのは2000 年1月1日に発行したもので、13種類の取引条件がある。通常良く使われる条件を4つ掲示する。

① ExW Ex Works （..named place）工場渡し（指定地）

② FOB Free on Board（..named port of shipment）本船渡し（指定船積港）

③ CFR Cost & Freight（..named port of destination）運賃込み（指定仕向港）

④ CIF Cost, Insurance & Freight（..named port of destination）保険料・運賃込み（指定仕向港）

3.5　外国為替及び外国貿易法

輸出・輸入に関わる法令を必ずチェック。

日本から海外に輸出する場合、「リスト規制」または「キャッチオール規制」に該当するものは、安全保障上の理由から、外国為替および外国貿易法に基づく経済産業大臣の許可を得る必要がある。

（1）リスト規制（輸出）

外国為替管理法に基づき、輸出許可あるいは輸出承認を取得する。従って、輸出前に、貿易管理令別表1、別表2に該当するかどうかをチェックしておく必要がある。

①輸出許可（輸出貿易管理令別表1）：対象となるものは、国際的な平和及び安全の維持を妨げる事となると認められる貨物である。もともと輸出が禁止されている物品に対して、その禁止を解除してもらうもので、銃砲、火薬、戦車、軍用機、軍艦、核兵器関連物資（ウラン分離装置など）、化学・生物兵器関連物資　（軍用化学製剤など）、ミサイル関連物資（ロケットなど）、兵器関連物資および装置（先端材料、電子機器など）などが対象となる。

②輸出承認（輸出貿易管理令別表2）：輸出承認の対象となるものは、国内産業保護のため、あるいは国際的な取り決めを実施する為に特定されている貨物で、輸出するために当局の同意を得る必要がある。漁労設備-漁獲物加工-保存設備つき船舶、配合飼料、皮革製品および皮革製品の半製品、オゾン層を破壊する物質、絶滅の恐れのある動植物、風俗を害する図画・書籍、麻薬、大麻、アヘン、覚せい剤など。

（2）キャッチオール規制（輸出）

リスト規制品以外のものであっても、その用途と需要者の内容に基づき、大量破壊兵器や通常兵器の開発、製造、または使用に用いられる恐れある場合の規制。判定方法は次の通りとなる。下記に該当する場合、食糧・木材以外の貨物であれば、輸出許可の申請が必要となる。

①輸出先がグループAの26ヶ国（2019年8月にホワイト国から名称が変更された）以外への輸出か否か。

②輸出貨物が大量破壊兵器・通常兵器の開発・製造・使用・貯蔵の為に

使用される恐れがあるか否か。

（3）取得すべき許認可（輸入）

　外為法は輸入については原則自由と規定しているが、麻薬や拳銃など自由に輸入してもらっては困るものがあり、「輸入割り当てを受けるべき貨物」と「輸入承認を受けるべき貨物」として、次のように規制されている。

　①「輸入割り当てを受けるべき貨物」とは、国内産業の保護や、国際条約で規制されているもので、特定種のニシン、タラ、ブリ、イワシ、帆立貝、貝柱などや、モントリオール議定書付属書Ａ、Ｂ、Ｃ、Ｅに属する特定物質など。

　②「輸入承認を受けるべき貨物」とは、特定の原産地または船積地域から輸入される貨物。

・特定地域からの輸入：クジラ及びその調整品など、クロマグロ、ミナミマグロ、サケ、マス、およびその調整品など、特定原産地のダイアモンド原石、ワシントン条約付属書Ⅱ、Ⅲに掲げる動植物、その派生物など、モントリオール議定書付属書に掲げる特定物質、化学兵器禁止法に定める特定物質を含むもの

・全地域からの輸入：大麻エキス・生アヘン・コカ葉など、天然ウラン・濃縮ウラン235・原子炉など、火薬・爆薬・軍用機・戦車・軍艦・武器・拳銃など、ワシントン条約付属書Ⅰに掲げる動植物と、その派生物

４．海外取引の実務

ここでは、実際の海外取引にあたっての、代金決済、決済通貨、決済に必要な書類、取引の流れ、貨物輸送、保険、関税などについて述べる。

４．１代金決済

貿易取引における決済方法は、大きく分けて３種類あり、「信用状付き荷為替手形」、「信用状なし荷為替手形」、「外国為替送金（電信送金、送金小切手）」である。

代金決済に利用される手形は、貨物の代金であることから「荷為替手形」といい、代金の受取人である輸出者から代金を請求する「逆為替」となる。

（１）信用状（L/C）つき荷為替手形

信用状つき荷為替手形の特徴は、輸出者が荷為替手形を輸出地の銀行に提出すれば、信用状という支払い保証があるので、すぐに銀行から商品代金を回収できることにある。

（２）信用状（L/C）なし荷為替手形（D/P、D/A）

この決済方法は、輸出地の銀行に船積書類と荷為替手形を提出しても、すぐに商品代金を受け取ることはできない。荷為替手形が輸出地の銀行を経由して輸入地の銀行に渡り、輸入者が代金を支払った後に、輸入地の銀行から輸出地の銀行に送金される。従って、この方法は、双方に信頼関係がある場合に使われる信用状を必要としない決済条件である。

この決済方法の場合、次の二つの方法がある。

一つは D/P 手形と呼ばれる荷為替手形を使用する方法で、D/P とは「Documents against Payment（支払時書類渡し条件）」のことで、輸入者が手形代金を支払った時点で、船積書類を受け取ることが出来るもの。

もう一つが D/A 手形と呼ばれる荷為替手形を使用する方法で、D/A とは「Documents against Acceptance（引受時書類渡し条件）」のことで、輸入者は手形の期日までに支払うことを条件に、船積書類を受け取れるもの。D/P 手形と比較すると、一定期間の分だけ輸入者の支払いが猶予されてい

ることになる。

（3）外国為替送金（電信送金、送金小切手）

取り決めた決済条件に従い、銀行間の電信送金を利用するもので「B/L を受取り後15日以内に電信送金（T/T : Telegraphic Transfer)」のような条件となる。

送金を利用した代金決済は輸出代金前受けという前払いの場合と、輸出代金後受けという後払いの場合とがあり、前受けは輸入者に、後受けは輸出者にとってそれぞれ不利な条件となる。

従って、この送金方法は輸出者と輸入者が本社と現地法人などの組み合わせの場合が多い。

4.2　決済通貨

決済通貨とは、商品、サービス、及び資本の国際取引で、現実に売買を媒介する通貨のこと。

（1）建値通貨と決済通貨

契約に際して、建値通貨（契約・表示通貨）と決済通貨を決める。売手と買手で、為替リスクをめぐる力関係、決済における通貨の利便性、ユーザンス（支払猶予期間）の利便性等が勘案されたうえで、契約で決められる。円建て・ドル決済などの例もあるが、通常は契約・表示通貨が決済通貨としても使用されることが多い。日本の貿易取引（2019年下半期実績）では、円決済は輸出で37.2%、輸入で25.5%であり、他の大部分を米ドルで決済している。

（2）国際通貨

国際通貨として使われているものは米ドル、ユーロダラー、金、SDR（IMF 特別引出権）、ドイツ・マルク、円、フランス・フラン、イギリス・ポンド等があるが，米ドルはこのなかで6～7割を占めている。

（3）外国為替銀行のコルレス勘定

海外取引の決済は、外国為替銀行が外国に保有しあう当座預金（コルレ

ス勘定）の振替によってなされる。多角的な国際取引が盛んになるなかで、その決済を効率的に行うために、交換性の高い国際通貨で決済される傾向が強い。その意味で、米ドルの使用がもっとも多く、前述のように世界の貿易の約60%に及んでいる。

4.3　決済に必要な書類
（1）信用状（L/C : Letter of Credit）
　信用状は、輸入者の財務状態に詳しい輸入者の取引銀行が発行する、いわば支払いの連帯保証状である。具体的には、①輸入者の取引銀行である信用状（L/C）発行銀行が、②海外の輸出者に対して、③輸出者が L/C 条件どおりの船積書類を銀行に提出することを条件に、④輸入者に代わって、⑤代金の支払いを約束した保証状である。

　万一輸入者が何らかの理由で支払いができない場合には、L/C 発行銀行が輸入者に代わってその代金を支払う事になる。海外企業と取引する輸出者にとって、その輸入者が契約どおり代金を支払ってくれるか否かは最大の不安事項となる（信用リスク）。このため輸入者と売買取引をする場合には、契約書に決済条件を明記して、代金回収を確実にする。

　なお、L/C にもとづく代金の支払確約は、「輸出者が L/C 条件どおりの船積書類を銀行に提示することを条件」にしており、もし輸出者が L/C 条件どおりの船積書類を銀行に提示できなかったら、発行銀行の支払保証は成立しないことになる。従って、輸出者は L/C を受け取ったら、その条件どおりの書類を用意する義務がある。

（2）商業送り状（Commercial Invoice）
　輸出者が輸入者あてに作成する積出貨物の「明細書」であり、商品名、数量，単価、金額などに加え、荷印、梱包数、船名、船積日、船積地、仕向地なども記載される。また同時に、貨物代金の「請求書」でもあり、貨物の「納品書」の役割もある。

（3）船荷証券（B/L : Bill of Lading）
　船会社が輸出者に対して発行する有価証券。輸入者はこの船荷証券を船会社に呈示し、それと引き換えでなければ運送品を引き取ることができな

い。船荷証券は運送契約に基づいて発行される有価証券で、船荷証券の表と裏面には、運送契約が記載され、通常複数の正本が発行される。B/L の性質としては、次のような点が上げられる。

　①船会社が輸出港で貨物を受け取ったことを示す「受取証」
　②輸入港で貨物を受け取るための「引換証」
　③貨物の引渡し請求権を記した「有価証券」
　④流通性を持つ「流通証券」

　たとえば、横浜港で輸出者が貨物を本船に船積みすると、船会社からB/L が発行されるが、これは①の「受取証」として発行されるもの。輸出者はこの B/L を荷為替手形と共に取引銀行に持ち込み、手形の買取りを依頼する。銀行は B/L が「有価証券」であり、かつ「流通証券」であることから担保としての価値を認め、手形の買取りに応じる。B/L はその後、輸入地の銀行に送付され、最終的に輸入者に渡される。輸入者は「引換証」としての B/L で貨物を引き取る。

（4）航空貨物運送状（Air Waybill）

　航空会社などの運送人が発行する航空貨物の受取証のこと。輸出者と運送人が運送契約を結び、その際に発行される書類が航空貨物運送状で Air Waybill と呼ばれる。

　Air Waybill は、運送人が輸出者から航空貨物を受け取ったことを証明する受取証であるが、これは有価証券ではない。Air Waybill には、貨物の種類、個品の数、外見状態の他、荷送人の名称、荷受人の名称、運送人の名称、出発空港名、目的地空港名などが記載され、荷送人と運送人両者が署名する。原本は 3 通発行され、原本 1 は運送人用として、原本 2 は荷受人用として貨物と一緒に目的地に送られ、原本 3 は荷送人用として交付される。信用状発行銀行は、担保権を確保するために、通常 Air Waybill の荷受人（Consignee）になる。

　貨物が輸入地に到着時に、航空会社は、荷受人になっている銀行に対して、貨物引取りを要請する。貨物引取りを要請された銀行は、航空会社や航空代理店に対して Release Order（貨物引渡指図書）を発行し、実際の輸入者に貨物を引き渡すことを指図する。

　信用状発行銀行が Release Order を発行する際には、輸入者（信用状の

発行依頼人）が輸入荷為替手形の決済をすることが前提なので、輸入荷物引取保証を差し入れる。この差入れは信用状のユーザンス（支払猶予）がある場合や輸入者に対して信用状発行銀行が本邦ローン（自行ユーザンス）を供与した場合に必要になる。いずれの場合も、輸入者の決済が繰り延べられ、信用状発行銀行の荷物貸渡し（T/R: Trust Receipt）が行われることになる。

（5）梱包明細書（Packing List）

貨物の梱包形態、梱包箱の数、重量やサイズ、ケースマークなどを記載したものが梱包明細書である。この書類は輸入者だけでなく、貨物の輸送に関わるフォワーダー（海運荷物取扱業者）が、港や倉庫で梱包や仕分け作業をする際にも利用される。

（6）保険証券（Insurance Policy）

CIF などの売買契約の場合、輸出者が輸入者のために、輸送中の物品の損傷・減失などの事故について保険をかける。通常、保険証券は、輸出者が被保険者として保険証券の裏面に白地裏書して、買取等のために輸出地側の銀行に提出する。

なお、FOB や CFR 契約条件の場合は、輸送途中における危険に備えて、輸入者が保険会社に保険の申し込みをする。このときは、保険証券の代わりに保険承認（Certificate of Insurance）が保険会社から輸入者に手交される。

4.4　信用状を使った取引の流れ

信用状を使ってどのように貿易取引が行なわれているのかを、図9.2に示す。

①売買契約の際に輸出者と輸入者が、信用状を使って取引をすることを条件として契約する。

②契約条件に従って輸入者が、自分の取引銀行に信用状の発行を依頼する。

③取引銀行は輸入者の信用を審査のうえ、問題がなければ信用状を発行する。

④輸出者あてに、輸出地の銀行経由で信用状が通知される。

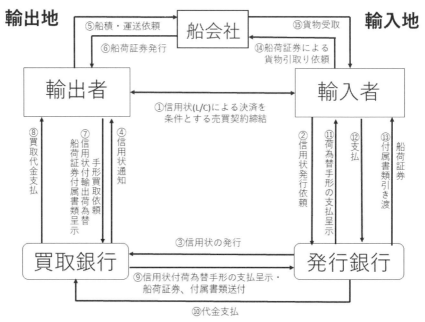

図9.2　信用状を使った取引の流れ

⑤貨物を船会社に持ち込む。

⑥引き換えに海上輸送の船荷証券（B/L）を入手する。

⑦ B/L の他に、輸出者が作成する商品の送り状（インボイス）や、梱包明細書（パッキング・リスト）などを信用状条件どおりに船積書類を作成する。同時に船で出荷した貨物の代金請求書として、為替手形を作成（荷為替手形）し、銀行に持ち込む。

⑧輸出者の取引銀行は、手形、船積書類が信用状条件と合致していることを厳格にチェックした後、信用状による支払保証を前提に、手形上に記載された商品代金を立替払いする（手形の買取）。

⑨買取銀行は手形と船積書類を信用状発行銀行へ送付する（郵送またはDHL など）。

⑩発行銀行は買取銀行に代金を支払う。

⑪発行銀行は手形を輸入者に呈示して、代金の支払いを求める。

⑫輸入者は手形代金を発行銀行に支払う。

⑬発行銀行は届いた貨物の引き取りに必要な船積書類を輸入者に渡す。

⑭輸入者は銀行から交付された書類のうち、船荷証券 B/L を船会社に提出する。

⑮貨物を引き取る。

発行銀行が輸入者に貨物の引き取りに必要な書類を渡すのは、輸入者が代金を支払った後である。発行銀行は支払いを確実なものにするために、書類を担保に取っている。また、手形の買取りによって、輸出者は貨物の出荷とほぼ同時に代金を回収でき、これが信用状と手形を組み合わせることの大きな利点と言える。

4.5　貨物の運送

貿易取引では、商品を長距離にわたって輸送することになるが、時間、コスト、安全性などを考慮して、海上輸送、航空輸送、陸上輸送、あるいはそれらを複合した手段が取られる。また、売り手が運ぶか、買い手が運ぶか、契約で決めることになるが、一般的にはインコタームズの条件をもちいる。

（1）海上輸送

商品の特性と量によって、定期船、不定期船、専用船、コンテナ船などが使い分けられる。

（2）航空輸送

時間が商品価値に影響する生花、生鮮食料品、ファッション商品、更に破損や盗難などのリスクも考慮する必要のある、芸術品、貴金属、精密機械、医療器械などに利用される。

（3）陸上輸送

大陸内の輸送は、鉄道、トラックが主体となる。

（4）国際複合輸送

海上輸送、航空輸送、陸上輸送の幾つかを複合して輸送するもので、例えば日本からロシアや欧州への輸送の場合、ナホトカまで船で運びシベリ

ア鉄道に乗せ換えて運ぶ方法がある。

（5）国際宅配便

クーリエサービスなど、宅配便も可能。

（6）国際郵便

小口の輸送なら郵便でも送れる。ただし郵便だと言っても、危険なもの、輸入が禁止されているものは、通関にあたってチェックされる様になっている。

4.6　貿易取引にかかる保険

貿易のリスクをカバーする保険には、輸送中の貨物にかける保険、カントリーリスクにかける保険、賠償責任にかける保険などがある。

（1）貨物海上保険

輸送途中の貨物の損失・損傷による損害を補うための保険であり、ヨーロッパで発展してきた。

（2）貿易保険

戦争や輸入制限、取引先の倒産などのリスクをカバーする保険で、株式会社日本貿易保険（NEXI）が引き受けている。更に政府（経産省）が再保険を引き受けて、信用力を補完している。

リスクは「非常危険」と「信用危険」に別けて付保される。

①非常危険

当事者に責任のない不可抗力的な危険のことをいい、例えば、戦争・革命・テロ行為を含む内乱、輸入制限、為替取引制限、天災地変などが該当する。

②信用危険

相手企業の倒産など、取引相手の信用に関わる危険のことを指す。

（3）民間損保

2005年から非常危険、信用危険に関して民間の損保会社も保険の引き受けが出来るようになった。工事保険では、建設現場での種々事故を救済出

来るようになっている。

（4）生産物賠償責任保険

製造・販売業者、据付工事業者などが、製造・販売した製品や工事などが原因で、人身事故や、物損事故が発生し、法律上の損害賠償責任を負担することになった場合の損害を補塡する目的の保険。

4.7　関税

関税とは、輸入品に対して通関時に徴収される税であり、その目的は、国の財政収入を確保し、国内産業を保護・育成することである。

（1）基本税率

事情に変更のない限り、長期間にわたって適用する基本的な税率で、全ての貨物について定められている。

（2）暫定税率

特定品目に対して暫定的に決めた税率で、基本税率を、経済状況の変化に応じて、一定期間に限って、修正して適用する税率。

（3）特恵税率

開発途上国などの特定の国からの輸入品に対して、一般の税率よりも低い税率で課す関税。一般特恵税率と特別特恵税率があり、後者は後発開発途上国とされている国を原産地とする一定の貨物に適用する。

（4）WTO協定税率

世界貿易機関(WTO)に加盟する国を原産地とする貨物に適用する税率。

（5）EPA（経済連携協定）税率

EPAで定められている税率。EPA原産地証明書が必要となる。

（6）.　特殊関税制度

不公正な貿易取引や、輸入急増等の特別の事情がある場合に、貨物・供

給者・供給国等を指定して、通常の関税のほかに割増関税を賦課することにより、国内産業を保護・救済するための制度の総称。報復関税（日本の輸出品に差別的扱いをする国に対抗するため）、相殺関税（補助金を受けて生産された貨物に割増税率を課すもの）、不当廉売防止関税（ダンピングに対する割増）、緊急関税（物の急激な増加などの場合）、対抗関税（輸入制限・関税引上げなどの緊急処置への対抗）などがある。

5．外国為替取引

外貨はどの様に扱われているのかについて、説明する。

5.1　為替とは

「為替」とは、遠い場所に住んでいる人とお金のやり取りをする方法で、手形や小切手を使って貸借を決済するもの。

日本では、江戸時代に大阪の商人がこれを発達させたが、鎌倉時代にも既にこの言葉が使われていた。地方から上京した御家人が京都や鎌倉で、コメや金を受け取るシステムとして存在していた。世界史の中では、紀元前20世紀ごろの古代バビロニアや古代エジプトに、既にあったようだ。

為替には、内国為替と外国為替があるが、外国為替の場合、通貨の売買が伴い、送金小切手、為替手形などの支払い手段も外国為替と呼んでいる。外国為替には、直物取引と先物取引がある。

（1）直物取引

銀行と企業の間などで、外国通貨の売買が成立すると、2営業日以内に資金の決済を行う取引。

（2）先物取引

外貨の売買契約が成立して、一定期間後に交換する取引で、契約日から3営業日以降に受渡しを行うもの。原則として、二国間の金利差に相当する分だけ直物取引と格差が生じる。これは為替予約とも呼ばれる。

5.2　外国為替市場

外国為替の取引を行う場所を外国為替市場と呼ぶが、取引所のような建物がある訳ではなく、銀行同士あるいは銀行と為替ブローカーが PC 端末や電話で取引する。

（1）銀行間市場

外国為替取扱銀行や企業、外国為替のブローカー、日本銀行が参加する市場（インターバンク市場）のことをいう。

（2）顧客市場

　銀行と銀行の顧客である企業や個人が参加する市場のことをいう。

（3）銀行間相場と対顧客相場

　二つの通貨を交換する時の交換比率が外国為替相場だが、銀行が外貨を売り買いする相場を銀行間相場（インターバンクレート）といい、テレビなどで報道される外国為替相場は、この銀行間相場のこと。我々が、銀行で交換するレートは、銀行間相場に銀行の手数料を加えたものとなる。

5．3　変動リスクとその対策

　通貨の交換レートの事を為替レートと言う。二国間の為替レートは、実需と投機資金の流入で常に変化するので、そこに為替変動リスクが発生する。リスクは最小限に抑えるべきものなので、種々の工夫がなされる。

（1）円建て契約

　輸出入を円建で行えば、外貨を日本円に交換する必要がなく、為替リスクはない。逆に、海外の取引先が為替リスクを負うことになり、リスクに見合う商品価格の値引きを要求される可能性はある。

（2）リーズ＆ラッグズ

　為替相場の見通しなどによって、意図的に外貨建て債券の受け取りを早めたり、外貨建て債務の支払いを遅らせたりすること。

（3）マリー

　外貨債権と外貨債務を別々にせず、組み合わせる（マリー）ことにより、為替変動による差益と差損を相殺する方法。輸出で受け取った外貨を、輸入支払いにあてるなど、日本円との交換をしない方法。

（4）先物予約

　輸出入契約を結んだ時に、代金決済時の先物予約をしておく方法。例えば輸出契約時に、３ヶ月後に受け取る米ドル代金を銀行へ売ることを予約し、その決済相場を確定する。もっとも　一般的に利用されている。

6．貿易金融と政府支援

　貿易取引に伴って必要となる資金を融資することを、貿易金融と呼んでいる。貿易金融は輸出金融と輸入金融に分かれるが、もう一つ、国や地方公共団体が制定した融資制度があり、これを制度金融と呼んでいる。

6．1　輸出金融

　輸出金融とは、輸出者が、商品の生産・加工などのために必要となる資金を、金融機関が融資すること。船積前に融資する船積前金融と、船積後に融資する船積み後金融がある。

（1）船積前金融

　つなぎ融資と、輸出前貸しがあるが、L/C が前提の非常にリスクの低いものに対しての融資であり、銀行はまず問題なく貸す。
　①輸出つなぎ融資
　輸出契約が成立する前の見込み生産、加工、集荷などの為に必要な資金を融資する。季節的な要因により、生産、集荷の時期が限定される農林水産物などに利用される。
　②輸出前貸し
　輸出契約の成立後、輸出貨物が船積みされるまでに必要な資金の貸し付けをするもの。約束手形による貸し付けが一般的である。

（2）船積後金融

　輸出貨物の荷為替手形を買い取った銀行は、輸入地の銀行から入金するまで、手形金額を立て替えて払っていることになり、銀行による荷為替手形の買取りは、輸出者に対する船積み後の融資ということになる。

6．2　輸入金融

　輸入金融とは、輸入貨物代金の決済に伴う、輸入者への融資、あるいは支払い猶予のこと。代金の支払いを猶予することを、輸入ユーザンスと言い、シッパーズ・ユーザンスと銀行ユーザンスがある。

（1）シッパーズ・ユーザンス

　輸出者が輸入者に対して、支払いは貨物到着後30日でよいとか150日（D/A150 日など）でよいと言うもので、その商品が販売されるまでの猶予を与えるもの。これは、輸出者の資金力が十分であり、輸入者の信用も確実な場合に行われるもので、次の二つの方法がある。

　①輸出者が、期限付き荷為替手形を振り出して、輸入者がその期日に手形代金を支払う方法。

　②輸出貨物受取後の一定期間に、輸入者が送金により支払う方法。

（2）銀行ユーザンス

　貨物到着後に「銀行ユーザンス」を利用して輸出者へ代金決済したのちに、輸入者が返済するまでの期間の融資または支払い猶予のことで、次の二つが代表的なもの。

　①本邦ローン

　輸出者には即金で払い、輸入者からの支払いを30日後とか60日後まで外貨で貸し付ける方法。

　②外銀アクセプタンス

　信用状に基づき輸出者が振り出す期限付き為替手形を、その期限まで、ニューヨークやロンドンの銀行に引き受けてもらい、その資金で輸入者への融資または支払いを猶予する。即ち、輸出地の銀行が、外国の銀行に期限まで立替え払いしてもらう方法。

6.3　制度金融

　国や地方公共団体が制定した融資制度に基づく金融のことで、民間の金融と比較して低利で長期の融資がなされる。これは国が奨励する分野を政策的に保護したり、産業の育成を支援したりすることを目的としている。

　貿易関係では、国際協力銀行が行う融資制度があり、大型プラント案件や、外交政策的に意義が認められる途上国援助などの案件に使われる。

（1）輸出金融

　日本企業の機械・設備や技術を対象とした融資で、外国の輸入者または金融機関向けに供与される。融資形態は、外国直接融資（バイヤーズクレ

ジット、バンクローン）と協調融資がある。

（2）輸入金融

　日本企業による資源など、重要物資の輸入に対する融資で、日本の輸入者に対するものと外国の輸出者に対するものがある。資源を長期安定的に確保することは経済活動の大切な基盤であり、エネルギー資源や鉱物資源の輸入の為に用いられる。

（3）投資金融

　日本企業の海外投資事業に対する融資で、日本企業（投資者）に対するものと、日系現地法人（合弁企業を含む）またはこれに貸し付け・出資を行う外国の銀行・政府に対するものがある。

（4）資源金融

　日本企業による鉱山開発などの資源開発プロジェクトを支援するもの。

6.4　政府関連機関
（1）JETRO（独立行政法人日本貿易振興機構）

　経済産業省所管で、日本の貿易の振興に関する事業、開発途上国・地域に関する研究などを実施している。

（2）JICA（独立行政法人国際協力機構）

　外務省所管で、日本政府開発援助（ODA）の実施機関として、有償資金協力（円借款）、無償資金協力、技術協力、ボランティア派遣、国際緊急援助を担当している。

（3）JBIC（国際協力銀行）

　財務省所管で、国の輸出入、海外における経済活動の促進、開発途上国の経済および社会の開発、経済の安定　などに関わる貸付を担当している。

（4）NEXI（株式会社日本貿易保険）

2017年4月1日に、独立行政法人日本貿易保険の改組により誕生した日本政府が全額出資する特殊会社。輸出入、海外投融資などの対外取引に伴う危険を補塡する貿易保険を提供する。

おわりに

　今まで、国内市場だけで成長を求めることが出来た企業も、人口動態の変化から、明日の市場を世界に求めるようになってきた。また、ビジネスの世界そのものがグローバル化した結果、今や多くの産業でグローバルなサプライチェーンなしでは、ビジネスが成り立たなくなってきている。

　最初に述べた通り、ビジネスの基本は世界中何処でも変わりはないが、新しい市場に進出する時、従来の常識や通念が通用しない場合もあり、これが進出する際のリスクとなる。

　経営者としては、ここで述べた基本的な事項を理解した上で、対象とする市場と、その市場を取り巻く環境に感度よく対応して戴きたいが、同時に、どんな事態にも必ず解決策があるものであり、力強くダイナミックに海外市場にチャレンジして行って戴きたい。

【参考文献】
(1) 中小企業庁・ミラサポ「海外展開」
　　https://www.mirasapo.jp/overseas/guide/pov/01view.html（2015.02）
　　https://www.mirasapo.jp/overseas/index.html（2018.01）
(2) JETRO「図解・貿易の仕組み」
　　https://www.jetro.go.jp/theme/trade/basic/　（2015.02）
　　https://www.jetro.go.jp/theme/export/basic.html（2018.01）
(3) 経済産業省　「安全貿易管理」
　　http://www.meti.go.jp/policy/anpo/（2015.01）
　　http://www.meti.go.jp/policy/anpo/（2018.01）
(4) 外務省　「経済連携協定/自由貿易協定」
　　http://www.mofa.go.jp/mofaj/gaiko/fta/（2018.01）
(5) 秋田銀行（2015.2）『輸出促進セミナー「貿易取引のしくみ」』
　　http://www.maff.go.jp/tohoku/kihon/yusyutu/kyougikai/file/pdf/siryou_akita.pdf（pp.17）
(6) 青森銀行市場国際部（2015.2）『輸出入取引の実務』
　　http://www.maff.go.jp/tohoku/kihon/yusyutu/kyougikai/file/pdf/siryou_aomori.pdf
(7) コトバンク（2018.8）、https://kotobank.jp/

```
用　語
```
CFR：　Cost & Freight（運賃込み（指定仕向港））
CIF：　Cost, Insurance & Freight（保険料・運賃込）
D/A：Documents against Acceptance（引受時書類渡し条件）

D/P：Documents against Payment（支払時書類渡し条件）

EPA：Economic Partner Agreement

EU-Japan Economic Partnership Agreement）（日本 EU 経済連携協定）

ExW： Ex Works（工場渡し（指定地））

FOB： Free on Board（本船渡し（指定船積港））

FTA 協定：特定の国や地域との間でかかる関税や企業への規制を取り払い、経済
　活動を活発化させる為の協定

JBIC：Japan Bank for International Cooperation（国際協力銀行）

JETRO：Japan External Trade Organization（独立行政法人日本貿易振興機構）

JICA：Japan International Cooperation Agency（独立行政法人国際協力機構）

L/C: Letter of Credit（信用状）

NEXI：Nippon Export and Investment Insurance（株式会社日本貿易保険）

RCEP： Regional Comprehensive Economic Partnership（東アジア地域包括的
　経済連携協定）

T/T：Telegraphic Transfer （電信送金）

TPP：：Trans Pacific Partnership（環太平洋経済連携協定）

TTIP： Trans-Atlantic Trade and Investment Partnership（環大西洋貿易投資
連携協定）

WTO：World Trade Organization（世界貿易機関）

貨物海上保険：貨物の海上輸送中の危険を担保する保険。

公的貸付制度を利用する方法：日本政策金融公庫の「海外展開資金」の貸付、商
　工組合中央金庫の貸付、各地の信用保証協会の保証などがある。

信用調査：新しい取引先や従来の取引先企業の信用状態を調べること。

第10章

❖

エンジニアリング・ブランドづくり

小平和一朗

- ・市場戦略として、エンジニアリング・ブランドづくりがある
- ・コーポレートブランドとプロダクトブランドをエンジニアリング・ブランドが支えている
- ・競合社との差別化にエンジニアリング・ブランドづくりがある

　エンジニアリング・ブランドは、エンジニアリング（技術・工学）とマーケティング（市場・商取引）という異分野を繋ぐ、コミュニケーション機能を持つ。

　エンジニアリング・ブランドの構築は、モノづくりやコトづくりに取り組んでいる企業の技術経営戦略の要となる。特徴あるエンジニアリング・ブランドを持つ企業は、その強みを生かして持続的成長をしている。

1. ブランドとはなにか

ブランドとは何か。「ブランド化にあたっては、競合競争他社を圧倒する特徴ある差別的製品特性の存在を探し求め、そして磨きをかける」「その結果、技術革新の割合が増し、社会的付加価値が増加する」とコトラーはいう。「技術革新の割合が増す」とは、技術がブランドづくりを支えていることをコトラーも示唆している。

ビジネスにおいては、技術評価から始まるお客様とのすり合わせは重要である。エンジニアリングに裏付けられた商品力を顧客が認識することで、商品に対する信頼度が増し、エンジニアリング・ブランドが構築される。ブランディングをする過程で、消費者に商品の良さが伝わり、消費者が得た情報を周りの人に伝えるメッセンジャーとなる。人の記憶の中に刷り込まれた商品の尖った特徴が、ブランドとなる。

B2C ビジネスでは、商品に貼るラベルに商品の特徴を示すエンジニアリングスローガンを書き込むことで、安価に顧客とコミュニケーションができる。購入した顧客は、商品の良さをその情報を使って更に次の消費者に伝える。

B2B ビジネスでも、商品のエンジニアリング力を伝えるスローガンからプロダクトに関する理解が進む。時間が経つとともに潜在顧客にエンジニアリングの特徴が刷り込まれ、やがてエンジニアリング・ブランドが構築される。

1.1 買い手と売り手の双方に利益をもたらす

ブランドの語源を考えたい。放牧した牛の識別に牛に付けた焼印がブランドのルーツである。製造元の識別に、ブランドの目的がある。ブランドは、買い手にも売り手にも利益をもたらすといわれる。

ブランドが構築されると、買い手は購入する製品の品質水準を調査しなくても分ることや、ブランドが顧客の社内に知れ渡ることで、購入手続きが簡素化される。ブランドが構築出来ていると、売り手は、特別な営業をせずに買い手の信用を確保できる。

リピーターが増えるとともに、受注処理が容易になる。さらには製品が持つ固有の特徴の保護や、ブランド維持に全社で取り組むことで、社内の

モチベーションの向上にも役立つ。

　ブランド構築されていると、売り手は、特別な営業をせずに買い手の信用が確保できることや、リピーターが増え受注処理が容易になる。製品固有の特徴の保護やブランド維持に全社で取り組むことで、社内のモチベーションの向上にも役立つ。

1.2　3つのブランドとその関係

　ブランドには、企業力を示す会社のブランドであるコーポレートブランドと、商品力を示す商品のブランドであるプロダクトブランドと、具現力を示すエンジニアリング（技術）のブランドであるエンジニアリング・ブランドの3つのブランドがある。

　具現力のブランドであるエンジニアリング・ブランドは、コーポレートブランドとプロダクトブランドを支えている（図10.1）。「商品力」「企業力」を、底辺に技術力のブランドであるエンジニアリング・ブランドが支える。

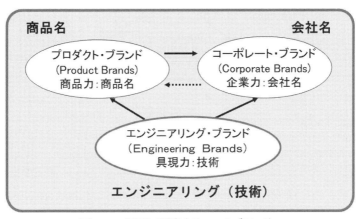

図10.1　相互に関連する3つのブランド

強みをつくり、売れる仕掛けづくりに取り組む

　商品や会社の強みを、どのようにつくり込み、どのように表現したら良いのか。ブランドを構築して、強みづくりをする方法を学ぶ。

　ブランドづくりは、通常一般消費財を販売するマーケティングの担当者

が、売れる仕掛けづくりのために取り組む。それはブランドが構築されていると、特別な営業をしなくても顧客から商品を買い求めてくるからだ。ブランドが構築されると、ビジネスが効率化される。

　ブランドの種類には３つあって、企業を対象にしたコーポレートブランドや、商品を対象にしたプロダクトブランドと、３つ目に本章の主題である尖ったブランドづくりに欠かせないエンジニアリング・ブランドがある。

1.3　顧客と自社との間にブランドを構築する

　マーケティングの３Ｃ（図10.2）について学ぶ。

　Ｃとは、顧客（Customer）、自社（Company）、競合（Competitor）のそれぞれの頭文字のＣである。顧客と自社と競合の３社の関係を示す図10.2は「マーケティングの３Ｃ」といわれる。

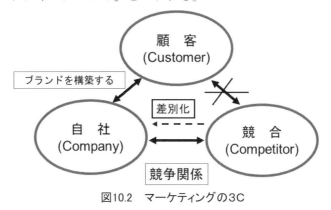

図10.2　マーケティングの３C

　ブランドは、この３Ｃのうちの顧客のＣと、自社のＣとの間に構築されるものである。顧客との間に信頼関係ができてくると、リピーター顧客になって、宣伝をしなくても継続的に購入してくれる。B2B といわれる会社間ビジネスでは、長期的かつ継続的な取引関係が構築され、安定的な注文がくるようになる。

　もう一つのＣである競合に勝つには、競合との違いを明確にし、競合との差別化を明らかにすることが重要である。差別化にあたっては、エンジニアリング・ブランドを構想し、顧客に分かりやすい言葉でいかに、技術的特徴や違いを簡潔に伝えるかが重要になる。

２．プロダクトブランドづくりを支える

　モノであれ、コトであれ、なんらかの具体的なプロダクト（生産物）が
あって、それが売り手と買い手の間で取引されて、ビジネスとなる。サー
ビス業にしろ、製造業にしろ、無形、有形を問わず生産物が評価されて、
金銭との等価交換が行われる。

　売れる仕掛けづくりを考える時、競争力がある、尖っているなどの強み
ある商品づくりを支えているのは、エンジニアリングであることに気づか
なければならない。エンジニアリングが、プロダクトを支え、差別化を作
り出している。

　エンジニアリングということばを聞くと、マーケティングとは縁遠い話
のように感じるが、イノベーションといわれるユニークな商品には、必ず
商品の特徴を説明している光輝くエンジニアリングがあり、それがブラン
ドとなって構築されている。

　商品やサービスのブランドであるプロダクトブランドを構築する過程に
おけるエンジニアリング・ブランドの役割を学ぶ。ここでは、プロダクト
ブランドづくりを支えているエンジニアリング・ブランドについて論じる。

　商品力を顧客に伝えることで、プロダクトブランドが構築され、商品名
が周知される。エンジニアリング・ブランドには、具現力を伝える機能が
ある。エンジニアリング・ブランドで商品の強みを伝え、プロダクトブラ
ンドの構築を支援している。商品力も本来の商品が持つ商品機能を伝えた
り、顧客にとっての顧客が享受する価値を伝える顧客価値提供であったり、
新規の市場を創生する際に、特徴ある技術をメッセージなどにして伝える
ことで市場を創生する市場創生力であったりである。商品機能、顧客価値
提供、市場創生力について、個々の事例をみていく。

２.１　商品機能を伝えることで、プロダクトブランドをつくる

　販売する商品が持つ、何ができるかという機能を顧客に伝えることで、
プロダクトブランドづくりをエンジニアリング・ブランドが支援している
事例を紹介する。

　トヨタの「ハイブリッドカー」とクラレの「人工皮革」を事例として取り
上げる。

（1）プリウスを支える「ハイブリッドカー」というブランド

　トヨタのプリウスの販売を支えてきた「ハイブリッドカー」は、販売する商品の機能を伝えるエンジニアリング・ブランドである。「ハイブリッドカー」は、エンジニアリング・ブランド構築の成功事例である（図10.3）。

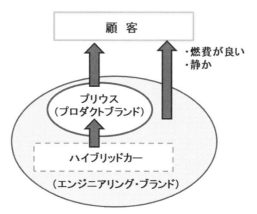

図10.3　ハイブリッドカーとプリウス

　エンジンと電気モータという２つの動力源を持った自動車のことをハイブリッドカーという。トヨタのホームページを見ると、1997年に世界初の量産型ハイブリッドカー「プリウス」を誕生させたとある。トヨタは、エンジニアリング・ブランドとして「ハイブリッドカー」を構築してきた。

　トヨタが取り組んだ「ハイブリッドカー」は、商品の機能を伝える役割を持つ。ハイブリッドカーというエンジニアリング・ブランドは、プロダクトブランド「プリウス」を支えている。

　長年、業界に先駆けて取り組んだ「プリウス＝ハイブリッドカー」というブランドが、知らない人がいないくらい、既に多くの消費者の中に構築できている。後発のホンダにしろ、日産にしろ、商品説明で「ハイブリッドカー」という言葉を使うことになるが、トヨタが先行して開発したハイブリッドカーというエンジニアリング・ブランドが広く一般消費者に刷り込まれてブランドが構築されているので、「ハイブリッドカー」は、他社の宣伝でトヨタのプロダクトブランド「プリウス」を連想させてしまう。ブランド戦略の成功事例である。

（2）人工皮革というエンジニアリング・ブランド

　クラレは、創業時繊維メーカーであった。クラレは、繊維産業が海外へと移転する過程で、新素材を次々に開発し、化学品メーカーへと転換した隠れたイノベーション企業である。

　繊維メーカーであったクラレは、繊維の競争が激化し、利益を出しにくい状況となったため、早い段階から非繊維化への構造転換に取り組んでいる。自社の技術を育成し、人工皮革などのユニークな商品開発で成功し、化学品メーカーへと変身することができた。

　1950年代には、世界初の合成繊維ビニロンの事業化に成功し、木綿に代わる繊維で一世を風靡している。1960年代に入ると人工皮革（クラリーノ）やポバールなどの開発をする。会社間取引（B2B）で素材提供ビジネスを展開、クラレのヒット商品にクラリーノがある。いかに自然の皮に近い「人工皮革」を提供するという素材開発を行い、クラリーノという素材を開発した。海外での動物保護の機運もあり、代替素材として人工皮革が動物皮を使ってきた皮製品に使われる。国内ではランドセルや革靴などに、水に強いクラリーノは使われ始めた。

　図10.4に、3つのブランドの関係を表す。

　エンジニアリング・ブランドとして人工皮革があり、プロダクトブランドとしてクラリーノがあり、コーポレートブランドとしてクラレがある。3つのブランドは、互いに関係し、助け合いながら維持されている。

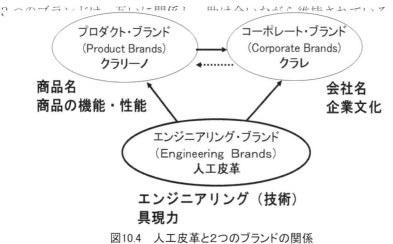

図10.4　人工皮革と2つのブランドの関係

2.2 プロダクトの顧客提供価値を伝える
（1）顧客が授受できる価値を顧客の分かる言葉で伝える

　一般消費財の販売市場でイノベ―ティブな新商品の販売に取り組む時、商品の特性や特徴を顧客に伝えなければならない。顧客は、提供する商品力が持つ商品の機能や特性を理解して、享受できる価値、つまり商品力を理解することができる。このように商品の強みをメッセージに託して、伝えられる。

　アサヒのスーパードライや花王のヘルシアを事例に取り上げ、一般消費財（B2C）の分野における市場創出がいかに行われたかを説明する。

　・「洗練されたクリアな味」（アサヒスーパードライ）

　・「脂肪を消費しやすくする」（花王、ヘルシア）

　「アサヒスーパードライ」は、良く知られているアサヒビールのプロダクトブランドである。アサヒスーパードライのプロダクトブランドづくりは、エンジニアリング・ブランドを使って効率的にプロダクトブランドの構築に成功した。「ドライ」という尖った特徴のあるブランドを作った。

　革新的な新商品を生み出す際には、全社を巻き込んだ企業戦略として取り組む必要がある。研究体制、生産体制、販売体制、サプライチェーンなどとリンクして、市場を形成しなければならない。モノを知り、市場を創出し、サプライチェーンを形成できて、現実のものとなる。市場創出は失敗の連続の上にあると、松井康雄の『たかがビールされどビール』に開発経緯が報告されている。

　スーパードライを開発した松井康雄は、新しい味覚の提案をし、保守的なアサヒビールをビール業界トップの企業に改革する一助を担った。飲食店でビールを頼むと、ドライですかキリンですかサッポロですかと聞かれる。アサヒのスーパードライは「ドライ」とよばれる。「ドライ」は、プロダクトブランド作りで競合他社との差別化に成功して、独自の競争優位な市場を形成できた。

　「ドライ」の開発と市場形成にあたって、松井は戦略的な手順を組み立てて、開発に取り組んだ。プロダクトブランド「ドライ」の構築過程を分析すると、ドライを支えているエンジニアリング・ブランドの役割を無視できない。

　ドライのビール瓶の首のところにあるラベルに「洗練されたクリアな味、

辛口」と商品が持つ機能特性を表示した。更によく見ると「さらりとした口当たり、シャープなのどごし。キレ味さえる。いわば辛口のビールです」とある。そこにドライを支えているコンセプトが明示されている。

　松井は、それを「商品カタログ的広告」と語る。「洗練されたクリアな味、辛口」が、ドライの特徴を捉えた、エンジニアリング・ブランドであると、エンジニアリング的な強みで主張した戦略的な商品コンセプトづくりを、松井は解説してくれた（図10.5）。「一般消費財でも革新的な新規の市場づくりでは、エンジニアリング・ブランド構築の狙いと役割はある」と松井はエンジニアリング・ブランドの存在を語る。

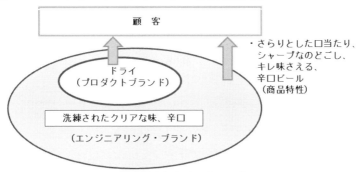

図10.5　洗練された味、辛口とドライ

　「洗練されたクリアな味、辛口」という商品特性を表すスローガンでエンジニアリング・ブランドを構築し、プロダクトブランド「ドライ」を支えている。

　石井淳蔵は、松井から伺ったこととして「消費者は味がわかるはずだ、しかしそれを表現するについての形容詞が決定的に少ないことが問題だという」と紹介している。松井は「キレ」と「コク」という形容詞を大規模な消費者調査を通じて発見したと石井は、評価している。その形容詞が、ビール開発のコンセプトとなり、エンジニアリング・ブランドづくりにつながることができていることの証になっていることが、石井の研究からも伺える。

（2）「茶カテキン」という成分ブランド

　花王のプロダクトブランド「ヘルシア」は、「脂肪を消費しやすくす

る」というスローガンで商品特性と効用を伝えのことが出来て、付加価値の高い飲料水の販売に成功している。更には「消費者庁から特定保健用食品として許可されています」ともいう。ヘルシアは、健康ブームに乗った。プロダクトブランド「ヘルシア」は、健康食品というエンジニアリング・ブランド要素を持ったネーミングでも成功している。この場合の成分ブランド「茶カテキン」は、プロダクトブランド「ヘルシア」を支えているエンジニアリング・ブランドである。

　花王のプロダクトブランド「ヘルシア」は、「脂肪を消費しやすくする」というスローガンで差別化に成功し、一時代を築いた。「茶カテキン」というエンジニアリング・ブランドで、顧客が享受する価値を伝え、高付加価値な飲料水の販売戦略で成功したといえる（図10.6）。

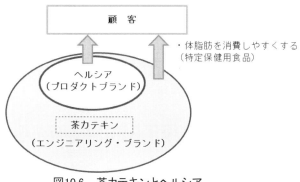

図10.6　茶カテキンとヘルシア

　「ヘルシア緑茶・ヘルシアウォーター・ヘルシアスパークリングは、茶カテキンを豊富に含んでおり、エネルギーとして脂肪を消費しやすくするので、体脂肪が気になる方に適しています」と商品特性を説明し、顧客が享受できる効用を伝えている。「消費者庁から特定保健用食品として許可されています」とその裏づけを説明し、国の機関の保証が信頼の証となっている。それは、健康ブームに乗ることができた。普通のペットボトルのお茶より高い値付けをすることで、コモデティー化を避けて、エンジニアリング・ブランドを構築し、差別化に成功した。

　プロダクトブランド「ヘルシア」は、ネーミングとして健康食品を連想させるブランドとなっている。「茶カテキン」は、特性ブランドともいえ

るが、プロダクトブランド「ヘルシア」を支えているエンジニアリング・ブランドである（図10.6）。

2.3　プロダクトブランドのまとめ

　プロダクトブランドづくりを支えるエンジニリング・ブランドの役割を学んだ。

　商品のブランドであるプロダクトブランドの構築は、一般消費財（B2C）ビジネスのマーケティング活動の基本となっていて、多くの場合はマスメディア広告を使って、構築に取り組んでいる。その構築にあたってのエンジニリング・ブランドの役割が B2C では、不特定多数の顧客を対象に特徴を刷り込む役割をすることになる。従って、早い段階からプロダクトブランドを構築しないと、期待するような販売実績をあげられない。プロダクトが持つ機能や性能を顧客に伝えるのに、エンジニアリング力を伝えるためのスローガンがつくられ、効率的に尖った部分が顧客に伝えられている。

　B2B ビジネスでは、エンジニアリング力を伝えるスローガンからプロダクトに関する理解が進むと、技術への信頼感がキーマンの中に醸成される。やがて、プロダクトに対するブランドも構築される。同時にエンジニアリング・ブランドも構築されている。産業財では開発済みの商品をそのまま使われることはなく、顧客の要望で一部または全面的に仕様が変更される。顧客の要求に応じた商品が生まれる。信頼関係が出来て付き合い始めると、B2B ビジネスでは、息の長いビジネスとなる。

3．コーポレートブランドづくりを支える

　企業のブランドであるコーポレートブランド構築過程におけるエンジニアリング・ブランドの役割を学ぶ。

　企業の存在を知らしめるコーポレートブランドは、ブランドの基本であるといわれている。多くの企業が、コーポレートブランドづくりに取り組む。コーポレートブランドづくりに取り組む最大の理由は、コーポレートブランドにより、競合他社との差別化が容易になるからである。企業の存在を売り込むことができるコーポレートブランドは、一つのブランドを常に訴求すれば良いので、顧客とのコミュニケーション効率が良いといわれる。

　実際にブランド構築に取組もうとすると、簡単なことではないことが分かってくる。単純に企業名を知らせれば、ブランドが構築されるわけでもないからだ。やみくもにやっても無駄が多いので、ブランドづくりの仕組みを知らなければならない。

　コーポレートブランドを支えるエンジニアリング・ブランドやプロダクトブランドがあって、はじめてブランドを構築することができる。持てる企業力を伝えることで、差別化が明らかになって、企業イメージがはっきりし、コーポレートブランドが構築され、企業名が広く周知されることになる。

　何をして社会貢献をする会社かの企業の目的を伝えたり、どのような事業をする会社かの事業領域を伝えたり、どのような技術を持っているかの技術力を伝える。エンジニアリング・ブランドで企業力を伝え、コーポレートブランドの構築を支援しているといえる。企業目的、事業領域、技術力について、個々の事例でエンジニアリング・ブランドの役割をみてみたい。

3．1　コーポレートブランドでビジネスの基盤をつくる

　B2B ビジネスでは、一企業で多様な品種の商品を扱うことが多く、商品毎にプロダクトブランドを構築するより、コーポレートブランドが適しているといわれる。

　B2C ビジネスでも、多様な商品が短期間に変化しているときには、個々のプロダクトブランドを構築するのでは、時間とコストがかかるため、

企業ブランドを確立するほうが効率的であるので、コーポレートブランドを構築する必要があるという。それは、プロダクトブランドの構築に時間を掛けて構築しても、商品の寿命が短いからである。企業に対する信頼形成に、コーポレートブランドは役立つ。

伊藤邦雄は『コーポレートブランド経営』のなかで、コーポレートブランドが構築されていると、競合他社との差別化が可能となる。ブランド力によって、市場において、圧倒的な存在感が醸成されるコーポレートブランドづくりが有効であるという。

片平秀貴は『パワー・ブランドの本質』のなかで、強いブランドを持つ企業は、財政状態を健全な状態に保つ努力を怠たっていないという。強いブランド維持が出来ている背景に、安定な財務基盤を維持しているマネージャーが社内にいて始めて可能になっているといい、コーポレートブランドを企業全体で支えることの必要性を主張している。

一つのブランドを常に訴求すれば良い、コーポレートブランドは、コミュニケーションの効率が高い。しかし、コーポレートブランドが有効なのは、商品の種類や市場が同一の場合で、異種の事業分野への進出では、認知されていないコーポレートブランドは適さないといわれる。むしろ、プロダクトブランドをエンジニアリング・ブランドなどに助けを借りて、構築するほうが売り上げにつなげるには、有効であるという。

コーポレートブランドをどのように使うかは、その市場の特性に応じて使い分けることが必要である。

３.２　企業の目的を伝える
価値創出の技術経営方針を顧客と社員に伝える

企業理念には、企業が目指すべき目的、目標が書いてある。この企業理念のなかに、エンジニアリング・ブランド要素が書き込まれている会社がある。コーポレートブランドを構築する源となる企業コンセプトが書き込まれている。その企業コンセプトが有効に作用し、変革の時代にあっても時代を切り開き、顧客のニーズを創出している技術経営戦略の原点になっている次の２社を紹介する。

・新たな商品を開発し、新たな価値を創造する（富士フイルム）
・自らの力で技術開発を行い（日本電産）

富士フイルムは、アナログフイルム事業から異業種への転換で成功した企業である。富士フイルムの企業理念には「わたしたちは、先進・独自の技術をもって、最高品質の商品やサービスを提供する事により、社会の文化・科学・技術・産業の発展、健康増進、環境保持に貢献し、人々の生活の質のさらなる向上に寄与します」と、技術で変革していく企業の姿勢が明確になっている。

富士フイルムのビジョンには「新たな商品を開発し、新たな価値を創造するリーディングカンパニーであり続ける」と書かれていて、「新たな商品を開発し、新たな価値を創造する」が、コーポレートブランドを支えているエンジニアリング・ブランドの構築に繋がるコンセプトとみることができる。実際、富士フイルムは、デジタルカメラの出現による技術変革への対応で、フイルム事業から、化粧品、薬品へと事業転換に成功している。

日本電産の企業理念の中の社是をみると「我社は科学・技術・技能の一体化と誠実な心をもって全世界に通じる製品を生産し、社会に貢献すると同時に、会社および全従業員の繁栄を推進することをむねとする」と、技術への姿勢が明らかである。

また、日本電産の経営方針には「自らの力で技術開発を行い、自らの力でつくり、自らの力でセールスする独自性のある企業であること」と書かれている。経営方針の中に書かれている「自らの力で技術開発を行い」というコンセプトで、エンジニアリング・ブランドの構築に取り組んでいる。技術への取り組み姿勢を明示することで、日本電産というコーポレートブランドの構築を支援しているとみることができる。

3.3 事業領域を示し、何する会社かを伝える

経営コンセプトが、エンジニアリング・ブランドといえる事例を取り上げる。

経営コンセプトの中で、企業活動をする事業領域を明確にしている。企業広告の中で事業領域を明確にすることで、企業の強みと顧客に何をする会社という企業イメージを効率的に伝えている。事業領域を規定してしまうやり方が、事業の枠組みを決めてしまうので、発展性を失うなどの懸念もあるが、それは制限をすることで尖ったブランドづくりとなっている。企業活動の事業領域を伝えるメッセージを、エンジニアリング・ブランド

構築の観点で、見てみたい。３社の事例を説明する。

・電力インフラの未来をひらく（日新電機）
・大切な「水」をあなたへ（川本製作所）
・蒸気のことならTLV（TLV）

（１）日新電機のスローガン「電力インフラの未来をひらく」

　日新電機は、「電力インフラの未来をひらく」とのスローガンで、「電力インフラ」という事業領域を伝えている。企業理念には「人と技術の未来をひらく」というミッションが書かれている。

　「日新電機は、人と環境にやさしい永続的な社会の実現を目指して、独創的な技術を生み出し、社会と産業の基盤を支えます」と続く。まさに「電力インフラの未来をひらく」というエンジニアリング・ブランドづくりに取り組む。このスローガンに企業の経営方針が凝縮されていて、コーポレートブランドを支えている。

（２）川本製作所のスローガン「大切な「水」をあなたへ」

　川本製作所は、「水」という事業領域にこだわり、時代の変化の荒波を乗り越えてきた老舗企業である。「大切な「水」をあなたへ」と宣伝をすることで、川本製作所が取り組む「水」という事業領域を伝えることができている。

　川本製作所は、創業して100年近い老舗企業である。川本製作所のルーツを調べると、家庭の井戸に使われていた手押しポンプのメーカーであったが、水という事業領域を守り、時代の変遷に対応し、現在の主力製品は、電動ポンプである。「大切な「水」をあなたへ」というスローガンで、「あたなへ」との顧客目線で取り組んでいる事業領域を伝へることで、エンジニアリング・ブランドを構築している。

（３）TLVの「蒸気のことならTLV」

　TLVの広告に見る「蒸気のことならTLV」というスローガンは、蒸気という事業領域とTLVというコーポレートブランドとを繋くことで成功している。

　TLVの企業理念の「顧客第一主義の一貫した視点で開発に取り組む

TLV にとって、開発とはこれまでの既成概念を捨て、ゼロからの発想で取り組むもの」とメッセージを発している。「そうして生まれた独創の製品の積み重ねこそが企業アイデンティティそのものなのです」、その文中の「既成概念を捨て、ゼロからの発想で取り組む」との企業アイデンティティにつながる内容は、エンジニアリング・ブランド構築にもつながるメッセージとなっている。

３．４　コーポレートブランドのまとめ

　B2B のビジネスで活躍する企業を取り上げて、その企業のエンジニアリング・ブランドに焦点を当ててみた。コーポレートブランドの事例にミニ広告を取り上げることになった切っ掛けは、日本経済新聞の１面の片隅に見かける小さなミニ広告と言いたくなる広告である。そのミニ広告の１段15行や２段11行程度の限られたスペースの中に、きらりと光る尖ったスローガンがある。

　そのスローガンを分析すると、特徴となる機能を一つだけでなく、複数含まれている。５つの要素の底流に、モノづくりや、コトづくりを支えるエンジニアリングの存在が認識できる。

　このミニ広告のスローガンだけでは、情報は不十分である。このスローガンの情報不足を補っているのが、ホームページである。

　インターネットを使ったホームページが、ミニ広告の限られたスペースでの情報不足を補う形でデジタル広告として大量な情報を提供することができている。空間を越えて、幅広い範囲の顧客に安価な方法で伝えることが可能である。

コーポレートブランドづくり

　商取引を顧客と始めるには、企業に対する安心感や信頼を顧客の中に醸成しなければならない。ビジネスの基本に、企業名のブランドであるコーポレートブランドづくりがある。B2B の市場では、ブランドのなかでもコーポレートブランドを構築することが有効である。

　企業の企業力、商品力、技術力という要素の中から、自社の尖った部分を一つ選び、エンジニアリング・ブランドの構築に繋がるスローガンを作り出して、潜在顧客をはじめとする今は見えない顧客に伝えることで、やがてエンジニリング・ブランドは根になって、広く深く構築されていく。

４．エンジニアリング・ブランドで技術力を伝える

モノづくりやコトづくりの売れる仕掛けをつくるために販売する商品や
サービスの強みを顧客に伝えるのに欠かせないのが、エンジニアリング
（技術）である。このエンジニアリングと経営に関して、その関係性を説
明する。

会社間のビジネス（B2B）づくりで新規の顧客は、購入する商品や企業
の評価をする際に、企業の持つエンジニアリング力を調査してから購入す
る。モノやコトは、エンジニアリングによって、具現化されていることを、
顧客は知っている。

このエンジニアリング・ブランド、不特定多数の顧客を相手に販売する
一般消費財ビジネス（B2C）でも差別化をするために、商品が各社の特徴
がプロダクトブランドだけでは見えなくなる中で、特徴づくりのためにエ
ンジニリング・ブランド構築に取り組んでいる。

４．１　企業がもつ技術力を伝える

具現力である技術を顧客に伝えるソフトウェアハウス

技術力を顧客に伝えることで、段階的に技術力は、顧客に理解され、周
知されていく。その段階を踏むことで、エンジニアリング・ブランドは構
築される。技術を売り込むことに、ホームページを使って取り組んでいる
情報処理業界のソフトウェアハウスの事例を紹介する。

ソフトウェアハウスでは、差別化することの難しいビジネスに、多くの
企業が取り組んでいる。ソフトウェアハウスにおけるソフトウェアの作業
はモノづくりといっても、外から評価することが難しく、その力量は同質
化（コモディティ化）して見えてしまう。自社の技術力をホームページを
有効につかって、スローガンを明示して、他社との差別化を図かり、エン
ジニアリング・ブランド構築に取り組んでいる企業がある。いずれも、優
良企業である。

（１）アイヴィスの「知はかならず形になる」

㈱アイヴィスのホームページのトップに掲げられている「知はかならず
形になる」とのスローガンは、エンジニアリング力を示すメッセージであ

る。エンジニアリング・ブランド構築には、直ぐにはつながらないが、会社の持つ具現力を伝えるスローガンである。

「お客様に高品質なソフト開発並びに運用サービスを提供すること」とは、石和田雄二代表取締役のメッセージの一部で、開発に関する姿勢が明確になっている。

（2）構造計画研究所の「可能性をつなぐエンジニアリング」

㈱構造計画研究所は「可能性をつなぐエンジニアリング」とホームページのトップページに掲げている。「ヒト・モノ・コトをつなぐエンジニアリングで社会をうごかす様々な仕組みをつくっています」と、解説メッセージが書き込まれている。

「学問知と経験知による知の循環から生み出される工学的手法に立脚したユニークな解決策を提供することによって高付加価値を実現する組織」とは、ミッションに書かれているメッセージであるが、ブランドにつながる差別化の取り組みが明確になっている。事業をするための、エンジニアリング方針を解説している。理論と実践という実理融合がそこにある。

構造計画研究所は、技術経営を実践している会社である。「可能性をつなぐエンジニアリング」というスローガンで、構造計画研究所はエンジニアリング・ブランドづくりに取り組む。

４.２　商品の市場創生力につなげる

Ｂ２Ｂビジネスでエンジニアは、新商品の商品機能や特性を顧客に伝える

会社間取引（B2B）でエンジニアは、顧客の要求する仕様に基づいて商品を企画し、設計・開発し、製造設計をし、商品化をする仕事を手掛ける。素材や部品などの産業財を扱う B2B において買い手は、商品を購入するとき、売り手の技術力を評価してから具体的なビジネスに取組んでいる。売り手の商品や売り手の会社を評価し、購入を決定するまでの間に顧客の中に構築される信頼感、それらを含めてエンジニアリングに対して構築されるブランドであるといえる。

（1）技術説明からはじまる革新的商品の販売

ベンチャービジネスや新規事業の場合の最初の試練が、認知度のない新

商品を販売する最初の顧客を見つけることである。工業用バーコードリーダーのパイオニアとして、時代を先取りした新商品を開発してきたウエルキャットの武田忠夫は「新規商品の市場は顧客とともに創る」という考え方で市場作りに取り組んだ。顧客に出掛け、顧客の信頼を勝ち取り、顧客とともにニーズを創造し、「バーコードリーダー」という商品機能を持つ新しい商品化と市場形成に取り組み、エンジニアリング・ブランド構築に成功した。顧客に会えても、初期の段階では技術説明に終始し、具体的な商談にはならなかった。

　バーコードリーダーの最初の顧客となったメガネメーカーでは、メガネが、顧客毎に異なる仕様の製品を個別生産していることに着目し、間違いの無い品物を顧客に渡すことに、バーコードリーダーが役立つことに気付き、販売店から始まるバーコードリーダーを使った生産管理システムを提案した。

　エンジニアリングが持つ機能特性を顧客に理解してもらい、顧客ニーズとマッチングし、採用してもらった。世の中に類似品の無い新製品を、最初に採用してもらうまでは大変である。類似の製品が無く、差別化が明確であればあるほど、比較するものが無いので、理解を得られることは難しい。「気が付いてみると市場を見つけたのではなく、バーコードシステムという市場を作っていたのだ」と武田はいう。

（2）生産受託会社（OEM）のブランド

　エンジニアリング・ブランドがあるからビジネスとなる。

　台湾にある太平洋自行車は、自転車の製造をしているメーカーである。太平洋自行車は、自社ブランドを持っている他、OEM、ODM ビジネスにも取り組んでいて、世界の自転車工場、国際的なデザイナーの作業場を提供するというコンセプトを持つ。

　太平洋自行車は生産受託にあたって、単なる顧客から要求の自転車を作るというモノづくりの工場として機能しているのではない。生産委託をする顧客のデザイナーと、受託する太平洋自行車のエンジニアとは対等な関係を構築し、太平洋自行車のエンジニアは委託者である顧客の立場に立ってデザインの具現化を検討し、自転車に乗る最終顧客の気持ちを理解し、それを言葉に表して顧客に伝えることをしている。

太平洋自行車は、事業所内にホテル設備をもっていて、そこで太平洋自行車のエンジニアは、顧客とともに最新のアイディアと夢を議論して、具現化に取り組む。高級自転車メーカーのデザイナーの夢を具現化することで、顧客からの信頼を得ている。ODM、OEM ビジネスは、顧客要求の摺合せしながら作業するモノづくりを含めたサービスビジネスといえる。

図10.7を使って説明する。

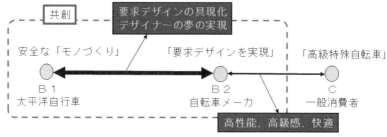

図10.7　ODMビジネスのエンジニアリング・ブランド

太平洋自行車は「自転車メーカーのデザイナーの夢を具現化する」ことができるエンジニアリング力を持ち、ODM、OEM メーカーとして、自転車メーカーとの間でエンジニアリング・ブランドを構築している。「委託する高級自転車メーカー（B2）のデザイナーが考える構想を具現化し、デザイナーの期待以上なモノに仕上げ、感動を創ることができる」という評判が、太平洋自行車（B1）のエンジニアリング・ブランドとなっている。

夢の自転車を開発し、製造することで、顧客である高級自転車メーカー（B2）は、新たな一般消費者（C）の市場を創生することができる（図10.7）。

４．３　死の谷を作らない
（１）顧客をまず開拓し、顧客目線で開発に取り組む

エンジニアリング・ブランドの構築は、技術を顧客に伝え、それを機能化し、自らの商品やサービスと融合化して進む。技術経営戦略の基本は、開発の着手段階から「死の谷」を作らない取り組みをすることである。早い段階から顧客を探し、顧客と技術的な会話をすることで、やがてエンジ

ニリング・ブランドの構築に繋がる。

　ここで死の谷とは、研究開発しても商品化出来ないことの障害をいう。死の谷とは、技術経営を学ぶと良く出てくる用語である。死の谷を作ってしまってから対応するのでは遅く、そこに事業リスクが発生してしまう。従って、研究開発段階からエンジニアリング・ブランド戦略が明確であれば、経営戦略上の基本コンセプトをはずさずに取り組むことができるはずである。エンジニアリング・ブランドが技術と市場を繋いでくれる。

（2）技術者同士の出会いが重要になる

　ブランドの機能を改めて考えてみたい。ブランドは、商品と市場を繋ぎ売れる仕組みを構築してくれる。特徴的な技術を顧客に伝えるための架け橋となるのが、エンジニアリング・ブランドである。Ｂ２Ｂビジネスで商談が成立した場合、既に顧客の中にエンジニアリング・ブランドが構築されているとみて良い。

　この経緯を分析するといろいろなことが見えてくる。ニーズが重要だと良くいわれるが、最初からニーズがあるわけではないことに気付く。顧客にシーズを提案しなければならない。しかし、革新的な新技術では、顧客が提案したシーズをすぐに理解できるわけでもない。従って、多くの場合エンジニアリング・ブランドの構築の取り組みは、技術経営戦略として位置づけられる。

　顧客の商品やサービスを支えている技術や顧客が求める技術を想定し、会話を進めなければならない。ここの場面では、技術者同士の出会いが重要になる。技術を知っている技術者同志が出会い、買い手の技術ニーズと、売り手の技術シーズとを付き合わせる作業が重要になる。

（3）B2Bでは、売り手のシーズと買い手の技術ニーズを突き合わせる

　イノベーティブなビジネスの多くでは、買い手がニーズを持っているわけではない。売り手のシーズを理解して、買い手の求める技術ニーズと買い手の考えるモノづくりやコトづくりのアイディアとが、技術者同志のコミュニケーションの中から、知の融合が起きて、商談に発展する。新しい発想とビジネス企画が買い手の技術者の中に生まれて、ビジネスに発展する。

それは、潜在ニーズの掘り起こしを、技術者同志の相互コミュニケーションの中から行ったといえる。実績の無いイノベーティブな新技術を採用するには、売り手も買い手も買い手の潜在ニーズが見えない。技術者同志のコミュニケーションで相互理解が進み、エンジニアリング・ブランドが構築されたといえる。

（4）共同開発での権利の保護

　死の谷を作らない取り組みに、共同開発がある。開発費を貰っての開発の場合、知的財産権の保護を意識して、顧客とは契約をしなければならない。

　ビジネスを将来どのように、展開するかは経営の問題であるが、商談をまとめようとするあまり、将来のビジネスが自由にできなくなるような契約をしてはならない。

　ソフトウェアでは、著作権がからむし、特許権の権利関係をどうするかを整理しておかなければならない。契約内容によっては、将来のビジネスの自由度を失ってしまうこともある。将来顧客から権利を主張され、顧客以外への販売を規制されることで、ビジネスのサイズが小さなものになってしまう恐れもある。

　技術コンセプトが明確な場合、共同開発に入る前にあらかじめエンジニアリング・ブランドネームの商標登録をしておくことも、技術の保護という視点では役に立つ。

４．４　技術が経営を支えるとは
（1）全社で取り組むエンジニアリング・ブランド構築

　経営的な観点が重要なのは、社長の思いを明確にした上で、エンジニアリング・ブランドづくりに取り組むことである。エンジニアリング・ブランドは、全社の組織的な支援を受けずに、マーケティング担当が単独で構築することは難しい。

　エンジニアリング・ブランドのコンセプトづくりは、技術部門と営業部門という異なる部門が連携して取り組む中長期の戦略に関わる問題だ。中小企業の場合は、社長との直接のコミュニケーションを欠くことはできないし、経営企画室を持つような大きな企業では、会社の事業方針、経営戦

略との整合性が求められる。技術と経営をつなぎ合わせる作業を会社の方針として、整理する必要がある。

　人、モノ、金は、経営要素である。中長期の観点で考えると、企業は、人づくりを起点に考えることになる。モノと金の投入の前に確立すべきが技術（エンジニアリング）である。その技術を開発し、企業力にするのは、社員であり、人である。その人づくりを行うのが、技術経営である。経営者に確かな技術の理解と人（技術者）との信頼関係がなければできない。

（2）イノベーティブなニーズのあぶり出し

　「自社の持つ技術やその競争力の源泉を、営業部門やマーケティング担当を含めて議論し、見える化することが、エンジニアリング・ブランドの構築であり、市場や顧客にそれらを正しく認識されるためだけではなく、イノベーティブなニーズをあぶり出すために不可欠である」と、瀧川淳と整理した『技術と市場、技術と経営を繋ぐ研究』には、エンジニリング・ブランドを構築することの利点が報告されている。「自社の競争力を中長期的な視点で表現し、チャレンジする姿勢で市場や顧客に向き合う、その姿勢が社内外の共感を生み、市場創生の土台となるのである」とエンジニアリング・ブランドの構築が、企業戦略として、有効であるとの主張をしている。

おわりに

　本章では、エンジニアリング・ブランドに関して、記述した。

　ブランドの構築で成功している事例を分析してみると、多くがエンジニアリング・ブランドづくりに取り組んでいて、その訴求力で効率的に市場創生が出来ていることが分かる。

　実際、現在の大変革期に企業が生き残るには、営業部門やマーケティング部門だけでなく、エンジニアリング部門とも連携を取って市場の動向をつかみ、市場をリードするような商品を創出し、取り組むことが必要である。

　イノベーションを起こすような技術開発は、長期的でかつ継続的な取り組みの結果であるといえる。また、経営者は社外での挨拶で、営業担当は顧客との出会いの場で、技術担当は顧客に商品を支えている自社の技術的強みを説明する時、自社のコーポレートブランドを支えているエンジニアリング・ブランドを語ることになる。

　エンジニアリング・ブランドは、エンジニアリング（技術・工学）とマーケティング（市場・商取引）という異分野を繋ぐ、コミュニケーション機能を持つことが理解できたか。エンジニアリング・ブランドの構築は、モノづくりやコトづくりに取り組んでいる企業の技術経営戦略の要となっている。エンジニアリング・ブランドを持つことで、持続的成長企業になることができる。

【参考文献】
(1)小平和一朗（2003）「エンジニアリング・ブランドの市場戦略とその展開」『開発工学』Vol.23
(2)コトラー、フィリップ／アームストロング、ゲイリー著、和田充夫、青木倫一訳（1996）『マーケティング原理』ダイヤモンド社
(3)大橋克己（2007.3）「イノベーションの流儀」『開発工学』Vol25
(4)松井康雄（2005）『たかがビールされどビール』日刊工業新聞社
(5)石井淳蔵（2009）『マーケティングの神話』岩波現代文庫、岩波書店
(6)武田忠夫、小平和一朗（2006.3）「ウェルキヤット "工業用バーコードリーダーのパイオニア"」『開発工学』vol.24
(7)ケビン・レーン・ケラー著、恩蔵直人・亀井昭宏訳（2003）『戦略的ブランド・マネジメント』東急エイジェンシー
(8)伊藤邦雄（2004）『コーポレートブランド経営』日本経済新聞社
(9)片平秀貴（1999）『パワー・ブランドの本質』ダイヤモンド社

(10)鳥居直隆監修（2000）『強いブランドの開発と育成』ダイヤモンド社

(11)小平和一朗（2018）『エンジニアリング・ブランドのすすめ』日刊工業新聞社

(12)小平和一朗（2007）『日本製造業の変質過程に関する研究』芝浦工業大学博士学位論文

(13)瀧川淳、小平和一朗（2017.10）「技術と市場、技術と経営をつなぐ研究」『開発工学』Vol37 No.1

(14)https://toyota.jp/

用　語

Customer：顧客

Company：自社

Competitor：競合

B2C：Business to Customer（一般消費財取引）

B2B：Business to Business（産業財取引）

OEM: Original Equipment Manufacturer

ODM: Original Design Manufacturer

第4部

中長期計画

第11章

❖

経営は未来学、中長期計画を立案する

小平和一朗

- 経営は未来学である
- 目標を立て計画して、組織を動かす。これが経営
- ３年とか５年とかで、人、モノ、金を準備する

　技術経営の基本に中長期計画がある。経営者として、または経営を
する立場で、少し高いところから、自社の３年、５年の先のことを考
える。未来に向かって経営目標を立案し、技術をベースに戦略的に準
備する。企業を支える人財育成には、時間が掛かる。事業規模にもよ
るが、生産設備の準備には、時間が掛かる。商品・サービスの開発や
ビジネスを支える市場作りは、戦略的で、計画的でなければならない。
　この章では、経営の基本である時間を掛けて何をどのように準備す
るかを、技術との関わりの中で説明する。

1．なぜ中長期計画を立てる必要があるか

　3年とか、5年とかの先のことを考える中長期計画の目的とは何か。

　未来への経営目標を設定しなければならない。最低でも5年先を見通した長期的な視点で、何をして社会に対して貢献する会社にしたいかを考えたい。未来への経営目標ができたら、その事業単位を整理し、事業毎の目標を立案する。

　次に戦略の立案となる。事業目標と現状との間に生じてる問題と課題を抽出し、解決に向けた戦略を立案する（図11.1参照）。

■未来への目標設定
■事業目標
■戦略の立案

図11.1　中長期計画の必要性

1．1　企業ビジョン、経営戦略、経営計画
（1）経営目標を明確にして戦略の立案

　まずは、企業の実態を知ることが大切である。つまり戦略課題を明確にすることに取組む。図11.2を使って説明する。

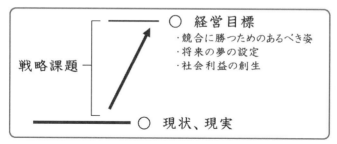

図11.2　戦略課題を明確にする

　戦略課題とは、経営目標と現状と現実との間のギャップを埋めようと考えた時に起きるものである。

　経営目標とは何か。経営目標とは、競合に勝つためのあるべき姿であるし、将来の夢の設定、社会利益の創生である。経営とは、現状、現実と経営目標とのギャップをいかに戦略的に戦略課題として解決していくかである。従って、戦略目標と現状の分析があってはじめて戦略や戦術が必要になる。

　それを裏付ける経営力、実行力、技術力が戦術や戦略の実行を支えてい

る。支えるための会社の力を、時間をかけて作っていく。

　簡単に解決できる課題ばかりではないので、明日すぐに解決できるわけではない。中長期で計画的に取り組む、経営者の基本的な姿がそこにある。

（2）企業理念と中長期経営計画から、事業計画に落とし込む

　あらためて、経営理念から中長期経営計画までの流れを説明する。

　中長期の計画は、企業ビジョンである企業理念があって、理念のなかで企業の信念や理想を明確にする。経営理念をまず朝礼などの機会を通じて、従業員と共有しなければならない。これが組織が一丸となる時の力となる。

　さらには、企業の社会的な存在意義や企業の行動指針などを明らかにしたい。従業員で共有することができた企業ビジョンは、経営戦略として位置付けることができる。

　つぎに、中長期の企業ビジョンを明らかにする。中長期の企業ビジョンとは、企業の将来のあるべき姿である。事業コンセプト、事業領域、事業目標、風土設定、人財などをどうするかである。

　事業コンセプト、事業領域、事業目標については、事業の方向性を定義する内容になる。変革の時代、同じ事業領域に留まることが難しい時代である。中長期の視点では、現状の強みを生かしてどのような事業に取組ん

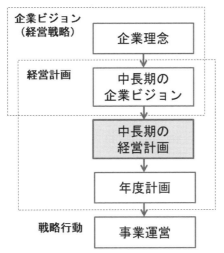

図11.3　企業ビジョン、経営戦略、経営計画

でいくかを打ち出す必要性がある。

　現状の強みとは、企業が保有する人、モノ、金という資源であるとともに、保有する技術である。この技術を将来に備えていかに変化させ、社会に役立つ商品やサービスを生み出すことに繋ぐかが重要である。

　ここまで明確にしたうえで、中長期の経営計画の作成となる（図11.3）。

1.2　ビジネス創生には、手順と判断と組織としての準備が必要である

　経営は早いに越したことは無いが、試行錯誤を繰り返し、机上では高速にかつ、手順を踏んで時間をかけて、戦略に基づいて計画的に取り組むようにしたい。未来を予見し、ビジネスモデルを構想し、実現のための戦略を検討し、投資計画を立案し、実行する。図11.4を使って、説明する。

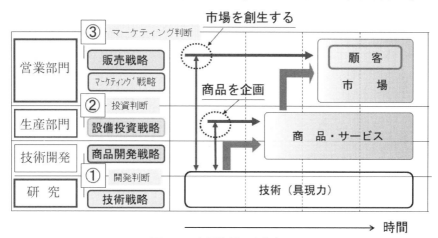

図11.4　中長期計画と各部門

　企業活動を進めるには、具現力である自社の保有する技術の存在をしることが重要である。技術は、企業の強みの源泉である。商品やサービスを支えているのは、社内の技術者であり、その技術者が持つ技術である。多くの場合、技術だけが一人歩きすることは無い。技術の存在は、重要である。商品・サービスの商品企画で、技術があって具体化するからである。

　次に、市場創生をするためのマーケッティング活動で、顧客のニーズと技術シーズを繋ぐ取り組みを行う。

　経営判断には、３段階あって、①開発判断、②投資判断、③マーケティング判断の３つがある。

1.3　未来への目標設定

　中長期の経営計画とは、未来への目標の設定である。

　経営における人、モノ、金に関する、人財育成、設備計画、資金計画は、未来に向かって戦略的に準備しなければならない。当たり前ではあるが、人財育成には時間が掛かる。技術は、人についてくる。人の育成は、簡単ではない。設備投資を必要とする事業では、設備を準備するまでに時間が掛かる。

　中長期計画は、戦略に基づいて、戦略課題を一つひとつ解決するかたちで行う。企業の経営は、先を見て計画をし、今日の経営に取り組むことになる。従って、繰り返しになるが、未来へ向かっての次の目標設定が無いとできない。

　　①人　　　どのような人財を育成するか、集めるか。技術開発を担当する人財。
　　②モノ　　どのような設備を必要とするか。開発するか。
　　③金　　　売上増に伴う現金の準備。設備投資資金の準備。

1.4　中長期で取り組む人財と設備

　企業にとって、人、モノ、金、情報、時間は、経営資源である。必ずしも、多ければ良いわけではない。人とモノが、固定費を押し上げる。収益の採算点が、悪化する。

（1）人財の育成

　企業にとって、人財育成が課題である。人財育成には時間が掛かるので、時間軸で計画する。事業拡大に伴い、事業を任せることが出来る人財の育成が必要である。

（2）設備投資

　モノは、事業を取組む上で必要な設備投資である。設備投資には、調査、取得、建築・内装、備品の購入などがある。

付随する仕事に、市場調査、採用計画、賃金相場の決定がある。

企業の間接部門として、企画部門があり、設計・開発部門があり、人財育成との関連で資金計画が浮かびあがる。

1.5　中長期戦略を立案する

時間を掛けないと解決することができないことは多い。経営者の資質として、予知、予見能力が問われ、求められる。経営学は、未来学であるという。経営者は、社会における自社の未来を描き、その振る舞いを作り出すのである。多くの経営者が見えないといって、見ようとしない。未来は信念で自分たちの思いのところを作り込むものである。

感性でのひらめきは重要であるが、一つひとつ堅実に取り組むことで、学問的な知識で解決できることも多い。

単年度計画に基づいて取り組む経営を守りの経営といい、3年とか5年の中長期の計画を攻めの経営と定義したい（図11.5）。

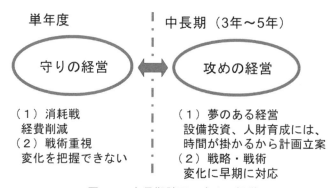

図11.5　中長期計画で攻めの経営

単年度計画は、営業成績重視、経費削減、戦術重視の利益出しを基本とする。今を追いすぎるので、変化を把握しにくいといえる。

一方、中長期計画に基づいて取り組む経営は、将来を見つめた夢のある経営である。繰り返しになるが、設備投資、人財育成はゴールを明確にして計画的に行うものだからである。

２．中長期戦略の具現化

```
■戦略の決定
■事業計画に落とし込む
■事業を運営する
```

図11.6　中長期戦略の具現化

　３年とか、５年とかの先のことを考えて、中長期戦略を作成する。

　次に、具体的な事業計画に落とし込む。

　その事業計画に基づいて、事業を運営する（図11.6）。

２．１　中長期経営計画

中長期経営計画は、表11.1の数値目標の作成から入ると良い。

表11.1　中期経営計画（数値目標）

中期経営計画		2020年度	2021年度	2022年度
項目		2020年度	2021年度	2022年度
売上高				
経常利益				
商品別	商品A 売上高			
	商品A 経常利益			
	商品B 売上高			
	商品B 経常利益			
	商品C 売上高			
	商品C 経常利益			

　表には、①売上高、②経常利益、③主要商品、④商品別経常利益の数値を入れる。

　単に数値といっても、具体的な経営方針に基づく戦略が決められていないと、数値を入れることはできない。直近の売上高は、当面の売上見込である。

　売上の成長率を想定し、次年度以降は埋めるのが良い。前年度比10%か、20%か、50%かという、企業戦略の方向付けの決断がされてないと作れない。

　次に経常利益である。利益率をどの程度見込めるかである。利益率は、

市場における商品力を示すものとなる。20％前後が理想であるが、安定な顧客のいる市場を持っていればよいが、5％を切ると経営は不安定性を増す。

　主要な商品構成は何か。売上数値と利益率で、商品別に計画し、試算する。市場とよくいうが、顧客の顔が見えないとビジネスにはならないし、数値をつくれない。充分なマーケティングをした上でないと、商品別経常利益の予測はできないことになる。

2.2　現状の事業をどのようにして戦略展開するか

　中長期計画で事業をどう成長させるか。どこでやるのか。図11.7に示すアンゾフの成長マトリックスを使って考えてみたい。

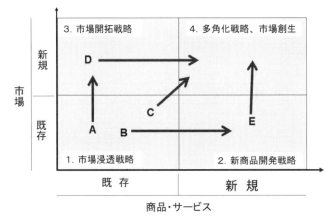

図11.7　アンゾフの成長マトリックス

　今までの商品・サービスから変更することや、新たな市場を創生することは企業を継続させるうえで重要なことである。

　4象限ごとに、①市場浸透戦略、②新商品開発戦略、③市場開拓戦略、④多角化戦略、市場創生の4つの戦略がある。

　現在取り組んでいる事業の改革は、図中のAの方向、Bの方向、Cの方向、Dの方向、Eの方向のいずれかを選択して取り組む。以下、個々に説明する。

（1）市場浸透戦略

　今、取組んでいる商品・サービスを継続的に販売する。現状の事業領域を変えることは一番安全なようであるが、社会の変革を感じ取れないリスクも併せ持つ。

　現状の商品力と安定した顧客を持っている。大幅な成長は望めないが、当面の成長があると読める場合にとる戦略である。

（2）新商品開発戦略

　現状の顧客のいる既存市場で、新商品を販売する。既存顧客が相手であるので、受け入れてくれるかの反応はすぐにわかる。従来からの付き合いの長い顧客であるので、事前のマーケティングも容易である。仕様検討段階からテストマーケティングが可能なので、取り組んで欲しい。

　市場が、新商品、新サービスを受け入れてくれると、売上増へとつながる。

（3）市場開拓戦略

　現状販売している商品・サービスを、新たな市場で販売する。既に実績ある商品・サービスであるので、商品開発リスクや製造リスクがないので、事業の拡大を行うには容易な戦略である。事業の成否は、マーケティング力がものをいう。このとき、買わない理由の中に新たなニーズが含まれていると考えたい。いつもの顧客とは異なる意見が常に潜んでいる。顧客の声を次期製品開発に必要な情報として、整理する。

　Aの方向（図11.7）へと進める。実績のある商品・サービスを新たな市場が受け入れてくれると、比較的容易に売上増へとつながる戦略である。

（4）多角化戦略、市場創生

　新商品・新サービスを新たな市場で販売する。事業の多角化であり、市場創生である。この場合であっても、リスクが少ないのは、保有する強みある技術をベースに展開する企業である。

　商品・サービスが革新的であればあるほど、商品理解が進まないので時間が掛かる。新規市場の開拓にも苦労する。商品・サービスの認知度が上がると、事業の拡大が期待できる戦略である。

Cの方向（図11.7）へと進める。時間はかかるが、新商品・サービスを新たな市場が受け入れてくれると、事業の拡大へとつながる戦略である。

Eの方向（図11.7）からの戦略について、説明をする。既存の顧客を相手に新商品・サービスビジネス（B方向）で実績をあげた後、その商品を新たな市場に出していこうという戦略である。いきなりC方向で取り組む戦略と違って、新商品・サービスに対する実績があるので、リスク無く新規の市場を形成することが可能である。

D方向（図11.7）からの戦略について、説明をする。既存の商品・サービスで新規市場を開拓した実績をベースに、新しい顧客に、新しい商品・サービスを販売しようとする戦略である。これも手順が掛かるが、C方向で取り組む戦略よりリスクは少ない。

海外への事業進出には、有効な方法である。D方向で、海外の事情にそった商品・サービス作りを行うという構図である。

２.３　中長期売上計画の詳細化

中長期の売上計画を取り巻く、いろいろな経営計画と管理について説明する。

図11.8　経営計画の具現化と詳細化

経営戦略の実現にあたって、５カ年の長期計画を立案する。次に３カ年の中期計画を立案する。投資戦略は３カ年で実行する。次に経営評価単位の１年間の事業を計画する年度計画となる。

更に詳細化を進める。事業評価単位の４半期計画（３ヶ月単位）、オペレ

ーションを評価する月単位の月次計画がある。数値目標を明確にした売上の内訳を検討し、試算し、その結果を分析していくことで、事業目標が具体的になる。

①売上

売上＝販売価格×数量……（式１）

数量＝顧客数×購入量×購入頻度……（式２）

顧客数＝市場全体人口×商品に関心を持つ人の比率×購入確率……（式３）

以上の各パラメータを把握することが重要だ。

（式２）の顧客数などを具体的につかむことは難しい。

②利益

利益＝価格－原価－経費（販売費一般管理費）……（式４）

（式４）の原価の内容を分析し、管理可能な値（具体的な数値の積上げ）と対応させることが重要と説明。

２．４　固定費を把握する

経営戦略の具体化の中で大きな重みとなるのが、固定費の存在である。いくら売上げたら利益が出るという、企業の採算性を決定するからである。企業実態でもあるし、企業の将来性でもある。しかし、実力以上の固定費を抱えると、後戻りはできにくい。経営者としては、設備は充実したいし、人手不足は起こらないようにしたい。経営の重要な要素に、人財があり、設備がある。売上予測と固定費の関連を中長期の観点から再認識したい。主要な固定費とは何かを洗い出してみる（図11.9参照）。

①建物の減価償却費、②事務所やリースなど賃貸費、③社員人件費、④一般経費となる。事業拡大に伴って、固定費をどのように推移させるかで、会社の利益計画が推定できる。

図11.10に固定費と損益分岐点の関係を図示した。

まず固定費が100の時の損益分岐点を求めてみる。

コストYは、固定費100と「変動費×販売数量」との和である。

$$Y \text{ cost} = 100 + 1X \quad ……（式１）$$

次に売上は、１個当たり 1.5 としたので、

$$Y \text{ sale} = 1.5X \quad ……（式２）$$

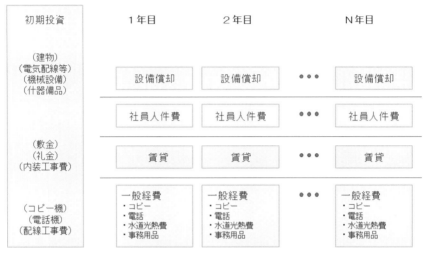

図11.9　固定費化する経費構造

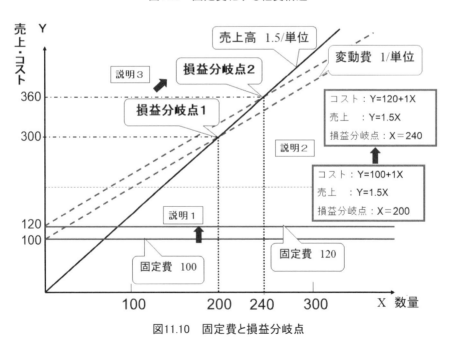

図11.10　固定費と損益分岐点

　損益分岐点は、コストと売上が同額になる点であるので、
　　Y sale ＝ Y cost　　……（式３）
　　1.5 X ＝ 100 ＋ 1 X　　から、X ＝ 200 個が求められる。
　固定費が100の時の損益分岐点は、損益分岐点１で、200個売上げれば良いことになる。
　次に、固定費が120に増額した時の損益分岐点の変化を、図11.10を見ながら試算してみたい。
＜説明１＞　固定費が100から20増額して、120に変化したの時の損益分岐点の変化を求めてみる。
＜説明２＞　コストYは、固定費120と「変動費×販売数量」との和であるので、
　　Y cost ＝ 120 ＋ 1 X　……（式４）
　次に売上単価は変わらないので、
　　Y sale ＝ 1.5 X　……（式２）
　損益分岐点とは、コストと売上が同額になる点であるので、
　　Y sale ＝ Y cost　……（式３）
　　1.5 X ＝ 120 ＋ 1 X　　から、損益分岐点は、X ＝ 240 個となる。
＜説明３＞　固定費が120に増額した時の損益分岐点は、損益分岐点２に変わり、240個売上げなければならなくなる。
　従って、固定費を増額したとき、40個余計に売上げることができる市場と顧客が無いと、採算は取れないことになる。
　経営における固定費は、売上との関係において決定する重要なパラメータであることが分かる。

おわりに

　経営は、未来学である。経営計画の要に、中長期計画がある。経営者の未来を具体的に描く第一歩が、中長期計画である。

　経営者に限らず、経営計画を立案する者は、経営をする立場になって、高い目線で自社の３年、５年の先を描く必要がある。

　中長期計画が必要な理由は、人財の育成に時間がかかるし、事業を拡張しようとすると、資金が必要になるからである。あらかじめ目標達成のための準備をするのが中長期計画である。

　１．ビジネスの創出は、計画を立案して取り組む。

　２．技術開発は、未来を読み、長期計画を立てて取り組む。

　３．技術と営業と経営戦略担当が融合して、時間を掛けてエンジニアリング・ブランドを構築する。

【参考文献】
(1)アンゾフ、中村元一監訳（1994）『戦略経営の実践原理』ダイヤモンド社

　用　語
B/S：Balance Sheet（貸借対照表）
P／L：Profit and Loss（損益計算書）

第12章

❖

プロジェクトマネジメント

淺野　昌宏

- ・プロジェクト企画書で、最終ゴールを明確にし、関係者で共有する
- ・作業分解図を使って、実施計画を作成し、遂行する
- ・プロジェクトの成功には、熱容量の高い人が不可欠である

　現在、プロジェクトと呼ばれるものは多岐にわたっており、そのやり方はさまざまだが、古くは、これを経験と勘に頼ってやっていた。しかしながら、近年は、価値観の多様化や、急激な環境の変化や、異文化の中という状況も出てきて、経験と勘に頼るばかりではなく、更に合理的な手法が求められるようになって来た。

　プロジェクトマネジメントは、1960年代に米国国防省で研究され、その後民間企業に広まったが、その経緯の中で PMI（Project Management Institute）が組織され、プロジェクトマネジメントを体系的に整理したものとして PMBOK（Project Management Body Of Knowledge）が作られ、現在は世界標準として使われている。

　本章で扱うプロジェクトマネジメントは、世界標準の PMBOK をベースにしたものであり、プロジェクト本来の「特定の目的を達成するための、臨時の組織による活動」を対象としたものではあるが、出来る限り日本企業の実態も加味し、日本語に置き換えて説明する様にした。

1. プロジェクトマネジメント

プロジェクト（Project）とは「pro」（前方へ、未来へ）と、「ject」（投げる）が合わさった言葉である。プロジェクトを辞書で引くと、名詞として（大規模な）計画や、（大がかりな）事業、（特別の問題についての詳しい）研究と記載されている。また、動詞では、計画する、予測する、投げ出す、投影するなどの意味がある。

プロジェクトとは「特定の目的を達成するための、臨時の組織による活動」を指す。「臨時の組織による活動」とは、通常企業の組織で扱っている業務から外れていて、特定の目的を達成するために作られる臨時の組織であり、プロジェクトに与えられた目的を遂行のために集められた特別のチームが遂行にあたる。

1.1　プロジェクトとは

かつてプロジェクトとは、大規模な国家的事業や建設工事を指すことが多く、その管理手法としてのプロジェクトマネジメントは、主に建設やエンジニアリングといったハード（モノづくり）が主たる対象だった。しかし、企業活動が高度化・専門化した現在では、適用範囲が広くなり、あらゆる事がプロジェクトの対象になって来ている。

建築・土木の世界では、紀元前数十世紀に建設されたエジプトのピラミッドや、日本では古墳時代の前方後円墳があり、最近では東京のスカイツリーも一つのプロジェクトとして実施された。また、行政が行うものでは、企業誘致のための工業団地の開発もプロジェクトと呼ばれている。

軍隊では特殊作戦に、その都度「プロジェクト・デルタ」とか「プロジェクト・フェニックス」などと命名して、オペレーションを実施してきた。それが、現在では銀行の業務系システムの導入や、行政や企業の IT 化投資、科学分野では JAXA による小惑星リュウグウ探査機「はやぶさ2号」など、宇宙開発計画や、ヒューマン・ゲノム計画などもプロジェクトとして実施されている。

身近な事例としては、運動会や学園祭や色々な祭りのイベントなどを、プロジェクトとして取り組むこともある。

プロジェクトの三つの特徴

プロジェクトには、三つの特徴がある。

一つ目は明確な目標が存在すること。達成すべき明確な目的があり、目的のないプロジェクトは存在しないといえる。

二つ目は、繰り返しのない一回限りの活動だと言うこと。一回限りの活動なので、始めがあり、終わりがある。通常、会社でやるルーチンワークの様な繰り返しの仕事や、工場の流れ作業、部や課で取り組む日常の仕事は、プロジェクトとは言わない。

三つ目は、時間と資源（人、モノ、金）の制約があること。時間や資金やスタッフの制約の中で、所定の品質を確保したプロダクツを作り、目的を達成する必要がある。幾らでも資金を使ってよいとか、技術者を何人でも投入しても良い、完成時期は何時でも構わないと言うことは絶対にない。

1.2　プロジェクトマネジメント研究の進化

プロジェクトマネジメントの目的は何なのか。古代から幾多のプロジェクトが実施されてきたが、その実施管理を「プロジェクトマネジメント」と呼ぶことはなかった。特別の事業をやる時には、その道のベテランが、当たり前のように自分の経験と勘で、極めて俗人的な部分でやっていた。しかしながら近年になり、技術の伝達や標準化を通して、プロジェクトの成果を高めることを目的として、手法を体系化し、プロジェクトマネジメントと呼ぶようになった。

初期の頃のプロジェクトマネジメントとは、主として品質、価格、納期の管理活動のことをさしていたが、現在の概念が確立したのは、冷戦期の米国防省だったと言われている。ソ連の有人ロケットの打ち上げで、先を越され危機感を覚えた国防省は、軍事プロジェクトのプロセス（手順）をスピードアップさせるためにプロセスを体系化して整理した。

1958年になってポラリス・ミサイル・プロジェクトに際し、**PERT**（Program Evaluation and Review）が開発され、同時期にデュポン社でもプロセスの管理を効率的に行う **CPM**（Critical Pass Management）と呼ばれる手法が開発された。

それでは、従来から品質・コスト・納期の管理としてプロジェクトマネジメントの概念があったのに、なぜこの時点からプロジェクトが学問的に

体系だって研究されるようになったのか。 それは、要素技術が多岐にわたると、すべてに通じた人間を見つけることは極めて難しいと考えるようになったことによる。

　この走りとなったのは、管理工学の研究成果を適用した1930年代のテネシー川開発プロジェクトで、1940年代には、原子爆弾のマンハッタン・プロジェクト、1950年代には、潜水艦発射弾道ミサイルのポラリス、1960年代には、月へのアポロ計画など次々と、軍事・宇宙関連のプロジェクトが実施されていった。

　1980年代には、コンピュータ技術の発展で、適用範囲も急速に広がり、従来の、公共事業、軍事、宇宙、航空、石油化学からソフトウエア及びその開発に拡大していった。

　この過程で、コスト最適化を目的として開発された「限界工程管理手法」をベースに、米国の非営利団体 PMI（Project Management Institute）が、PMBOK（Project Management Body of Knowledge）を策定し、プロジェクトマネジメントの世界標準として運用されている。

　そしてその後、4年ごとに最新の研究成果を加えて改定しており、日本では日本プロジェクトマネジメント協会（PMAJ）がこれを管理している。

1．3　四つの基本ステップ

　プロジェクトを進める上での基本ステップは、プロジェクトの定義、プロジェクトプランの策定、プロジェクトの実施、プロジェクトの終了の四つとなる。

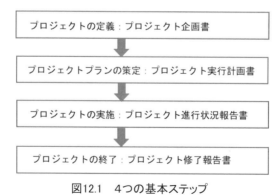

図12.1　4つの基本ステップ

　プロジェクトリーダーは、各ステップでなすべきことを実行し、プロジェクトメンバーに適切な情報を提供する必要がある（図12.1）。

（1）プロジェクトの定義

　取組むプロジェクトはどの様なものであり、目指すゴールは何かを、明確に関係者が判るようにする必要がある。プロジェクトリーダーは勿論、プロジェクトメンバーも「何を得るために、プロジェクトを実施するのかを」明確に認識していなければならない。「プロジェクト企画書」として、プロジェクトを定義する。

（2）プロジェクトプランの策定

　「プロジェクト実行計画書」を作成する。プランの策定にあたっては、プロダクツをどの様に入手するかを明確にするためのものなので、現実に実行できる計画であることが必須となる。従ってプロジェクト遂行中に情報量が増えれば、それに従いプランを修正することも出てくる。

　また、プロジェクトを進めてゆく上で、プロジェクトプランは羅針盤の役割を果たす重要なものであり正確さを要するが、無理に詳細さを求めて細微に立ち入ることは良くない場合もある。無理の無いバランスのとれた計画とするべきで、実施の過程で随時修正して行けばよい。

（3）プロジェクトの実施

　プロジェクトの進捗状況やコストの発生状況などを把握し、それとプランとの差異を調べ、問題があれば対処する。

　定期的に現在のプロジェクトの進捗状況を「プロジェクト進行状況報告書」に整理し、管理関係部門に報告する。

　また、ビジネスプロジェクトの場合、客先からの変更依頼など、予期せぬ問題が出てくることもある。プランとの差異が生じること自体を悪いことだと考える必要はなく、差異は当然生ずるものと考えておくべきで、その場合は、原因を調べて費用負担を誰がするなど、適切な対応をすべきである。

（4）プロジェクトの終了

プロダクツが完成しても必ずしもプロジェクトの終了とは言えない。客先への引き渡し確認など、終了条件はプロジェクトの定義の段階で明確にしておく必要がある。そのため客先と共通の認識に立っていないといけないし、利益が対立すると予想される場合は、それに備えた対策も必要となる。

　プロジェクトが終了すると、プロジェクトの要員は解散し元の職場に戻ってしまうので、プロジェクトの終了にあって、獲得したノウハウ、今後の課題や問題や対策などをドキュメントに整理しておくことが大切だ。それらを「プロジェクト終了報告書」として、整理しておけば、次の類似プロジェクトに取組む際の貴重な資料となる。従って、プロジェクト終了報告書は、企業の財産といえる。

1.4　プロジェクトの成否

　プロジェクトが成功したと言うためには、「顧客の要求を満たすことが出来た」「納期内に完了した」「予算内で完了した」の三つが必要条件だ。

　「顧客の要求品質に達しなかった」「納期を遅延した」「予算を超過した」「途中で放棄した」などのどれか一つでも当てはまれば、失敗のプロジェクトとなる。

　更に加えて、「関係者の個々のスキルや知識が増えた」「組織内にノウハウの蓄積が出来た」ということが伴って、はじめて成功したと言える。

　ここで述べるプロジェクトマネジメントの手法は、もちろん絶対的なものではないが、基本を身に付けているのといないのでは、仕事の完成度に格段の差が出る。プロジェクトマネジメントを能動的な道具として活用して欲しい。そして、プロジェクトマネジメントを、道具や知恵として利用することと、プロジェクトを成功させたいという強い意思あって、はじめてプロジェクトを成功に導ける。

　プロジェクトの成功には、熱容量の高い人が不可欠であり、誰か一人で良いから、ファイアーボールのような人がいれば、プロジェクトの成功の確度は非常に高くなる。失敗したプロジェクトを分析すると、ファイアーボールのような人がいないケースがほとんどだった。

２．プロジェクト企画書の作成

　プロジェクトを開始するにあたり、「プロジェクト企画書」を作成する。「プロジェクト企画書」は、「プロジェクト憲章」とも、「プロジェクトチャーター」ともいわれる。ここでは、「プロジェクト企画書」という。

　プロジェクトメンバーがプロジェクトの内容をよくわからないのでは、メンバー自体にプロジェクトに関わっている実感が湧かず、効率も違ってくる。何のためにプロジェクトを遂行するのか、何を何処までやるのかというスコープ（Scope　範囲）を明確にして、プロジェクト企画書として整理する。

　ここでいうスコープとは、プロジェクトの実行範囲を示すことばで、プロジェクトを遂行するにあたっての骨格を示す。従って「スコープ」はプロダクツの質・量、タスクの量がすべてクリアになって確定する。

2.1　プロジェクトでやるべき内容の定義

　プロジェクトに取り組む際には、先ずプロジェクトの定義をプロジェクト企画書として整理する。プロジェクト企画書を作成する目的は、プロジェクトの存在を示し、最終ゴールを明確にすることにある。従って、プロジェクトの概要をプロジェクト企画書（あるいはプロジェクト憲章）として、文章で定義する。

（１）プロジェクト企画書の作成者

　起案した組織の責任者が作るべきだが、実際には、プロジェクトリーダーが自ら作成し、承認を取ることが多い。

　ビジネスの世界では、プロジェクトを担当する部門でプロジェクトが起案され、その起案内容は「プロジェクト企画書」に整理され、審議され、承認される。従って、起案者とプロジェクトリーダーが一致する場合もあるが、ビジネスとして長期に取り組む大規模プロジェクトの場合は、例えば、営業部門が企画し、エンジニアリング部門が実行を担当するなど、起案部門と実行部門とが異なることもある。

（２）プロジェクトの定義

プロジェクトの存在を示し、ゴールを明確にすれば、プロジェクトが存在することになる。プロジェクトの存在を明確にしたら、必要な関係者に公表することが必要である。

（3）最終ゴールの明確化

　最終ゴールとは、プロジェクトを実施するに至った背景も含むものである。

　情報システムを例に取れば、プロダクツとしてバグが少なく性能も想定通りに出たが、実際に顧客が利用してみると、考えていた目的の達成に合致しないというケースがある。その原因としては、コミュニケーション上どこかに間違いがあったはずであり、この様な事態を避けるためには、プロジェクトリーダーがプロジェクトの開始前に、プロジェクトが必要になった背景と目的をメンバーに明確にしていたか否かが問われる。

2.2　プロジェクト企画書の構成

　プロジェクトの存在を示し、最終ゴールを明確にするために「プロジェクト企画書」を作成する。

①背景説明　　どの様に計画されたのか、なぜ必要なのかを簡潔に記載する。

②目的　　何を達成するためにプロジェクトを実施するのかを記載する。

③プロダクツ　　プロジェクトの遂行によって作り出されるものは何であるかを記載する。

④予算　　使用できる資金はいくらであるかを記載する。おおよその資金と使い道（人件費、設備、経費など）を明らかにする。

⑤完成期限　　プロダクツを何時までに作り上げるかの期限を記載する。

⑥終了条件　　どのような状態になった時に、終了するのかについて記載する。（最終テストをして問題がなかった場合とか、実際に稼働させて業務の目的を達した時など、プロジェクトごとに終了条件は異なる。）

⑦プロジェクトリーダーの裁量権　　プロジェクトを実施する上で、プロジェクトリーダーに与えられる責任や権限を記載する。

⑧組織の詳細　　組織のメンバー構成や指揮命令系統を記載する。

⑨コミュニケーション方法　　プロジェクトリーダーおよびプロジェクトチームと、経営者、プロジェクト関係者、顧客などステークホルダ

一と、どの様な情報のやり取りをしたらよいのかを記載する。(担当
役員への定期的な進捗報告や、顧客との定例打合せなど)

2.3　プロジェクトで、よく使われる用語

プロジェクトで、よく使われる用語を3つ押さえておきたい。

(1) プロダクツ (Products 製品、成果物)

　プロジェクトのアウトプットとしての製品やサービスのことを指すが、
プロダクツの持つ意味合いは広く、計画段階での作成された計画書までも
プロダクツと呼ぶことがある。従って、最終的に顧客に提供されるプロダ
クツは、「最終プロダクツ」と呼ぶ場合もある。ここで注意して欲しいの
は、プロジェクトの目的とプロダクツが必ずしも一緒ではないということ。

(2) ステークホルダー (Stakeholder 利害関係者)

　プロジェクトから影響を受けたり、プロジェクトに影響を及ぼしたりす
る人や組織のことで、いわゆる利害関係者であり、顧客、スポンサー、プ
ロジェクトリーダー、プロジェクトメンバーなど全てがステークホルダー
である。どの様なステークホルダーが存在するのか、どの様なコミュニケ
ーションを取ったら良いのか、初期段階で検討し確認しておくことが大切
である。必要な人に必要な情報が伝わらないと、何を依頼しても「聞いて
いない」ということになる。

(3) フェーズ (Phase 段階、局面)

　製品開発の場合では、企画、開発、試作・評価、量産評価、量産と進む
が、この各段階のことを指し、業務改革の場合では、立案、実施、検証な
ど、プロジェクトが終了に向けて移行してゆく各段階をフェーズと呼ぶ。
プロジェクトは時間とともに変化して行くので、時間的特徴の変化を考慮
しながら対応して行く必要がある。また、プロジェクトごとに特性の違い
があり、フェーズの使い分けも変わってくる。例えば、「フェーズの管
理」、「フェーズ毎のプロダクツ」、「今どのフェーズにいるか確認する」な
どの様に使う。

３．プロジェクトリーダーの役割とチーム構成

プロジェクトリーダーの重要な仕事の一つに、良いチーム作りがある。

３．１　プロジェクト組織の特徴
　通常の会社における組織は、一つの仕事が終了しても解散することのない永続的な組織だが、プロジェクトチームは、タスクが終われば解散する臨時的な組織である。プロジェクトの目的や、置かれた状況によって、柔軟にチームを編成することが出来る。フラットな組織づくりを心掛けるとよい。
　また、物事を決める際には、チームのメンバーはプロジェクトリーダーの承認を取ればよく、通常は課長・部長や役員などの承認を取ることはない。従って、プロジェクトチームは、問題や環境の変化に迅速に対処することが出来る。

３．２　チームメンバーの団結
　プロジェクトの成功のためには、メンバーのまとまりと、まとめるためのプロジェクトリーダーのリーダーシップが欠かせない。

（１）多様なメンバーをまとめること
　チームのメンバーは、プロジェクトの遂行に必要な専門部署から来た、多様なメンバーから構成されている。この多様なメンバーを、効果的な良いチームにまとめる必要があり、更に、相乗効果を生ませるには、相互の良質なコミュニケーションが必要である。

（２）リーダーとしての魅力がメンバーの力を引出す
　プロジェクトリーダーは、通常の会社組織の様に、上司としての昇進や給与査定の権限を持っていない。
　人事的な権限が無いということは「あのプロジェクトリーダーと仕事をしたい」と思わせるほどの、影響力や魅力が必要となってくる。

３．３　チームの良し悪しとチームの進化
（１）良いチーム
- メンバーの間で信頼が醸成され、チームとしての行動が出来る
- 目的がメンバーに浸透し統一行動が取れる
- チームの中で常に情報共有がなされている
- その結果として業務達成能力がある

（２）悪いチーム
- チームとしての一体感がない
- メンバーの中に不信感がある
- プロジェクトの目的を理解していない
- 多様なメンバーの相乗効果が現れていない
- その結果として業務達成能力が低い

（３）チームの変転
　良いチームは、プロジェクトリーダーが作り上げて行くもので、自然発生的に生まれる訳ではない。チームを育てる責任と自覚が必要となる。

　ステップ１．フォーミング（チーム形成）：メンバーが決まる。お互いに、相手の性格や能力を知らず、お互いを遠慮しながら探り合っている段階である。

　ステップ２．ストーミング（嵐の状態）：混乱が起こり嵐の状態。互いが自己主張し、衝突が発生する。ただし、これはアメリカ風の表現であり、日本でも同じことが起こるわけではないが、混乱状態を経由することに変わりはない。

　ステップ３．ノーミング（チーム意識形成）：嵐を乗り越えた後には、秩序が形成されてチーム意識が芽生える。

　ステップ４．パフォーミング（目的志向の行動）：それぞれの役割を全うするだけでなく、チームの目的達成を優先させる行動が取れるようになり、一体感が増す。

　ステップ５．アジャーンニング（解散）：目的を達成し解散する。

3.4 メンバー間での情報共有

重要なことは、情報共有の土壌を作ることだ。

①プロジェクトの遂行中には、いろいろな環境の変化や問題が起こるが、これを乗り切るにはプロジェクトメンバーの間で、お互の情報やアイディアを教えあって相乗効果を働かせる必要がある。メンバー同士の信頼関係の構築が重要だ。

②プロジェクトリーダーは、プロジェクトに関する最新情報を、メンバー全員で共有し、情報の偏りが無いようにしなければならない。

③メンバーにコミュニケーションの重要性を自覚させるように教育することも必要だ。

3.5 具体的ビジョンの設定

①プロジェクトリーダーは、ビジョンについて話し合う機会を頻繁に作り、プロジェクトをどの様に進めてゆくか、具体的に判るようにする。

②ビジョンを共有する事で、精神的なつながりを感じられるようにし、参画意識を高める。

③ビジョンの共有は、自分の仕事と他のメンバーの仕事との関連を理解することに役立つ。

④プロジェクトを実施するに至った背景や、プロジェクトを取り巻く環境や社会的要因などもビジョンを理解する事に役立つ。

3.6 内部のミーティング

メンバー各員はそれぞれの役割があり、業務に忙しく、関係者が一堂に集まる時間は限られるので、如何に有効なミーティングにするかが大切なポイントとなる。ミーティングの有効性を高めるために、常に次のことを心掛けておくべきである。

①ミーティングの頻度、時期、時間を決め、議論の内容を明確にする。

②メンバーの分担を明確にし、必要な資料を準備する。

③プロジェクトプランと実施状況を比較し進捗状況を共有する。また、懸念事項があれば報告する。

④プロジェクトを取り巻く環境情報（顧客の人事異動、市場の変化、最新技術など）を共有する。

　⑤ミーティングの目的を全員が理解し、自由な雰囲気で意見が出るようにすることが大切で、それは、メンバーそれそれが自分は何をすべきなのか、行動や仕事の修正が必要なのかが具体的に理解することにつながる。

３.７　リーダーシップの発揮

　よいチームを作り上げることは、プロジェクトリーダーの責任でありプロジェクトを成功に導くために不可欠だ。

　そのためには、プロジェクトリーダーがリーダーシップを発揮して、チームメンバーに連帯感を持たせながら、各自の能力を引き出せるようにする必要がある。

　①会社から与えられた公式の権限だけではなく、人間的な影響力も必要。

　②メンバーを公平に扱う。

　③自分はプロジェクトに必要であると、各自に自覚を持たせる。

　④メンバーの役割と責任を明確にしておく。

　これらを意識的にやることが必要であり、良いチームを作ろうと言う強い意思があれば、必要なリーダーシップを発揮する必要がある。

３.８　優れたプロジェクトリーダーの条件

　プロジェクトリーダーを誰にするかは、経営の責任であり、平素より養成しておくことと、適切な選択が要求される。プロジェクトの最大のリス

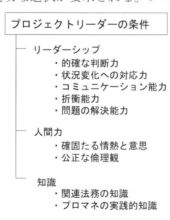

図12.2　プロジェクトリーダーの条件

クは、プロジェクトリーダーの選択であり、次のスキルを持つことが理想だが、欠けた部分をどう補うかも経営の仕事である。

　プロジェクトリーダーの条件（図12.2）をすべて満たす人は、何処にでもいる訳ではなく、恐らく回りを見渡しても容易には見つからない。その様な場合は、別な考え方をすべきである。

　即ち、プロジェクトリーダーの不足部分あるいは不得手な部分をサブリーダーや、他のチームメンバーに補わせるように、上手なペアリングをすることで解決できる。

４．プロジェクト実施計画の作成

「プロジェクト実施計画書」の作成について説明する。

PMBOK ではこの実施計画の事を、インプリメンテーションスケジュール（Implementation Schedule）と呼んでおり、プロジェクトリーダーがリーダーシップを発揮して、チーム全員で作るのが良い。

また、進行初期の段階で情報量が少ない時には、詳細まで踏み込まず、情報量に応じて詳細化して行く事でも構わない。

４．１　プロジェクトの目的・最終成果物の検討・明確化

プロジェクトの目的や最終プロダクツを、チーム内で明確にして共有するには、「プロジェクト企画書」を使う。「プロジェクト企画書」に記載されているプロジェクトの目的やプロダクツをもう一度見直して、誤りや曖昧な点がないかチェックをする。この時点で間違うと、プラン自体が誤ったものになり、プロジェクトは目的から外れてしまう。

プロジェクト企画書に代わるものとして、顧客との契約書や要求仕様書を利用する場合もある。プロジェクト実行計画書を作成する上で、契約書に必要な事項の記載がないとか、不明確な点があれば、更に顧客と内容を確認しておくことが必要となる。プロジェクトリーダーやチームのメンバーだけでなく、プロジェクト関係者や顧客なども含め、全員が共通の認識を持つ必要がある。

ここで、危険なことは「思い込み」であり、プロジェクトの途中で顧客と齟齬を来すケースは、ほとんど最初の段階で両者の間に共通の認識が欠けていたり、思い込みで実行してしまう場合が多い。プロジェクトのステークホルダー間のコミュニケーションを活発にして、この様な思い込みや誤解を防ぐ必要がある。

４．２　WBS によるプロジェクトの分解

図12.3は、作業分解図（Work Breakdown Structure）であり、実施する作業を、プロダクツを中心に階層的に要素分解したもの。ワーク・パッケージの全てが完了すれば、プロジェクトそのものが完了する。

プロジェクトを業務単位に分解し、タスク（業務）レベルの作業と呼ぶ。

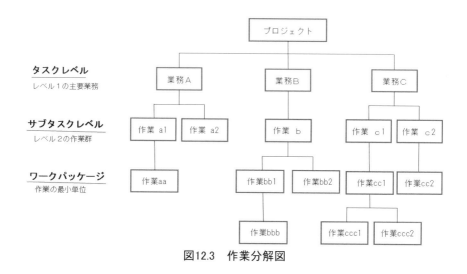

図12.3　作業分解図

　タスクレベルをさらに分解して、サブタスク（作業）レベルの作業群を作る。更に細分化を続け、これ以上細分化出来ないところまで進める。

　最下位のレベルの作業をワーク・パッケージと呼ぶ。作業群によって分解のレベルにバラつきがあるのが普通であり、レベルを統一する必要はない。目安として、一つの作業の工数が40時間（8時間×5日）とする考え方もある。

　ワーク・パッケージのすべてを完了すれば、プロジェクトそのものが完了する。

４．３　スケジュールの作成

　スケジュールの作成にあたっては、①マイルストーン・スケジュール、②プロジェクト・サマリー・スケジュール、③プロジェクト・マスター・スケジュールの三つを組み合わせることが多い。

（１）マイルストーン・スケジュール（里程標）

　図12.4の通り、主要な管理ポイントを記載したもので、これを作ることで、途中のチェックポイントをクリアーする様にコントロールする。また、関係者への説明や、プロジェクト全体の進捗を確認するために使う。

図12.4　マイルストーン・スケジュール

（2）プロジェクト・サマリー・スケジュール　（概要工程表）

　図12.5の通り、プロジェクトで実施する主要な項目を時間軸上で記載したもので、プロジェクトの主要作業を何時に開始し何時に終わるかが分る。

　このスケジュールはプロジェクト全体の進捗状況を確認したり、プロジェクト関係者に進捗状況を説明する際などに使用する。

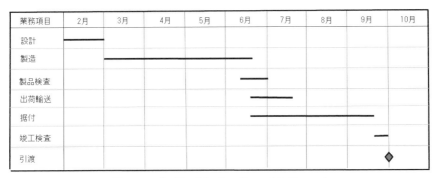

図12.5　プロジェクト・サマリー・スケジュール

（3）プロジェクト・マスター・スケジュール（総合工程表）

　図12.6のプロジェクト・マスター・スケジュールは、プロジェクト全体をどの様に進めるかを示す総合スケジュール表で、プロジェクトを実際にコントロールするために使用する。

　このスケジュール表をみれば、何を何時までに実施すべきなのか、どの作業と、どの作業が、どの様に関わるのかが分る。従って、状況に応じて適時、修正することもある。

4．4　総予算の決定

　総予算作成の手順を下記に示す。

①作業項目ごとに必要なコストを算出する。

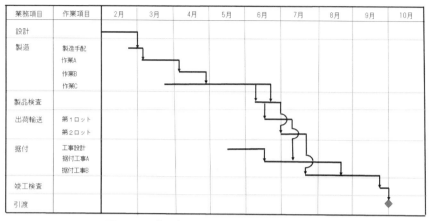

業務項目	作業項目	2月	3月	4月	5月	6月	7月	8月	9月	10月
設計										
製造	製造手配									
	作業A									
	作業B									
	作業C									
製品検査										
出荷輸送	第1ロット									
	第2ロット									
据付	工事設計									
	据付工事A									
	据付工事B									
竣工検査										
引渡										

図12.6　プロジェクト・マスター・スケジュール

②全体のコストを算出するために、各コストを積上げて計算する。

③全体コストと最初に割り当てられた総予算を比較する。

④全体コストと最初の総予算とを調整する。

⑤プロジェクトの総予算を確定する

⑥総予算を作業項目別に割り振っていく

例えば、積み上げた予算がプロジェクト企画書小で決めておいた予算より10%オーバーした場合、安易に一律に10%カットするようなことはしてはいけない。

当初の予算を策定した時のスコープや、プロダクツのままで進めて良いかどうかの確認をする。もし、スコープ（範囲）を一部縮小するか、プロダクツの機能の一部を削減しても良さそうな場合、プロジェクトのステークホルダーの承認を取り付けた上で実施する。

スコープも機能も縮小できない場合は、コスト削減案を検討する。コスト削減にはリスクを伴うこともあり、削減案採用の場合はリスクもプロジェクトプランに記載する。

コスト削減にも限界がある場合は、当初予算を上方修正するしかない。予算超過の理由と超過金額を明確にして、主要なステークホルダーの承認を得る。

4.5　リスクの検討

　プロジェクトにリスクは付きものであり、リスクの無いプロジェクトはあり得ない。リスクの取り扱いは、次の4段階で行う。

（1）リスクを特定する

　プロジェクトチームは想定されるリスクをリストアップする。過去に同様のプロジェクトを経験した人も加えた方が良い。とにかく、想定できるリスクを出来る限り上げる事が重要だ。

（2）リスクを定量化する

　リストアップされたリスクの内容を検討する。定量的に区別して、プロジェクトに対してどんな影響があるかを明確にする。同時に、発生確率も予測する。影響度合いを、5段階あるいは大・中・小の3段階で評価する。

（3）リスクに対する対策を立てる

　定量化した各リスクについての対策を決め、各責任者も決めておく。

- ・回避（リスクを避ける）
- ・軽減（リスクの影響度や発生頻度を下げる）
- ・転嫁（契約で第三者にリスクを移行したり、保険をかける）
- ・保持（リスクが小さいと判断される場合、そのまま保持する）

（4）リスク管理の実施

　リスク対策のフォローアップと、新たなリスクの特定を行う。

5．プロジェクトの実施

　実際の現場では、プロジェクトインプリメンテーション（Project Implementation）という言葉を使うことがあるが、これはプロジェクトの実施や執行のことを指す。

　このプロジェクト実施段階の作業は三つあり、一つはプロジェクトの進捗確認、二つはプロジェクトプランとの比較、三つは対応アクションだ。

　効率的に業務を進めるためには、プロジェクトメンバー各人が「自分の仕事と他人の仕事の関連」「自分仕事の進捗が相手に与える影響」、逆に「相手の仕事から受ける影響」を明確に把握しておくべきだ。

5．1　プロジェクトの進捗確認

　プロジェクトの現状を把握しておくためには、情報収集が欠かせない。発生コストや進捗状況などに関しても、情報を集めるだけでは不十分で、情報の精度を認識し潜在的な問題の有無をチェックするなど、感度の高い情報を集める必要がある。

　特に、協力会社に部分請負をさせている場合など、報告を鵜呑みにせず自分で確認のできる手段を持っておくべき。実際には遅れているにも関わらず、あとで取り戻すつもりで、意図的にうその報告がなされ、挽回できずに、納期間近になって遅延が判明することもままある。

5．2　プロジェクトプランとの比較
差異の比較とその分析

　収集した情報に基づき、プロジェクトプランに記載したスケジュールやコストと比較する。何らかの差異があった場合、その原因を把握しておく。例えば、予算より発生コストが少ない場合でも、いろいろな可能性が考えられる。予定以上に効率の良い仕事が出来て、コスト低減が図れたのであれば、順調と言えるが、予定した仕事が未消化でコストがかかっている可能性もある。また、コストが発生したにも拘らず見落している場合があるかもしれない。

５．３　対応すべきアクション

　差異があった場合、その原因を明らかにすると同時に、具体的なアクションを取るべきか如何かを決める。必ずしも差異に対してアクションが必要とは限らないが、目安として、プランと実際の差が5%を超えるものについては是正処置をするなどと決めておくことも考えられる。

（１）遅延が認められた場合のアクション

　クラッシング（Crashing）：追加の人員や資金など新たな経営資源を投入して、工期の遅れを挽回する。手法としては、人員の追加、外注化、ソフトなどの技術投入があるが、当然コストが増加する。

　フアースト・トラッキング（Fast　Tracking）：仕事を前倒しにする事。例えば設計の途中でも出来るところからやる。ただし、異なる職種の工事を同時に同じ場所でやる事を「出会い工事」と言うが、これは建設現場では職人が一番嫌がることで、仕事を前倒しにすると言っても、重ならない様に調整すべき。

（２）対応アクションによる新たなリスク発生の可能性

　例えば、短縮のための並行作業を進めると、作業の混乱や、やり直しなどの無駄なコストや期間が発生する可能性がある。短縮策の実施前にあらゆる可能性を検討することが必要だ。

　また、プロジェクトの遂行中に、環境の変化などで予期しないことが発生する事もあるので、一カ月に一回など定期的に、新たなリスクを特定し、その影響度と発生確率の定量化、優先順位づけ、その対策などを立てておくことも必要だ。

５．４　顧客とのコンフリクトへの対処

　プロジェクトを運営している時に発生するコンフリクトや問題への対応方法を説明する。

　コンフリクト（Conflict）とは「対立、紛争、衝突」と言う意味であり、ビジネスでは利害をめぐって相互に相反する意見や要求が出て、互いが理解し合えず対立や軋轢が起こることがある。プロジェクトマネジメントでも「問題やコンフリクトが、存在してあたり前」という考え方があり、プ

ロジェクトリーダーやメンバーはこれに対処して行く必要がある。

（１）顧客とのミーティング

　プロジェクトの実施中は、定期的に顧客とミーティングを開くことで、顧客の考えを知り、信頼関係の構築に努めることがコンフリクトの発生を減らすことにつながる。また、顧客はプロジェクトの進捗を共有することにより並走感を持つことが出来るし、不満があればその場でプロジェクトリーダーに伝えることができるので、対立に発展するまでに至らずに押さえることも可能となる。ミーティングの際に考慮すべき点は次の通り。

　①開催頻度、時期、時間の設定
　②現状とプランとの比較説明
　③環境の変化の有無
　④懸念事項
　⑤顧客の感想および不満

　顧客とインフォーマルな場での付き合いを通じて、逐次、状況を伝えたり、意見交換をしておくことも日本では有効だ。

（２）起こってしまったコンフリクトへの対処

　対立や摩擦が発生してしまった場合には、共有できる部分と譲れない部分の確認をしながら、協調、強制、妥協、服従、回避などの手法を使い分けて、次の手順で進めると良い。

　①お互いの共有できる部分と、譲れない部分を仕分けする
　②お互いの論点のズレを整理して確認し、対立の原因を明らかにする
　③第三者の視点で、俯瞰的（高い視点、広い視点）に、冷静に考えてみる
　④お互いの目的が達成できる、WIN-WIN の解決方法を考えてみる

　対立や摩擦が発生すると、冷静な話し合いは難しくなるが、中立的立場の人を立てて話しをするのも一つの有効な方法だ。

（３）変更管理

　コンフリクトに至る場合に限らず、顧客から要求される変更、設計段階の問題点を修正するための変更、新しい技術に対応するための変更などが出てくるが、これはプロジェクトリーダーとチームメンバーの重要な仕事

だ。次のポイントを押さえておく必要がある。

（４）迅速な対応を心掛ける（遅れると問題が大きくなる可能性）

　変更が出ると、対応に時間を取られ面倒なので、通常の仕事が優先されることが多く、後回しにされがちだ。

（５）変更が当初のスコープ内であるかどうかの判断（追加費用に関わる）

　追加費用を客に請求するのはなかなか難しいことである。良く詰めてあったようでも、あいまいな部分が存在したり、客との関係で追加コストを飲まされることも良くある。

（６）変更管理のシステム化

- ・フォーマット（標準用紙）で変更管理を行う
- ・責任者を決めておく（変更要求がスコープ内であるか外であるかを判定など）
- ・チーム内の流れを確立しておく
- ・影響の見極めを行う

　逆に悪質な業者は、このシステムを利用して、入札時にスコープを落として安く見せかけ、工事の中で客が不足部分に気がついたら、その都度、追加費用を請求する手法をつかってくる。以前は近隣の諸国の建設業者がよくこの手法で入札を落としていた。

5.5　チームメンバーの評価

　プロジェクトリーダーは、プロジェクトの遂行中に、プロジェクトチームのメンバーを評価しておくことが必要となる。これは、プロジェクトを遂行する上で、どの程度のスキルや経験を持ったメンバーで構成されているか確認をしておくためである。

　例えば、プロジェクトの遂行中に、取り巻く環境の変化や、スコープの変更があり、その結果、進捗が遅れれば効率を上げる必要が出てくる。対応として、必要な技術のスキルを持った新しいメンバーを加えたり、既存メンバーに教育を実施してスキルアップを図らなければならない。何時でもこの様な事態に対応出来るように、プロジェクトの遂行中に、メンバーの評価をしておくことが必要となる。

6．プロジェクトの終了

　プロジェクトが終了するのは、顧客にプロダクツを引き取ってもらった時点であり、計画通りにプロダクツを完成させた時ではない。全ての顧客が善意の契約者であるとは限らず、種々の注文を付けて引き受けを延伸させ、想定外のコストが発生することもある。仕様書を作成し、終了条件を明確にして、顧客とのすり合わせをしておく必要性はここにある。

　終了にあたり無用の労力とコストを回避するために、心がけるべき終了のための六つのステップを、次に掲示する。

　①終了条件の明確化　プロジェクトがどの様な状態・条件を満たせば終了か明確にしておく。

　②終了条件の書類での確認　公式書類に明記する事で、顧客とプロジェクトリーダーやプロジェクト関係者が共通の認識を持つようにしておく。

　③終了時のイメージの共有　プロジェクトチームに対して、どの様な状態になればプロジェクトが終わりと判断できるのか説明、理解させておく。

　④阻害リスクの洗い出し　終了条件を阻害する要因が何かを洗い出し、対策を立てておく。

　⑤顧客の運用能力の十分なケアー　引き渡し後、顧客が自分で操作・運営して行けるように、引き渡し後を考えて訓練などを十分に実施しておく。

　⑥チェックリストで終了条件を点検　チェックリストを作成しておき、見落としがないようにしておく。

おわりに

　ビジネス環境の不確実性が増してきた中で、プロジェクトの重要性は益々大きなウエイトを占めるようになってきた。特に、第４次産業革命が進行し、AI、IoT、ブロックチェーン、ナノテクノロジー、ロボット工学、生物工学などの分野のプロジェクトが急激に増加する中で、プロジェクトの実現には、高度な技術集団の力を結集することが不可欠となって来ている。

　これらプロジェクトに取組むプロジェクトリーダーは、起こり得るあらゆる問題や状況に対処して、チームメンバーを率いて目的を達成しなければいけない。ここで勉強したことは、プロジェクトの成功を100％保証するものではないが、プロジェクトの確率や完成度を向上させ、同時に企業の人財や組織力を増すことにつながると考える。

　更に、プロジェクトを推進する過程で、プロジェクトリーダーは、さまざまな課題や困難を克服し目的を達成する力を養うことになるので、企業はプロジェクトの実施にあたって、一つの人財育成の機会としても捉えるべきである。指名されるプロジェクトリーダーが、その自覚を持って目的の実現に邁進すれば、企業にとっても将来の幹部候補を育成することになる。

【参考文献】
(1)村山宏幸（2010）「プロジェクト・マネジメント研究の展望:プロジェクト・マネジメント分野における組織能力の展開」『商学討究』第61巻第1号、小樽商科大学
(2)中嶋秀隆（2013）『PM プロジェクトマネジメント改訂５版』日本能率協会マネジメントセンター
(3)日経コンピュータ（2007.4）『プロジェクトマネジメント入門』
　　https://tech.nikkeibp.co.jp/it/article/COLUMN/20070418/268752/（2018.2)

用　語

CPM：Critical Pass Management
Conflict：コンフリクト（感情・意見の対立、紛争、衝突）
Crashing：クラッシング（新たに経営資源を投入して、工期の遅れを挽回する）
Fast Tracking：フアースト・トラッキング（工程完了を待たずに次工程を開始する）
Implementation Schedule：インプリメンテーションスケジュール（実施計画）
PERT：Program Evaluation and Review

Phase：フェーズ（段階、局面）

PMAJ：Project Management Association of Japan

PMI：Project Management Institute

PMBOK：Project Management Body Of Knowledge（プロジェクトマネジメントを体系的に整理したもの）

Products：プロダクツ（製品、成果物）

Project：プロジェクト

Project Implementation：プロジェクトインプリメンテーション（プロジェクト実施）

Scope：スコープ（そこまでやるかの範囲）

Stakeholder：ステークホルダー（利害関係者）

WBS：Work Breakdown Structure（作業分解図）

第13章

❖

イノベーションを企画する技術経営

小平和一朗

- イノベーションビジネスを、多くの識者は非常識という
- 第4次産業革命が進行中。社会変革を起こす経営に取組む
- ICTがサービスイノベーションを推進する

　世界規模で国と国との境を無くした第4次産業革命が起きている。その革命を推進しているのが、イノベーションといわれる革新的なビジネスである。その創生は、開発段階から潜在ニーズを積極的に掘り起こし、多くの場合、顧客と共に開発が行われている。今や死の谷をつくっている暇はない。

　日本に目を向けると、情報通信技術に関連する技術開発の遅れが目立つ。基礎技術に立ち戻って、人財の育成が急務である。自分の会社の社内システムを理解する人財を社内で育成する。情報をデジタル化し、仕事の効率化に仕事に精通した社員が変革に取り組む。

1．イノベーションとは何か

　情報通信技術でグローバル化が急速に進展し、世界は垣根をなくし、あらゆる国々が同じプラットホームに立てる時代となった。

　まさに今、第4次産業革命の真っただ中にいる。変革の時代のビジネスでは、今までの経験が役立たないどころか、ブレーキになるといわれる。

　イノベーションビジネスの創生には、市場の動向をつかみ、市場を自らリードする必要がある。開発段階から顧客の潜在ニーズを積極的に掘り起こし、顧客と共にビジネス創生することで、競争優位なビジネスを展開することができる。モノづくりやコトづくりの分かる人間が、顧客と共に技術開発に取り組むことが効率的である。潜在ニーズの掘り起こしでの顧客とのすり合わせで学んだ事柄を、次の商品づくりに生かすことである。

1.1　社会的背景

　第4次産業革命では、情報通信技術（ICT）が、革命の進展を後押ししている。グローバル化と言われる変革の中で、国内の製造業の海外シフトが進んだ。

　日本の大手企業が守りの経営に終始しているうちに、中国をはじめとする東南アジア諸国の台頭が目まぐるしい。そんな中、米中の貿易不均衡を発端に、米中間で貿易戦争が起きている。中国が、科学技術で世界を牽引する時代になっている。

　1990年代に入って以降、成長が止まって久しい日本経済の現状がある。少子高齢化が進むとともに、非正規労働者の存在も日本の経済を危うくしている。年功序列が良い悪い以前に、成長が見えない社会は、消費の拡大が起こらずに暗くなる。消費者層の所得が伸びない基本的な課題を抱えている。そんな中、中小企業の事業承継問題が出ている。事業の展望が描けずに先行きが危ういと、廃業する企業が多い。

　変革の時代に常識はない。アフリカにおける携帯ビジネスの普及の現状を見ると、マーケッティングの常識が変わる。いまや「靴を履かないアフリカ人に靴を履かせるビジネスに取組んでいる」といえる。これがイノベーションである。

1．2　イノベーションを改めて考える

　日本の企業には、技術があっても、事業化で遅れをとっているといわれてきた。優れた技術を持っているといっても、持てる技術を使って商品やサービスをつくり、顧客とのつながりをつくれなければ事業にはならない。更には事業化だけでは、イノベーションではない。シュンペーターを研究してきた伊東光晴は「変化が起きて、社会利益を得てイノベーション」という。

　最近までの変革は、新技術が先導し、起きてきた。そのためか、「イノベーション＝技術革新」と解釈されてきた。情報通信技術（ICT）の進展で、必ずしも革新的技術を使わなくてもイノベーションといえるビジネスモデルをつくれたからだ。「イノベーション（Innovation）とは、商用化されているという点で発明（Invention）とは異なり、ビジネスとして役立つことが評価されてイノベーションである」と小川進はいう。

　そのことからも、イノベーションが起きたかの判定は、市場にあり、評価をするのは、市場であることが分かる。市場が形成され、投資資金の回収ができてはじめて売り手は、利潤を得ることができる。その循環が回ることで利便性、機能的に優れたモノやサービスを買い手が手に入れることができる。社会にもたらす便益は、起業した事業家が得る利潤よりも、はるかに大きいといわれるのが、イノベーションである。

経験に基づいた知識や知見が、変革を阻害する

　老舗の企業は、保有する技術に対するこだわりをどこかで断ち切らないと、イノベーションを起こすことはできない。新技術開発では、保有技術に対するこだわりを断ち切ることが必要である。経験に基づいた、常識的な判断にこだわると、常に後追いになる危険性がある。その経営判断は、技術の分かる経営リーダーの仕事である。

　イノベーションといわれる変革を起こすには、自らが変わることが早いし、確実である。経験に基づいた知識や知見が、組織の変革を阻害する。組織のリーダーは、変わらなくてはならない瞬間を判断し、自らがリーダーシップをとって組織を変革させることが必要である。

　繰り返しになるが、イノベーションは、技術革新と長い間いわれてきた。あくまで技術は、イノベーションを推進するための商品やサービスの具現

化手段である。技術を市場が求めるサービスや商品に変換し、ビジネスモデルをつくることでプロフィットを得ることができる。そのプロフィットを社会が享受し、そして認識できてイノベーションといえる。技術が先導役になるのは事実だが、技術の革新だけではイノベーションとは言えない。

1.3　鈴木敏文元セブンイレブン会長の名言集

　日本のコンビニ業界の変革を先導してきた、セブンイレブンの鈴木敏文元会長の名言集を紹介したい。イノベーションに繋がる変革をいかに作り出すかのコンセプトが、名言に書き込まれている。
　①成長をつづけるには、変化をおそれるな。
　②変化があるからこそチャンスがある。
　③「できない」という前に「できない理由」になってないかを考える。
　④「挑み続ける生き方」こそが、人間にとっていちばん大切な財産。
　⑤真のプロフェッショナルは、過去の経験を否定的に問い直すことができる人だ。
　⑥「先手を打つ」より変化に対応して「朝礼暮改」できることが大切。
　⑦本を読みながら傍線を引くなら「反対意見」に引け。
　⑧「ダイレクトコミュニケーション」で情報を共有する。
　⑨皆が反対することはたいてい成功し、良いということは概して失敗する。
　⑩仕事が生きがいの人生もいいんじゃないか。

1.4　シュンペーターのイノベーション

　イノベーションというと、シュンペーターが登場する。シュンペーターは「経済発展の理論」の中で、イノベーションを「生産諸力の新結合」と定義している。新結合の例として、次の5つを挙げている。
　①新しい財貨の生産
　②新しい生産方法の導入
　③新しい販路の開拓
　④原料あるいは半製品の新しい供給源の獲得
　⑤新しい組織の実現
　第4次産業革命が進行している今、シュンペーターの5つの新結合が、具体的な見える形で同時進行している。

1．5　ドラッカーのイノベーション研究

　ドラッカーは「イノベーションのための７つの機会」として信頼性と確実性の大きい順に７つ挙げている（図13.1）。

１．**予期せぬこと**	予期せぬ成功、予期せぬ失敗、予期せぬ出来事
２．**ギャップの存在**	現実と理想との差
３．**ニーズの存在**	潜在的なニーズ
４．**産業構造の変化**	
５．**人口構造の変化**	
６．**認識の変化**	ものの見方、感じ方、考え方の変化
７．**新しい知識の出現**	発明、発見

図13.1　ドラッカーのイノベーションのための７つの機会

　１つ目として「予期せぬこと」をあげている。予期せぬ成功、予期せぬ失敗、予期せぬ出来事などをいう。現状、予期せぬことが沢山起きている。

　２つ目として「ギャップの存在」、現実と理想との差をいう。その差が大きければ大きいほど、イノベーションとなる。

　３つ目として「ニーズの存在」、目に見えない潜在的なニーズをつかまなくてはならない。

　４つ目として「産業構造の変化」。

　５つ目として「人口構造の変化」。

　６つ目として「認識の変化」があり、ものの見方、感じ方、考え方の変化をあげている。

　最後の７つ目に「新しい知識の出現」、発明、発見の類である。

ドラッカーの「７つの機会」が今、７つとも全て起きている

　ドラッカーの７つの機会を参考にして、イノベーションへの対応を５つに整理した。

①社会に便益をもたらす

　優れた技術を保有していても、事業化をし、社会レベルでの変化が起きなければイノベーションとはいえない。技術を市場が求めるサービスや商品に変換するビジネスモデルとすることで、経済価値に変換する仕掛けとなる。そして、イノベーションが社会にもたらす便益は、起業した事業家が得る利潤よりもはるかに大きいという。

②社会変革を起こす事業化に取り組む

イノベーションで重要なのは発明するだけではなく、そのアイディアである発明を技術的かつ商業的に実用化することである。

GE（ゼネラルエレクトリック）の基礎をつくったエジソンは、発明した電球を実用化するにあたって、電気のコンセントやスイッチ、配線の設計などや電気の発電から配電までのインフラ構築に取り組んだ。

単に発明をして、技術的なアイディアで終わるのではなく、発明したアイディアを商用化し、社会で利用されるまで、自ら事業化に取り組んだ。そして、社会変革を起こす段階までインフラの構築に取組んだ。やがて、社会に便益をもたらす。社会が富を享受できてイノベーションが起きたといえる。

③非常識をビジネスにする

イノベーションを起こすには、保有する既存の技術と経験知を断ち切り、新しい手段を求めなければならない時期がある。その時に過去の知識に頼り、常識的であろうとすると、常に後追いになってしまう。その戦略判断は、先を見通すことができる技術の分かる経営者の仕事である。技術経営を実践しなければならない。

④自己変革と組織変革

イノベーションといわれる変革は、まず他者を変えようとする前に自分自身が変わることだ。意識して変わろうとすれば、自らが変わることはできる。エンジニアが経験を通して学んだ知識と知見が、変革が起きている局面では、変革を阻害してしまうことを知っておく必要がある。

変わるべき時を感じ、分析し、状況を判断し、組織の目指すべき指針を示す。部下を指導し、理解させ、組織の変革に取組む。

⑤商用化されて社会に便益をもたらす

イノベーション（innovation）といえる段階は、商用化され、社会に便益をもたらした段階である。この社会の構成員が、イノベーションを評価できるには時間がかかる。評価されてからの後追いは、無駄である。それまでに準備をしておかなければ、追うことは不可能である。

イノベーションは、技術的なアイディアの段階である発明（invention）とは異なる。

2．産業革命はイノベーション

　産業革命は、技術が先導して社会変革をつくりだす。個々の産業革命を
みていくと、それぞれがまさにイノベーション事例である。産業革命では、
繁栄していた巨大組織が滅亡し、新しい組織が生まれる。産業革命の都度
に、それが繰り返されてきた。

　産業革命とは何かを、改めて考えてみたい。

　革命という限り、革命が起きる前まで活躍していた組織や生態系の多く
が今までの存在価値を失い、消滅してしまうことをいう。当然ではあるが、
多くの企業が巻き添えを食う。産業革命のそれぞれには、その変革を支え
る特徴的な主要な資源、エネルギー、革命を牽引する主要技術などがある
（図13.2）。

	主要な素材		エネルギー	主要な技術	社会変革	インダストリー
18世紀	鉄	石炭	蒸気	蒸気機関 自動織機	産業革命 海辺工業地帯 （第1次産業革命）	1.0 18世紀末 自動織機（1784） 水力、蒸気力を用い た機械的な生産
19世紀	プラスチック	石油	電気	送電網 製油	エネルギー革命 内陸の工業地帯 （第2次産業革命）	2.0 20世紀初頭 電気エネルギー 分業に基づく 大量生産
20世紀	シリコン （半導体）	ウラン	石油 原子力	自動車 電信・電話 コンピュータ （PC） （マイコン） ソフトウェア	輸送革命 通信革命 ICT革命 グローバル化 （第3次産業革命）	3.0 生産の更なる自動化 電子機器とIT
21世紀	タンパク質	水 データ	シェールガス 自然 （太陽、風）	高速無線 バイオテクノロジー iPS細胞 ディジタル AI（人工知能）	バイオ革命 IoT革命 キャッシュレス化 デジタル革命 DX（2025年崖） （第4次産業革命）	4.0 機械、貯蔵庫、製造設 備等における情報交換 によるアクション誘発、 設備間の自律的な相互 制御を実現。産業プロ セスの垂直統合が進み、 より効率的かつ柔軟な 管理が可能に。

図13.2　産業革命の推移

　おおよそ100年単位で、新たに人類が手に入れたエネルギーや新技術に
支えられて、産業革命が起きている。革命の都度、イノベーションといわ
れるような新たなビジネスモデルが、変革の流れに乗って沢山できている。

　革命とは何か。第1次から第4次産業革命までを、技術経営的な視点で

分析し、その概要を報告する。

2.1 第1次産業革命

　第1次産業革命は、18世紀にはじまり、19世紀にかけて起きた。人類は、鉄と石炭という素材を手に入れ、蒸気エネルギーを利用したエネルギー蒸気機関を発明した。人力や馬力を使った生産活動から、蒸気エネルギーを動力に使った機械を発明し、その機械を使ってモノづくりの自動化が始まる。

　産業革命によって新たな産業が起きた。生産設備を構築するには、高額な資金が必要となり、投資家が支援して会社組織ができてくる。モノづくりの工業化が生まれる。海上輸送によって、原材料や石炭を海外から手に入れるために、海岸に沿って工業地帯はつくられていった。

　日本では、遅れること100年後の江戸幕府末期に黒船の蒸気船の到来を見て、日本はテンワワンヤの大騒ぎとなる。開国とともに鉄道が整備されると、人馬を使った運送ビジネスの衰退がはじまる。

2.2 第2次産業革命

　第2次産業革命は、電気エネルギーによって起きた革命である。電気の実用化や事業化を推進したエジソンは、1847年に生まれている。電気エネルギーを遠隔地まで銅線を使って運び、そこで動力として自由に使えるようになった。エネルギー輸送コストを、最小化することができた。

　エネルギーを送るための送電網が整備されると、鉱業、農業などの原料生産地の内陸部にも工場を作ることが可能となった。電気エネルギーを、銅を使った送電線で送るというイノベーションが起きた。

　19世紀末、電気は、一般家庭の照明用に配電されるようになった。その結果、夜間でも昼間と同じような作業や活動ができるようになり、社会生活を営む人の行動様式は大きく変化した。

2.3 第3次産業革命

　20世紀に入ると、輸送革命と情報通信革命が起きた。その革命を第3次産業革命という。

　ガソリン自動車が出現すると、輸送革命がおきた。自動車の個人所有が

可能になると、いつでも、どこでも、自由に移動する時空間が拡がり、個人レベルでの自由な活動空間を広げることが可能となった。

　情報通信革命では、電話が普及し、早く、遠くまで、即時にコミュニケーションをとれるようになった。電話線2本を使って、情報をリアルタイムで伝えることができるようになった。アナログ電話で地域を越えて話し合うことが可能になり、経済活動が飛躍的広範囲に、かつ早くできるようになった。

　情報通信革命での更に大きな変革は、デジタル情報を処理することができる電子計算機（コンピュータ）の出現である。科学技術計算、事務処理の効率化、データベース化が促進された。20世紀末になると、情報通信分野では、様々なイノベーションのラッシュが起きる。半導体、集積回路、マイクロコンピュータ、パーソナルコンピュータ（PC）、携帯電話、インターネット、セブンイレブンなどのコンビニのサプライチェーンの改革等と、様々なイノベーションが起きる。

　20世紀末になると、PC の出現でコンピュータの個人所有が可能となり、仕事のやり方が革新的に変革した。またインターネットの普及に伴い、グローバル化が進行し、国と国とのビジネスの垣根は取れていく。

　情報が安価に、誰でも平等に入手することが可能となり、世界は一つになる。日本では、情報通信を利用してサプライチェーンを管理したセブンイレブンなどのコンビニが出現し、24時間営業の新しいビジネスモデルが出現した。

　情報サービス業といわれる GAFA（ガーファ）の多くの企業は、20世紀末にデジタルデータを活用する新たなビジネスモデル掲げてイノベーションを起こす。ビッグデータを処理し、情報価値を生み出す仕組みを開発した。グーグルの検索エンジンが、このビジネスを牽引した。

　20世紀末に普及を始めた個人所有の携帯電話は、個人と個人との間を直接繋ぐ。コミュニケーションをいつでも、どこにいても可能とし、個人レベルでの行動様式や文化や価値観までも、革命的に変化をさせた。

２．４　第４次産業革命（インダストリー4.0）

　第４次産業革命は、インダストリー4.0といわれる。

　21世紀、「2000年問題」という情報システムに対するリスクがある中で

幕開けをした。情報機器を扱う各社は、「00年」問題で、1999年12月31日の夜に、緊張の2000年1月1日（新年）を迎えた。

　21世紀に始動する第4次産業革命は、デジタル革命とも言われる。データが資源であるといわれる。ビッグデータといわれる大量のデータを即時に分析することで、人の知見を越えた判断情報を提供する、第4次産業革命が始まった。購買履歴や検索履歴から、個人ニーズの特定をデータ処理で可能となり、特定個人に対象を絞った効率的な広告宣伝活動が行われるようになった。

　第4次産業革命の詳細の部分は、次の3項で説明する。

３．第４次産業革命が起きている

　第４次産業革命は、いま進行中である。ふと電車の中の光景を見たら、新聞を見ている乗客は一人もいない。スマホで何を見ているかは分からないが、乗客の半分近い人が、スマホをのぞき込んでいる。コミュニケーション手段がスマホに代わり、新しい生活様式ができ上っている。

　駅のホームでは昔、売店に沢山うず高く積まれていた新聞が、少ししかなく、購入している人も見当たらない。身近に見ることができる、変化の姿である。

　DX、新聞業界、キャッシュレス、車社会のビジネスモデルの代表的な事案に対して、いかなる産業革命が起きているか。

３．１　第４次産業革命とサービスビジネス
第４次産業革命、データが資源と言われるデジタル革命

　大量のデータを即時に分析し、人の知見を越えた判断情報を提供することが可能となった。データの扱いは慎重でなくてはならないが、保有する個人情報や地域情報などが資源であるとの認識に立つ必要がある。いかに顧客に役立つ情報を創生するかが、問われている。ビッグデータを処理することで購買履歴や検索履歴から、「気持ちが悪い」といわれる程の個人を特定した広告宣伝活動が行われている。

　第７章の「サービスをビジネスにする」のなかで紹介したが、小坂満隆は、第１世代のビジネスから第３世代のビジネスに区分している。第３世代のサービスイノベーションで対象とする新サービスを実現するには、必要となる知識を含む知識空間を構成して検討する必要があるという。各企業が持つ知識空間をどう管理して第３世代のサービスイノベーションの時代を迎えるかが重要である。これは技術開発とその応用だけの課題ではなく、どういうビジネスを主要なフィールドとするか、知識をどうマネジメントするかの経営戦略づくりが課題となるという。

３．２　デジタルトランスフォーメーション（DX）
　経済産業省の「デジタルトランスフォーメーション（DX）に向けた研究会」が2018年9月に発表した『DX レポート～ IT システム「2025年の

崖」の克服と DX の本格的な展開〜』は衝撃的な報告書である。「第4次産業革命による大変革が2025年には、日本の社会がこのままでは、戻ることができない大きな崖に遭遇する」と指摘している。崖とは何か。DX 問題を概括する。

（1）デザイン力の重要性が高まる

　企業、ビジネスの在り方、社会の在り方に大きなインパクトを与えるのが DX である。良いものを作るという技術中心の発想の世界から、消費者に選ばれるモノを市場に提供する新たなビジネスモデルの創生へと移行しなければならないという。

　その時に重要になるのは、デザイン思考で、全体最適を志向するシステム思考ができなければならない。未来社会の在り方をデザインし、消費者に受け入れてもらえるビジネスモデルをデザインすることになる。デザインにあたっては、大きな絵を描き、他者との違いを生み、自らの経営資源と他者の経営資源をつなぐ融合力や構造化する力が必要になる。DX で「データ」は、経営資源として位置づけられる。入手するデジタルデータの活用が重要になる。

（2）製造業に対する危機感

　現状の製造業には、①人材の質量両面での不足、②従来の強みが変革の足かせ、③ DX に対する認識不足、④非連続な改革の必要性に対する認識不足の4点に問題があると指摘している。

　今までの製造業の国際競争力を支えてきた現場力で必要とされる人財と、今後の勝ち筋を作り上げるために必要とされる人財とは、同じではないと問題を提起している。いかに克服するかの課題が残るという。

　既存の取引から離れ、新たな「つながり」をつくりデジタル情報を入手する。入手したデータを AI などでデジタル処理し、消費者に訴求するビジネスモデルがつくられている。デジタルデータの資産を活用し、人手によらない新たな現場力を再構築することが必要である。

　第4次産業革命を乗り切るための新たな現場力は、経営者自らが経営判断し、経営方針を明示した上で、組織の向かう方向を打ち出した上での現場力を新たに育成することが必要になる。このとき DX が、企業のビジネ

スの在り方、社会の在り方に大きなインパクトを与えることになる。未来社会の企業の在り方をデザインし、その中で消費者に受け入れられるビジネスモデルを創生することが課題である。

　このとき企業は、高い観点から他者の経営資源をつなぐだけの融合力や構造化する力をもっていなければならない。経営資源であるデータを使って、新たな価値を創造することである。デジタルデータで、新たな「現場力」の再構築に取組む。現場任せでは解決することはできない縦の連携を心掛ける。再認識しなければならないのは、製造業を支えてきた現場力で必要とされる人財と、今後の勝ち筋を作り上げるための人財とは違うことである。

　違いを認識し、克服することで、真の課題を明らかにし、解決の道筋を示すことが、変革をつくり上げる経営者には、求められる。変革の時、経営者が自ら先頭に立って、リーダーシップを発揮し、自らが経営の判断や決断をすることだ。

３．３　スマホの新聞業界への影響

　いまや朝の電車の中で、紙の新聞を誰も見ていない。新聞社の影響を調べてみた。新聞協会のホームページには、2017年新聞社92社の総売上高は、約1兆7000億円で、ピーク時の2005年と比較して、売上は71％に、広告収入においては48％に半減している（表13.1）。

表13.1　新聞社の社数、売上、広告収入

年度	社数	総売上(億円)	比率	広告収入(億円)	比率
2005	96	24,188	100	7,438	100
2017	92	17,122	71	3,551	48

　広告収入を減らしているのは、広告媒体が新聞以外のところに大きくシフトしている影響であると思える。総売上で３割減となっている新聞社は、経営を維持、継続するために、電子化を行うなど、いろいろな経営努力をして凌いできていると見る。

デジタル社会の到来

　今や、米国企業の GAFA（ガーファ）という新しい企業集団がデジタル

データ産業の世界を牽引している。GAFA とは、グーグル、アマゾン、フェイスブック、アップルの４社である。各社の事業内容を説明しなくとも、既に各社は広く知れ渡っている。各社とも膨大な顧客に関連するデータを扱い、顧客が求める有益な価値ある情報に変換することを、ビジネスモデルとしている。個人ニーズを把握し、その個人を特定し、ピンスポットで広告情報を届けてくる。不特定多数に打つ広告と違って効率的である。

　分からない事柄があると、何でもスマホに聞いてみようとなる。情報産業のサービスに密接に関わり合いもつことになっている。電車の中では、スマホをのぞき込んで SNS サービスを享受し、仕掛けられた価値ある情報を入手し、生活をしている。

　更に高度化は進み、AI スピーカーに音声で問いかけると、何でも答えてくれる。いまや家庭に普及し始めた。百科事典がいらない時代、今や生活様式の新たな変化が生まれている。

　それにしても GAFA に対する中国本土で活躍する BAT が資本主義のニューヨークで上場して、資金を調達している。BAT とは、中国のインターネット業界を代表する企業で、百度（バイドゥ）、阿里巴巴（アリババ）、騰訊（テンセント）の３社のこと。

　経済活動だけを見ると、すでに世界は既に一つになっているようにも見える。第４次産業革命において中国の技術力を無視することはできない。中国の科学・技術は、米国と肩を並べて、世界をリードしている。

３．４　キャッシュレス化社会の到来

　日本は、キャッシュレスで遅れをとっている。キャッシュレスが普及すると何が起きるのか。明らかに現金による買い物より、キャッシュレスによる買い物は、合理的で簡潔な取引が行えることが分かる。流れが、スムースである。現金で支払っている限り、まず現金を取りに銀行に行く必要がある。また、その現金を持ち歩く必要がある。第３次産業時代までは、貨幣が物流の流れを効率的に支えてきた。

　第４次産業革命では、デジタルデータが貨幣に変わる情報として、商取引を支えていく。効率的な社会が実現することは、容易に予測できる。

　中国での都市部では、現金を持つ人はいないと聞く。キャッシュレスサービスのアリペイ（支付宝）やテンセントのスマホ決済がほぼ100％普及

しているときく。現金お断りで、現金では買い物ができないお店もあると
聞くほどの普及をしている。現金を受け取ってくれても、おつりが無いと
いわれてしまう状況である。

　一般消費財の世界でキャッシュレス化が徹底すると、ビジネス生産性が
向上する。いかに効率化されるかを考えてみたい。

　キャッシュレス化により、売上情報はデジタルデータになって会社に渡
される。従って、人手による売上情報の入力が不要になる。受け取ったデ
ジタルデータをシステムが解析すれば、人がデータを分析する必要がなく
なる。経理での記帳、マーケッティング、資材・購買の手配などの要員を
半減できる。データは、人の手を介せず財務データへの転用、マーケティ
ング情報の作成、購買データの作成などとして使用することができるから
だ。

３.５　車社会のビジネスモデル改革

　車社会も、第４次産業革命でいろいろなサービスイノベーションが起き
ている。車社会の変革を CASE という略号でいう。C（Connected）は接
続のことで、常に車がセンターと通信接続をして、車自身の走行監視をす
るとともに、車のトラフィックなどの道路情報を通知してくるサービス、
A（Autonomous）は自動運転、S（Shared）は、共有ということでカーシ
ェアリング、ライドシェアのこと、E（Electric）は、電気自動車のこと
である。

　ここでは、自動運転、ライドシェア、コネクテッドカー、電気自動車、
ドローンを代表的事例として取り上げたい。

C：運行管理とリアルタイムな情報提供

　車の IoT 化が、コネクテッドカーである。個別車両の運行管理を行う
とともに、渋滞や事故情報など、リアルタイムなナビ情報を車に随時配信
してくれる。サービスの質の向上が行われる。

A：自動運転で食事をとりながら、本を読みながらの通勤も可能になる

　自動運転に対する期待は大きい。無人走行が可能になることで、遠隔地
に住まいを移転させることが可能になる。車に乗るだけで家に連れて行っ
てくれるならば、寝ているうちに自宅に帰れるようになる。仕事をしなが
ら家に帰ることも可能となる。通勤可能範囲が拡大する。過疎地への移住

も容易になる。

　地方の過疎地にコストのかからない無人の定期運航バスが特定地域を巡回することで、高齢者などの車の運転ができない人たちに住環境を提供できる。

　また、初期段階では、高速道路の区間だけの自動運転が実現すれば、その間の無人運転で、流通コストの大幅な削減が期待できる。

　自動運転で人為的なミスが排除されるので、車と車との事故は無くなり、渋滞もなくなり、無事故で安全な交通環境を容易に実現できる。

　いま世界では、我さきを争って公道での自動運転の実用化試験をしている。

Ｓ：所有から共有に変化する

　情報管理が高度化すると、ライドシェアは進む。車の所有（資産）から、必要な時に使用する（コスト）へと進化する。車の稼働率が上がり、資源の無駄使いが削減され、社会資本の有効利用が図られる。

Ｅ：電気自動車

　ガソリン自動車から、ハイブリッドカーを経て、電気自動車へと変遷している。

　電気自動車の部品数は大幅に削減され、モノづくりが、すり合わせ型からモジュール化へと進む。現状の車産業の仕事が半減するといわれる。

　筆者のハイブリッドカーには、AC コンセント（最大 2KW）が備え付けられていて、ガソリンがある限り、災害発生時の非常用電源に使える。車のマニュアルには、その対策のため、半分以上ガソリンをタンクに入れることを推奨している。スマートシティの第１歩がスタートしている。

ドローンを使って渋滞に会わずに、直線輸送

　ドローンは、渋滞に会うことがなく、個人宅に直線で宅配便の配達ができる。

　更には、空撮などによる橋梁の保守、自然災害の事前防止、災害調査、土地の測量などへの応用の可能性がある。

　更には、空飛ぶタクシーなどへの応用と実用化が進む。

３．６　パワービルダーのイノベーションモデル

（１）技術経営戦略目標の設定

　「お客様に最高の満足を提供したい」「誠実な事業を通し、広く社会に貢

献する」を企業ポリシーに、「理想の居住空間の提供によってお客様の幸せな生活ドラマを演出する」は、著者の一人である西河洋一が社長の飯田グループホールディングスの企業理念の一部である。「家を買えない年収層が買える住宅の販売」という経営コンセプトを設定した。この企業理念は、住宅を購入する客層への需要表現を表した内容となっている。

　それは、賃貸で支払っている額より低いローン支払額となる戸建分譲住宅の販売である。購入者のメリットは大きい。賃貸住宅では、家賃として大家（他人）への支払いで消滅するが、分譲住宅購入は住宅ローン返済なので家が自分のものとなり、資産として残る。住み替える潜在顧客は多いと見た。仮説からのビジネスモデルづくりであるが、これが賃貸から住宅取得へと、住宅取得者の夢の実現を果たし、つくれば売れるという需要を創生した。

　理想の居住空間を安価に提供することで、お客様の最高の満足を提供することができる。ただ安いというものづくりではなく、機能・性能を落とさずに安価な住宅を提供することに取り組んだ。

　持てるエンジニアリング力が、パワービルダーの住宅づくりを支えている。

（２）戦略的な製造法の改善

　西河は、木造戸建住宅の建築は在来工法を採用し、在来工法の特徴を生かす家づくりに取り組んできた。在来工法には「柱、横架材、筋違い、構造用面材、等で強度を確保できる」「将来の間取り変更が容易である」「開口部（窓、出入り口など）を比較的自由に設定できる」などの利点がある。

　ノミ、鋸、カンナは、熟練した大工しか使えない。具現化にあたり、ノミ、鋸、カンナを使わなくても家が建つ工法の開発に取り組んだ。大工職人を育成するには10年近い長時間の修行が必要となる。ノミ、鋸、カンナを使わなくても家が建つ工法を開発することで、３ヶ月程度の短期研修を実施することで、家づくりが可能となった。

　不動産業に出て家づくりの事業主に自らなることで、需要に合った色々な商品企画が可能となり、更に製造方法まで踏み込んだ改善を行えるようになった。

（3）良質な住宅を安価に提供

　本書の著者でもある西河洋一は、戸建て住宅産業を牽引してきた技術の柱に、プレカットがあるという。プレカット技術は、ICT（情報通信技術）を使った情報ネットワークによって支えられてきた。土地の取得から住宅提供までのサプライチェーンをデジタル情報が支える。デジタル情報でサプライチェーンの効率化に取り組んできた。さらに高度化がすすむ。

　国内での陰りが予測される中、日本における住宅づくりの強みを生かし、海外の事情に即した家づくりに取り組んでいる。海外での家づくりでは、現地の事情に合わせるための技術開発が行われている。

　ロシアでは「IDS オリジナル２×４工法」という、日本の家づくりの良さを「２×４工法」に生かした新たな工法で、短期間での工事を可能とした。

　インドネシアでは、木材が手に入らないということで、耐震性に優れたコンクリートブロック（CB）工法を開発することで、需要にもとづくシンプルな住宅の供給を可能にしている。

　「常に変革に挑み続け世界で信頼される企業へ」という心がけで、世界を相手に事業を推進している。海外でイノベーションをおこすには、その国にあった商品開発が必要だ。その開発を支えているのが、革新的な新しい技術である。

おわりに

　先進国、後進国の差もなく、世界規模での第４次産業革命がいま起きている。イノベーションといわれる革新的なビジネスの創生は、潜在ニーズを探る新たな仕掛けで、目まぐるしい変化を遂げている。

　経済産業省が提言したDX問題は衝撃的である。今まで元気に日本経済を推進してきた既存の企業システムの崩壊が始まっていると指摘している。イノベーション問題では、世界に目を向けて日本の現状の問題を明らかにし、各人が次世代の変革にいかに取り組むかを考えたい。「情報は資源」「人財の育成」「経営者の役割」の３点が課題である。

（1）情報が資源

　データは資源である。その資源を活用したシステム構築が重要である。売り手と買い手との間での情報を関係者が共有し、顧客とともにビジネスを共創する考えが重要となっている。企業をリードする人財は、先のニーズを探り、サービス主体のビジネスモデルを構築する必要がある。そのためには、全ての情報をデジタル化し、仕事の効率化を推進する。実現には、企業のトップが、DXシステム構築の先導役になることが必要である。

（2）人財の育成

　新たな「現場力」の再構築が必要である。AIの時代であるからこそ、人間にしかできない創生力を持つ人財の育成が課題である。DX問題を解決する人財を育成する。優秀な外国人人財を企業の中に取り込んで、活用する仕組みと実践を行い、企業力を向上させる。

（3）経営者の役割

　現場任せではなく、高い視点でのリーダーシップを発揮し、未来を見つめた高度な経営判断をすべきである。グローバルビジネスへと変革をしなければならない。市場を海外に軸足を置いた革新的モノづくりやコトづくりを創生する。

【参考文献】
(1)芝浦工業大学大学院工学マネジメント研究科編（2013）『戦略的技術経営学入門　２いまこそイノベーション』、8顧客と作るイノベーションビジネス（小平和一朗）、芙蓉書房出版
(2)伊東光晴、根木雅弘（2004）『シュンペーター』岩波新書、岩波書店
(3)小川進（2001）『イノベーションの発生原理』千倉書房
(4)西河、小平（2015.5）「経営者に求められるセンスウェア」『開発工学』Vol.35, No.1、日本開発工学会
(5)根井雅弘（2006）『シュンペーター』講談社学術文庫
(6)P.F.ドラッカー著、上田惇生訳（2011）『イノベーションと企業家精神』ダイヤモンド社
(7)多田明弘（2019.3）「我が国製造業に対する危機感と期待－デジタル・トランスフォーメーションの中で－」『開発工学』Vol.38, No.2
(8)経済産業省（2018.9.7）『DX レポート』、デジタルトランスフォーメーションに向けた研究会
(9)小坂満隆編（2017）『第３世代のサービスイノベーション』社会評論社
(10)西河洋一（2019.3）「サービスイノベーションで良質な住宅を安価で提供」『開発工学』Vol.38,No.2、日本開発工学会

用　語

BAT：百度（バイドゥ）、阿里巴巴（アリババ）、騰訊（テンセント）
CASE：C（Connected：接続）、A（Autonomous：自動運転）、S（Shared：共有）、E（Electric：電気自動車）
ICT： Information and Communication Technology
Innovation：イノベーション
Invention：発明
GAFA：Google、Amazon、Facebook、Apple

第14章

❖

マネジメントとリーダーシップの違い

小平和一朗

- 組織を管理するマネジメントと組織課題を解決するリーダーシップ
- リーダーシップは、学ぶことができるが、体験を通じて学ぶことも多い
- 変革を乗り切るためのリーダーシップを学ぶ

　農耕民族である日本人は、皆で協力し合って作業をしてきた。それは企業においても同じである。日本の工場で培ったモノづくりの仕方を海外の工場に伝え、日本国内でつくる場合と同じ品質の製品を作れるようにした。

　リーダーシップは、学ぶことができるといわれる。しかし、リーダーになる人は、リーダーとなるための資質を生まれながらにして授かっているとの考えが根強い。しかし、世界史に名を残すような大物リーダーは、影響力を獲得するまでに大変な努力を積み重ねているといえる。リーダーが学ぶべきリーダーシップについて、説明する。

1．マネジメント

1．1　鬼十則

　「電通マン」の行動規範は、4代目社長吉田秀雄がつくった。残業問題で事件を起こし、仕事の厳しさを語っている「鬼十則」に八つ当たりされているが、何度読んでも会社を会社らしくするための行動規範であることに間違いはない。

　工作機械のチャックづくりで先端企業の㈱エーワン精密の山梨工場を見学した際、創業者の梅原勝彦は、工場内に「鬼十則」掲げていた。「鬼十則」で、会社の規律をつくり上げてきた経営者は多い。

　作業者を管理者が寄り添って見守る。これを怠って、従業員を指導育成することはできない。従業員への見守りと、従業員との信頼関係と日常的なコミュニケーションが無くて「摩擦を怖れるな、摩擦は進歩の母、積極の肥料だ、でないと君は卑屈未練になる」なんて鬼十則ではいうが、組織構成員間の信頼関係ができてなくて、摩擦を起こすことすらできないことをまず知らなければならない。摩擦は、話し合い、つまりコミュニケーションの結果起きるものであるからである。従って、鬼十則を理解せずに、活気ある職場環境をつくることはできない。

①仕事は自ら創るべきで、与えられるべきでない。
②仕事とは、先手先手と働き掛けていくことで、受け身でやるものではない。
③大きな仕事と取り組め、小さな仕事はおのれを小さくする。
④難しい仕事を狙え、そしてこれを成し遂げるところに進歩がある。
⑤取り組んだら放すな、殺されても放すな、目的完遂までは……。
⑥周囲を引きずり回せ、引きずるのと引きずられるのとでは、永い間に天地のひらきができる。
⑦計画を持て、長期の計画を持っていれば、忍耐と工夫と、そして正しい努力と希望が生まれる。
⑧自信を持て、自信がないから君の仕事には、迫力も粘りも、そして厚味すらがない。
⑨頭は常に全回転、八方に気を配って、一分の隙もあってはならぬ、サービスとはそのようなものだ。

⑩摩擦を怖れるな、摩擦は進歩の母、積極の肥料だ、でないと君は卑屈未練になる。

1．2　組織の管理者に要求される能力

組織の管理者に要求される能力とは、意思疎通力、概念力、企画力、技術力、人間力である。それぞれが、経験に裏付けされた実践力である。

1．意思疎通力：コミュニケーション能力
2．概念力：機能を階層で捉える能力
3．企画力：計画を立てられる能力
4．技術力：業務に精通している
5．人間力：包容力と統率力を兼ね備える

図14.1　組織の管理者に要求される能力

意思疎通力とは、コミュニケーション能力である。概念力とは、機能を階層で捉える能力である。企画力とは、計画を立てられる能力である。技術力とは、業務に精通している知識であり、仕事ができる能力のことである。人間力とは、構成員に対する包容力と組織の統率力を兼ね備えていることである。

1．3　管理者の仕事・並行処理（時間軸の管理）

管理者は、多くの仕事を抱え込む。効率的に実績を挙げるには、優先度と階層と手順を考慮して、選択と集中で遂行することが必要である。

図14.2は、並行処理を説明するためのモデル図である。並行と言っても一つしかこなせないので、優先度を考慮して、ｃを先にして、ｂを次にするなどとし、順次取組む。

単なる作業手順や優先度もあるが、短時間で簡単に済ますことを優先したり、組織を巻き込む必要がある場合や、トラブル関連で謝罪する場合や根回しなどは、優先度を高めておかないと、そのタイミングを失うことがある。

また自分だけで済ませる仕事は、一般に時間的自由がある。しかし、仕

事の依頼などや、承認事項などを後回しにすると、会社としての作業を止めてしまうこともあるので、注意が必要である。

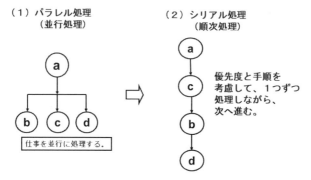

図14.2　管理者に要求される並行処理能力

1．4　管理者の仕事・組織の意識改革

　管理者の重要な仕事に意識改革がある（図14.3参照）。

　自立型組織にする。目的意識を持たせる。役割意識を持たせる。自己実現を体験させる。仲間と共に働く「協働」の重要性を体験させる。日常的に改善提案を行うよう指導する。

　改めて「鬼十則」を読み直してみて欲しい。「鬼十則」は、一見強烈であるが、組織の意識改革を管理者が実現するための手段である。実行にあたっては、部下とのコミュニケーションを欠かしてはならない。

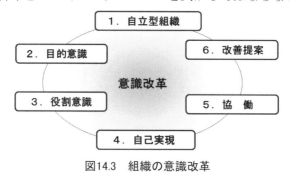

図14.3　組織の意識改革

（1）自立型組織

　部下が指示待ちにならずに、自ら何をすべきかを考え仕事する。組織は、

担当者が自発的に作業ができる状態にならなければ、効率的には回らない。管理者は、そのような状態になっているかを、少し高い位置から俯瞰的に眺めることが必要である。自立型組織とすることは、日常的な仕事をする上での基本である。

（２）目的意識

　経営者は、経営理念を全従業員に刷り込む。朝礼の際に、経営理念を唱和している企業を見る。毎日目にふれる場所に「経営理念」を掲げることも必要である。また経営戦略は、必要に応じて関係する部下に伝えることが必要である。明確に企業の目的を伝え、目的意識を持たせることが重要である。

（３）役割意識

　組織における自分の役割は、見えないことが多い。部下にとって、なかなか上の繋がりや、横の繋がりを分かることはない。仕事の価値や、組織的な役割や、何に使われる商品などを説明することは、重要である。

（４）自己実現

　仕事に対する社会的な役割を理解した上で、部下に任せた責任を明確にすることで、仕事をする上でのやりがいや、生き甲斐が部下に起きてくる。任せられた部下は、仕事をして楽しくなる。他人に語れるやりがいのある仕事をしていることを自覚させることは重要である。

　社員一人ひとりが、自己実現をしている理想の職場ができる。

（５）協働

　仕事は、一人ではできない。協力しあっての仕事である。関係者といかに共に協力し合って働くかは難しい。ついつい、自己利益を優先しがちである。いかに効率的に協力し合えるかが、マネジメント課題である。

（６）改善提案

　マニュアルによる仕事の裏側に、改善提案がある。職場を良くするという風土と、現状を変えるという風土があっての改善である。現状の問題に

気付かない限り、改善とはならない。常に良い方向へと進化していることを確認できる。改善提案が出る風土づくりが、管理者の仕事であるといえる。

1.5　改善の成功の法則

　組織の意識改革の中にあった「改善提案」をいかに生み出す風土づくりを行うのか。組織構成員の協力があって、満点のものができる。

　トヨタで長年改善提案に取り組んできた若松義人は、「こうしなさい」「ああしなさい」と言われてやるものではない。そのような改善は真の改善ではないし、競争力もつかない。大切なのはみんなの協力と知恵を引き出すことだ。細い綱渡りではなく、太い道を歩くことが必要だ。多くの人の協力と知恵のない改善は、成功したとしても一過性に終わってしまう。

　改善を成功させるには、組織を巻き込み、組織として理解した上での作業の変更である改善が実行できることを若松は、示唆している。

1.6　マネジャー（管理者）とは何か

　指揮、統制をし、問題解決と意思決定をして、部下の指導、育成を行うのがマネジャーつまり管理者の仕事である。

・指揮、統制。

> 1．計画、組織化、指揮、統制の行為を継続的に遂行する。

・問題解決と意思決定。

> 2．マネジメント上の問題を解決し、そのための意思決定を下す。
> 　意思決定とは、複数の選択手段の中から最良のものを選ぶことである。
> 　複数の手段を評価し、選択を下すのは、管理者の責務である。

・部下の指導、育成。

> 3．マネジャー（管理者）は、
> 　　　　　部下を指導し、訓練し、指揮しなければならない。

図14.4　マネジャー（管理者）とは何か

　指揮、統制とは、計画、組織化、指揮、統制の行為を継続的に遂行することである。

　問題解決と意思決定とは、マネジメント上の問題を解決し、そのための意思決定を下す。意思決定とは、複数の選択手段の中から最良のものを選ぶことである。複数の手段を評価し、選択を下すのは管理者の責務である。

　部下の指導、育成とは、マネジャー（管理者）は、部下を指導し、訓練し、指揮しなければならない。

1．7　組織マネジメントの3つの要素

　組織マネジメントには、行為の実践、目標の達成、部下の仕事の責任を取るの3つの要素がある。

・行為の実践。

1．マネジメントは、複数の行為または任務から成り立っている。
　それは、計画設定、組織化、指揮、統制である。
　マネジメントの基本は、これらの行為の実践にある。

・目標の達成。

2．マネジメントの究極の目的は、目標の達成である。
　従って、マネジメントプロセスは、目的主導型である。
　管理とは、利益や発展など、前向きな課題解決への結論を得るための
　手段である。

・部下の仕事の責任を取る。

3．マネジャーは、自分のために働く部下の仕事の成果に対し責任を負う。
　例えば、技術系のマネジャーは、技術者、研究者など組織のメンバー
　に対し、動機付けをして、技術活動や研究開発活動に専念するよう、
　仕向ける責任がある。

図14.5　組織マネジメントの3つの要素

　行為の実践とは、マネジメントは、複数の行為または任務から成り立っている。それは、計画設定、組織化、指揮、統制である。マネジメントの基本は、これらの行為の実践にある。

　マネジメントの究極の目的は、目標の達成である。従って、マネジメントプロセスは、目的主導型である。管理とは、利益や発展など、前向きな

課題解決への結論を得るための手段である。

　部下の仕事の責任を取るとは、マネジャーは、自分のために働く部下の仕事の成果に対し責任を負う。例えば、技術系のマネジャーは、技術者、研究者など組織のメンバーに対し、動機付けをして、技術活動や研究開発活動に専念するよう、仕向ける責任がある。

２．リーダーシップ

２.１　リーダーシップとは何か

　ハロルドらは著書『プロフェショなるマネジャー』のなかで「リーダーシップとは、共通の目的を遂げるために他の人びとをチームとして結束させ、自分のリードに従うように仕向ける能力である」。「リーダーシップは、学ぶことができる。他の人びとを導き、奮い立たせる能力は、意図的なものというより本能的なものであり、各人の日常の経験を通じて身にそなわり、そのリーダーシップの究極的な性質と特色は、リーダー自身の人格と個性から出てくる」という。

（1）野中郁次郎の賢慮型リーダーシップ

　組織における賢慮型リーダーは、リーダーシップの６能力を持つと野中

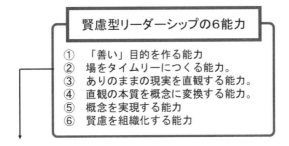

賢慮型リーダーシップの6能力

① 「善い」目的を作る能力
② 場をタイムリーにつくる能力。
③ ありのままの現実を直観する能力。
④ 直観の本質を概念に変換する能力。
⑤ 概念を実現する能力
⑥ 賢慮を組織化する能力

「知というものは、とりわけその暗黙知というものを含め、人と人との相互作用というものから初めて知というものが創発されてくる」と野中郁次郎先生（一橋大学大学院名誉教授）

図14.6　賢慮型リーダーシップの6つの能力

郁次郎は言う（図14.6）。　知というものは、とりわけその暗黙知というものを含め、人と人との相互作用というものから初めて知というものが創発されてくる。

（2）「率先垂範」を心がける

　リーダーは、組織の先頭を歩く。よく率先垂範（そっせんすいはん）という。組織の先頭に立って、模範を示すことである。

リーダーの背中をみて、部下は育つ。常に明るく、笑顔でメンバーに接するよう心掛けてほしい。リーダーの元気のエネルギーが、部下の活力になる。

２.２ マネジャーの役割とリーダーの役割

ここでマネジャーの役割とリーダーの役割とを対比して、社会正義、イノベーション、目的意識、人財育成、未来思考との項目別に説明する（表14.1）。

	マネジャー	リーダー	経営視点
1	仕事を間違いなくやる	正しいことをする	社会正義
2	仕事する	改革する	イノベーション
3	スタッフに対して方法と納期を問う	何をやるのか、なぜやるのかを問う	目的意識
4	部下のやる気を引き出す	組織の変革を指導する	人財育成
5	損益確認をするよう指導する	広い視野を持つよう指導する	未来思考

（1）社会正義

マネジャーは「仕事を間違いなくやる」に対して、リーダーは「正しいことをする」である。リーダーの心性、感性、知性で構成されるセンスウェアは、大事である。

（2）イノベーション

マネジャーは「仕事する」に対して、リーダーは「改革する」である。
改革には、現状の問題、課題に対する問題意識と目的が明確でなければならない。それを自己責任において、変えていく。それこそが、リーダーが取り組む真の改革である。

（3）目的意識

マネジャーは、スタッフに対して「方法と納期を問う」のに対して、リーダーは「何をやるのか、なぜやるのか」を問う。

　マネジャーが、作業方法や規定やマニュアル等にしたがって仕事をしているかを管理、監督するのは、仕事の基本である。また、「いつまでに」と納期を問うのもまた基本中の基本である。作業の遅れは、関連部門の仕事に影響を与えるからである。

　リーダーは、部下に対して、なぜ（Why）と何を（What）という目的を問うことも重要である。

　目的意識もなく、理由もなく仕事のための仕事を作ってしまって忙しいと思い込んでいる場合がある。そのことに気付かせるために、Why、Why、Why とか、THINK、THINK、THINK という標語を、社内に掲げている会社を見る。

（4）人財育成

　マネジャーは「部下のやる気を引き出す」のに対して、リーダーは「組織の変革を指導する」となる。リーダーは、変革に向けての今までに無い考え方へと、かじ取りをする。非常識をもって、イノベーションという考えからすると、「出る釘」といわれる変革を指導するリーダーの育成は難しいが、非常に重要な人財育成である。

（5）未来思考

　マネジャーは「損益確認をするよう指導する」に対して、リーダーは「広い視野を持つように指導する」となる。

　損益は、企業活動の結果であり、損益を構成する各種の科目の数値を見ることで、管理すべき組織の息遣いが見えてくる。リーダーは、損益を無視することはできないが、高いところからの企業の、社会の動きを見るべきだとのことである。

３．リーダーシップ６つのスタイル

リーダーシップのスタイルを、次の６つのスタイルに整理した。

①指示命令型リーダーシップ（Commanding Leadership）

②戦略明示型リーダーシップ（Visionary Leadership）

③親和型リーダーシップ（Affiliative Leadership）

④先導型リーダーシップ（Pacesetting Leadership）

⑤コーチ型リーダーシップ（Coaching Leadership）

⑥民主的リーダーシップ（Democratic Leadership）

リーダーシップを発揮するスタイルには、いろいろあり、状況や課題や指導・育成する集団の状況に応じて、柔軟に選択し、変化に伴い、変更していく必要がある。個々に説明する。

３．１　指示命令型リーダーシップ

指示命令型リーダーシップ（Commanding　Leadership）を発揮するリーダーを、ダニエル・ゴールマンは、強制型リーダー（Coercive　Leader）という。

指示命令型リーダーは、常に主導権を握り、反対意見を求めない。命令に従わない場合、脅かすこともする。このリーダーシップは、危機的な状況では有効であるが、危機的な状況を脱したときには、別なスタイルに変えないと、自ら組織の危機を作り出してしまう。

１．**基本行動**　　私の言うことに従え。

２．**適切な局面**

危機的な状況で有効である。会社でも長い間の経営では、危機的な状況が発生する。緊急避難に適した行動である。

例えば、消防署の隊長の指揮命令の時や、津波が来た時の誘導、サッカー試合中の監督の指示などには有効である。

３．**不適切な局面**

緊急時以外で多用してしまうと、組織のモチベーションが低下する。長期間やると、組織が硬直化する。指示待ち型の組織ができあがり、組織の進化が、組織の思考が停止してしまう。

３．２　戦略明示型リーダーシップ

　戦略明示型リーダーシップ（Visionary Leadership）を発揮するリーダーを、ダニエル・ゴールマンは、権威型リーダー（Authoritative Leader）という。

　ゴールマンのいう権威型リーダーは、上司、CEO、会長、議長、支部長など、グループまたは組織の長である。権威型リーダーは、現状の地位の役割や機能を活用して、組織の均衡を保つ。リーダーが持つ機能は、方向づけ、指示命令、規範の設定、種々のトラブル解消などである。

　組織リーダーとしての地位、つまりこの権威を与える時、相手の価値観と自分の価値観とが、ある程度合っていることが条件となる。誠実で、誠意ある、好ましい人柄でなくてはならない。有能でも、信頼感をそこねる人は駄目である。多くの人の期待に応えられる人物であるからこそ、人々は支配力をリーダーに与える。

　ミッションを明示し、チーム一丸となって行動するよう誘導する。組織構成員に対しては、権威を誇示して従わす。多くの組織の長は、このスタイルである。

　１．**基本行動**　　私についてこい。

　２．**適切な局面**

　通常の組織運営は、このスタイルで行われている。経験に基づいた強力なリーダーシップが要求される、新規事業の立ち上げでは、有効であるといわれる。

　重要なことは、権威だけでとどまらず、組織の進むべき方向を常に明示し、部下とその下の部下が理解している状況を作り出すことである。

　３．**不適切な局面**

　権威のみ提示し、組織の理念やコンセプトや方向や戦略を明示できないと、組織は迷走することになる。複雑な状況では、ややもすると、これまで繰り返されてきた仕事のルーチンでは対応することができない事案も起きてくる。その状況では、権限を越えた行動が要求さでるので、社会変革に対応できないといわれる。

３．３　親和型リーダーシップ

　親和型リーダーシップを発揮するリーダーを、ダニエル・ゴールマンは、

親和型リーダー（Affiliative Leader）という。

　面倒見が良い。部下にチャンスを与える。それで、社員の士気を高めることができるという。

　例えば、昭和女子大学の改革に成功した坂東真理子理事長は、大学のカルチャーにショックを受けたという。学生も教職員も非常に控えめで、「良妻賢母」教育に力を入れてきた。あいさつを交わしても、声が小さいし、自分の意見もはっきりとは言わない校風であったという。それを変えるには「一人ひとりに力や権限を持たせるエンパワーメントが必要だと思う。それが苦境を脱する条件だと確信した」と日本経済新聞のリーダーの特集のインタビューに答えている。このやり方は、まさに親和型のリーダーシップと言える。

　キングジムの宮本彰社長は、日本経済新聞の特集の中で「自慢は部門間の仲がいいこと」と語り、「例えば開発と営業は仲が悪いことが多いが、当社は開発段階から営業が市場動向の情報などを取ってきたりする」「営業が『取引先にどんな商品なら扱ってくれるか聞いてくる』と言い、開発は『じゃあ、こういう対応をしようか』となる」「営業の売りたい、開発の売れるものを作りたいという目標は一緒だから」との報告を聞くと、自立型組織ができあがって、親和型のリーダーのやり方が上手くいっていることがうかがえる。

　１．基本行動　　まず自分でやってみなさい。
　２．適切な局面
　部下と上司の関係が良好で、チームの業績が期待以上に順調に推移してる時に有効である。自由闊達、指導者の育成に適している。
　自立型組織をつくるのに適当である。
　３．不適切な局面
　戦略、方針が伝わりにくい。方向性を出しにくい。この指導で、結果が出なくなってしまったら、指導のスタイルを厳しい管理体制へと切り替えるべきである。

３．４　先導型リーダーシップ

　先導型リーダーシップを発揮するリーダーは、「私のやりかたについてきなさい」と指導する。基本的に部下に仕事を任せない。ただし、リスク

が発生した状況では、助け舟を出す。結果の評価に対しては、成果がでない責任者を外すことで対応する。

　方針を打ち出しても、その方針を理解してくれない反対派が多い組織を誘導する場合にこのタイプは適している。例えば、昭和女子大学の坂東真理子理事長は、日本経済新聞の中で「旧来型の教育を続けていれば、大学が社会に選ばれなくなる。当初から私の考えに賛成してくれた教職員は、全体の２割程度。６割は様子見、２割は大反対。『女性にキャリア教育なんて必要ない。結婚という永久就職があるじゃないか』という声は根強かった。反対派の説得に労力をかけるより先に、２割の賛成派と連携して、小さな実績を積み上げていくことから始めた」と報告していて、実行にあたっては、小さな実績を積み上げるやりかたを取っている。

　別な事例では、アサヒグループホールディングスの小路明善社長は、日本経済新聞の記事のなかで、特に大切だと思っているのが、先見性、直感力、決断力の３つあるとした上で、この３つがあれば、意思決定の速度を上げることができる。１週間考えても結論を出せないようなら、仮に１カ月先延ばししたとしても結果がさほど変わらない。意思決定が間違っていたとしても、すぐに撤回すればいい。１カ月に100件の意思決定をする経営者と、１件しか決められない経営者なら、より多くの意思決定をした経営者の方がより適切な決定ができるとしていて、先導型の判断をしている。

　１．**基本行動**　　私のやりかたについてきなさい。

　２．**適切な局面**

リーダーが前面に出て実行するリーダーシップの形である。短時間で成果を出す場合に有効であるといわれる。多くの場合、戦略を明示して取り組むので、改革の推進に適している。

　３．**不適切な局面**

リーダーから具体的な方針ややり方で指示されるので、イエスマンが多くなってしまう傾向にある。時間が経つにつれて、自己達成感が希薄になるため、努力をしなくなる。このやり方で、次世代の自分に変わるリーダーの育成には適さない。

３．５　コーチ型リーダーシップ

　コーチ型リーダーシップを発揮するリーダーは、仕事の経験が豊富であ

る。仕事をまかせることができる。長期的にメンバーを育成できる。全ての指導が上手くいくわけではないので、指導する側と、指導される側とは、信頼関係で結ばれていなければならない。良い結果を引き出すまで、何度も試行錯誤を繰り返す必要がある。

１．基本行動　　これを試しなさい

２．適切な局面

　コーチ型リーダーは、人材の育成を行う。コーチからの指導を受けたいメンバーがいる場合、長期の人財の指導や育成を受けることができる。組織構成員の中の特定な人材に対しての、駄目の克服に適している。指導を受けるものが、コーチから指導を受けることを望んでいる場合、効果的に機能する。

　スキルとある程度の指導経験がある指導者が、特命を掲げて特定の目標に向けて始動する場合に適している。スポーツの世界では、コーチの存在は重要である。

３．不適切な局面

　自分の頭で考えなくなる。創造的思考ができなくなる。コーチとなるリーダーと指導を受ける人との関係は、信頼関係で結ばれてなければならない。指導を受けるものに理解が無い場合、聞く耳を持たないので、機能しない。

　組織を相手に指導するスタイルというより、特定個人または少数のグループに対して指導するのに適しているといえる。

３．６　民主的なリーダーシップ

　民主的なリーダーシップ（Democratic　Leadership）を発揮するリーダーは、組織構成メンバーを、企画決定、意思決定に参加させる参加型のスタイルでメンバーを指導する。定期的にミーティングを開催する。社員の意見をまずは、良く聞くことである。会社の中の風通しが良くなり、社員の意欲を湧きたてる。民主的リーダーは、社員と共感したり、支援したりするタイプのリーダーシップを発揮する。

　キューピーの長南収社長は、社是の「楽業偕悦（らくぎょうかいえつ）」という理念を社内に徹底しているという。楽業偕悦とは、志を同じくする人が仕事を楽しみ、困難や苦しみを分かち合いながら悦（よろこ）びを共にするとの意味であるという。ま

さに家族経営そのものである。新人でも正しいことは正しいとし、上司でも間違っているのは間違っているといえる風土のことである。これを言えるのが楽業偕悦であり、社長が間違ったことをいえば「殿、ご乱心」ともいえる会社だと日本経済新聞の中で報告されている。

　森トラストの伊達美和子社長は、リーダーとしての決断や責任は自分にあるとしながらも「日常的には社員とできるだけフラットな関係でいたいと思っている」と語る。

　１．**基本行動**　　どう考えるかと聞く。

　２．**適切な局面**

　モノづくりの現場での小集団活動がその代表的事例である。現状の問題点を洗い出し、日常的に改善を自主的に提案してくれる。それは、組織構成員の一人ひとりに、自己実現の機会を与えることに繋がる。

　３．**不適切な局面**

　　革新的行動、期限付き作業には不向き。

３．７　６つのスタイルの使い分け

　リーダーシップの６つのスタイルを、その状況に応じて使い分けるかを考えてみる（図14.7）。

（１）組織運営、戦略明示型が望ましい

　大きな組織構成員を指導する経営者にとって、６つのスタイルの中で標準的で望ましいのは、まずは戦略を明示する「2.戦略明示型」である。

　戦略を明確にした上で次に取るべきことを考えてみたい。

　次世代を任せられる信頼できる部下が直近にいる場合では、「3.親和型」を選び、次期リーダーを育成することに取組むべきである。リーダー育成の基本は、次期リーダーに組織の運用を任せてしまうことである。権限を与えるとともに、その結果責任を両者の間で常に明確にする。委譲したからといって、委譲した側の責任は免れないが、委譲先の責任を明らかにしておかないと育成にはつながらない。できるだけ、取り返しのつかない大きな失敗をさせないよう、見守る必要がある。

　次に取るべきは、組織の事情に応じて選択する。

　「4.先導型」を取る場合、「5.コーチ型」を取る場合、「6.民主的」な運営

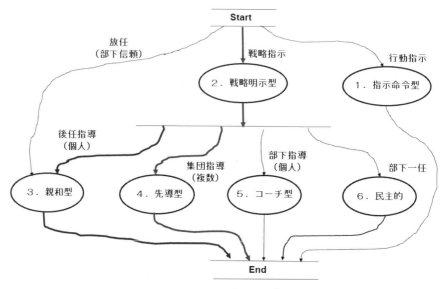

図14.7　6つのリーダーシップの選択

を取る場合が考えられる。

　その選択判断は、表14.2に示すとおりで、AなのかBなのかの選択をしなければならない。

　現状の地位（権威）が部長であるのか、社長であるかの違い。

　リーダーに課せられている成果を評価されるまでの許容される期間、短期（半年、1年）か、長期（3年、5年）なのかで全く変わる。

　また、リーダーシップを発揮する相手（構成員）が個人なのか、グループ（複数）なのかで異なる。「5.コーチ型」は、特定個人に対して行うのに

表14・2　リーダーシップ・タイプ選択判断要因

	状況	A	B
1	権　威	社　長	部　長
2	期　間	長　期	短　期
3	対象構成員	個　人	グループ（複数）
4	育　成	技能向上	管理者養成

適している。

　身近な組織の状況に応じて、それがどうなっているかを整理して欲しい。

（２）組織改革に取組む場合

　組織改革に取り組む経営者に適しているのが、「4.先導型」である。組織の賛同を得られなくてもリーダーシップで変革する。反対意見を押して、グループ集団を牽引し、実績を作るには、「4.先導型」が適している。

（３）小集団活動では部下に一任

　小集団活動は 6.の民主的な運営で行われる。その場ではリーダーの存在そのものが邪魔になる。組織構成員が主体的に取り組むよう仕向けることが重要である。改善提案活動や新商品などの企画会議などでは、そのやり方が有効である。

（４）緊急事態には指示命令型

　「1.指示命令型（強制型）」も緊急事態の時には必要である。震災で津波がやってこようとしている時、1.が求められる。

4．組織が目指すもの

どうしても組織は成熟すると大企業病が発生する。皮肉ではあるが、組織を完成させようとすると、誰しも大企業病それ自身を目指してしまう。安定成長の領域に到達すると、構成員の多くは利己的になり、自分のことに終始し、守りのマネジメントをするようになる（表14.3）。

表14.3　大企業病の症状

大企業病の症状	症状例	具体例
１．管理仕事の目的化	管理手順を決めるだけが仕事と勘違い	内容よりも手順・フォーマットが大切
２．金銭感覚マヒ	どうせ会社の金だから使わないと損とばかりに使う	請求だけは詳細に、使い方はラフに
３．時間感覚マヒ	就業時間を過ぎれば、賃金は降ってくると考える	結論の出ない会議で、時間を浪費
４．評論家・リスク回避	問題点の指摘に終始、リスクが自分にあることは言わない	他人の仕事のあら探し、リスクは部下に押し付け
５．責任転換・言い訳	まずは予防線と言い訳から入る	うまくいかなかったら人のせい、うまくいったら全部自分のお陰
６．他人依存症状	自分でできる仕事も人にやらす	コピー1枚、切符手配ひとつ自分でしない

　減点主義が横行し、新しいことをして軽い失敗であっても、大げさに扱い、やがて組織は失敗の確率の高い、新しいことをやろうとしなくなる。
　問題が起きると、責任者探しが優先し、問題の真の原因分析や顧客目線に立った対策を建てようとしなくなる。
　リーダーシップにもいろいろなスタイルがあることを学んだが、権威主義に陥ると、そのような組織ができあがる。やがて組織は、活力を失う。
　大企業病にかからないようにするのは、リーダーの役割である。

おわりに

　リーダーシップは、天性のものといわれるが、学ぶことができるのである。学ぶことができるとの考えに基づいて、本章ではリーダーシップについて解説をした。

　6つのスタイルのリーダーシップを説明している。組織構成や、どのような人財が今組織の中にいるかで、それぞれは違った意味合いを持つものになる。

　ここでは、指示命令型リーダーシップ、戦略明示型リーダーシップ、親和型リーダーシップ、先導型リーダーシップ、コーチ型リーダーシップ、民主的リーダーシップの6つのリーダーシップのスタイルイルを学んだ。

　このリーダーシップを使い分ける時、組織の規模や指導する状況によって全く異なったものになる。どのような状況にあっても同じ悩みをするが、いかに次世代を任せられる信頼できる部下を育成できるかにある。

　リーダーシップを学ぶといっても、座学だけでは限界がある。実務における組織を指導し、実践する実践知の積み重ねが重要である。次期リーダーに組織の運用を任せてしまい、権限委譲し、結果責任を明確にしておかないと、リーダーの育成にはつながらない。

【参考文献】
(1)「電通マン」の行動規範　　4代目社長吉田秀雄
(2)若松義人（2007）『トヨタの上司は現場で何を伝えているのか』PHP新書
(3)M.K.バダウィ著、角忠夫訳（2004）『改定　エンジニアリングマネジャー』日科技連
(4)野中郁次郎（2010.1.14）『MOT入門講座（第2回）』日本MOT振興協会
(5)ハロルド・S・ジェーニーン、A／モスコー編著、田中融二訳（2004）『プロフェショナルマネジャー』プレジデント社
(6)Six Leadership Styles: Selecting the Right Leader"、Dana C. Ackley, Ph.D., is founder and CEO of EQ Leader, Inc. He can be reached at（540）774-1927, or by e-mail at dana.ackley@eqleader.net.
(7)シャロン・ダロッツ・パークス著、中瀬英樹訳（2007）『リーダーシップは教えられる』ランダムハウス講談社
(8)坂東真理子（2019.4.25）『一人ひとりに力を持たせる』日本経済新聞夕刊
(9)宮本彰（2019.7.4）『社長はイエスマンになれ』日本経済新聞夕刊
(10)小路明善（2019.5.16）『「非凡な努力」重ねる人材評価』日本経済新聞夕刊
(11)長南収（2019.7.11）『決めて、導き、勝ち続ける』日本経済新聞夕刊

(12)出川通著（2004）『技術経営の考え方』光文社新書、光文社
(13)桑原裕著（2004）『技術経営とは何か』丸善

用　語

Affiliative Leadership：親和型リーダーシップ
Authoritative Leader：権威型リーダー
Coaching Leadership：コーチ型リーダーシップ
Coercive Leader：強制型リーダー
Commanding Leadership：指示命令型リーダーシップ
Democratic Leadership：民主的リーダーシップ
Pacesetting Leadership：先導型リーダーシップ
Visionary Leadership：戦略明示型リーダーシップ

あとがき

西河 洋一

　本書は、アーネスト育成財団が取り組んできた、西河技術経営塾7期生までの成果を踏まえ、大学の経済学部経営学科の文系の学生に「技術経営」を教えることを意識して、整理したものである。序章を含め15章で構成されていて「西河技術経営学」の入門書である。

　会社組織を全く知らない学生や、経営学を学んだことのない経営者を意識して、解説調で、かつ平易な記述を心がけた。

経営における技術の存在を認識する

　経営における、技術の存在を認識することができたか。

　本書を読むだけで、「技術経営」に関する理解をすることができれば、幸いである。製造業はもとより、サービス業でも、ビジネスは常に技術との関わり合いをもってつくりあげられている。

　技術の存在を認識し、技術で自社の強みを作りあげ、競合との違いを明確にして、技術を用いて差別化をすることで、競争優位なビジネスを創生することができる。むしろ、経営より、技術経営の方がより具体的で、学び易いとも筆者らは考えているが、いかがなものか。技術は、モノづくりやコトづくりの、具現化手段である。

経営要素を包括的に繋げて学ぶことができる

　本書は、経営を「企業観」「ビジネスモデル」「市場創出」「中長期計画」の4つに区分して解説している。

　経営の基本に企業観がある。企業アイデンティティ、企業理念の重要性を学ぶ。

　儲けの仕掛けを組み立てるのが、ビジネスモデルである。

　顧客をつくり、段階的に顧客を増やし、その塊になると、市場として創出したことになる。マーケティングをここで学ぶ。

　経営は未来学、未来を描き、夢を計画的に具現化するのが、中長期計画である。人、モノ、金を中長期のなかで、時間を掛けて準備しなければな

らない。人財育成や資金の準備、設備計画には、時間が掛かる。

　以上のように、本書は、広範囲な知識を、浅く、広く、コンパクトに整理し、体系化している。技術を語り、理論と実践とを技術で繋いでいる。技術には、具現力があるから、それが出来るのである。

財団は、豊かで明るい持続的な成長をする日本づくりに寄与する

　財団の設立趣意書には、「日本経済は、1990年代から停滞している。「失われた30年」を食い止めるには、日本経済の成長を阻害する要因を洗い出し、議論し、対策をしなければならない。日本には、良い技術や技能があるが、事業化の壁は高く、起業するベンチャービジネスは少ない。我が国の持続的な成長と活性化には、起業家や事業家などの支援に取り組む必要がある」とある。財団の使命は、重大である。あわてず、地道に、経営者をひとり一人つくることこそ、早道であると思っている。

　財団は、設立から8年目に入った。主たる事業として、技術経営人財の育成に取り組んでいる。「時代の要請に応える事業活動に取り組むことで、豊かで明るい持続的な成長をする日本づくりに寄与することとしたい」との趣意書の中の設立目的を段階的に達成してきた。すでに技術経営人財は実績をあげ、大きな塊になりつつある。

　本『西河「技術経営学」入門』は、筆者、西河洋一の経営に対するコンセプトに従って組み立てている。日本の強みを経営に活かすには、「技術経営」の学問化が必要との問題意識を持って、仲間とともに学問化に取り組んだ。

　この『西河「技術経営学」入門』が、技術経営研究の本流となるよう、多くの研究者の意見も取り入れ、今後とも取組む所存である。

執筆者紹介

西河 洋一（にしかわ よういち）
1963年生まれ。現在、飯田グループホールディングス㈱代表取締役社長、㈱アーネストワン取締役会長、一般財団法人アーネスト育成財団理事長、一般社団法人日本MOT振興協会理事、一般社団法人日本開発工学会会員、一級建築士。
2009年芝浦工業大学大学院工学マネジメント研究科修了。
1982年和田建設㈱入社、99年㈱アーネストワン（旧伏見建設㈱）入社・取締役営業副部長、2000年㈱アーネストワン代表取締役社長。13年㈱アーネストワン取締役会長（現在）、13年飯田グループホールディングス㈱代表取締役社長（現在）。

小平和一朗（こだいら かずいちろう）
1947年生まれ。現在、一般財団法人アーネスト育成財団専務理事、一般社団法人日本開発工学会理事・運営委員長、学会誌『開発工学』編集委員長。
1970年芝浦工業大学電子工学科卒、2005年芝浦工業大学大学院工学マネジメント研究科修了、07年芝浦工業大学大学院工学研究科博士（後期）修了、博士（学術）。
1970年大倉電気㈱入社、技術部長、経営企画室長、営業部長、情報通信事業部長（2002年まで）、04年㈱イー・ブランド21を設立し代表取締役（現在）、14年〜15年東京経済大学技術経営実践スクール講師、18年〜敬愛大学経済学部特別講師（現在）。

淺野 昌宏（あさの まさひろ）
1947年生まれ。現在、一般財団法人アーネスト育成財団理事、一般社団法人アフリカ協会副理事長、飯田グループホールディングス㈱社外取締役。
1969年芝浦工業大学電子工学科卒、1969年丸紅飯田㈱（現丸紅㈱）入社、76年リビア通信工事事務所長、82年アブダビ通信工事事務所長、89年通信機械部通信機械第二課長、93年通信機械部部長代理、94年ナイロビ支店長、98年㈱グローバルアクセス代表取締役社長、99年丸紅ネットワークシステムズ㈱代表取締役社長、2002年㈱JCN南横浜代表取締役社長、06年㈱JCNコアラ代表取締役社長、07年㈱JCNコアラ葛飾代表取締役社長、09年㈱JCN関東常勤監査役。

杉本 晴重（すぎもと はるしげ）
1948年生まれ。現在、一般財団法人アーネスト育成財団理事。
1970年早稲田大学理工学部電気通信学科卒、1970年沖電気㈱入社、90年電子通信事業部複合通信システム事業部技術第一部長、98年OKI Network Technology President、2000年沖電気執行役員、02年研究開発本部長、04年常務取締役・CTO、06年中国ビジネス本部長、08年㈱沖データ代表取締役社長・CEO、12年㈱沖データ、沖電気㈱取締役。

編 者
一般財団法人アーネスト育成財団
　我が国企業の持続的な成長と活性化のための人財育成を目指して、西河洋一（飯田グループホールディングス㈱代表取締役社長）が2012年10月1日に私財を投じて設立した財団。
　その問題意識は、「失われた30年を取り戻すためには、我が国の企業の成長を阻害する要因を洗い出し、対策を講じる必要がある」あるいは、「我が国には、優れた技術や企業文化があるのに対して、事業化への進展が進まず、またベンチャーの起業が少ない」、さらには「我が国企業の持続的な成長と活性化には、起業家や事業家などの支援と人財育成に取り組むことが急務」というものであった。このような問題意識から、技術経営塾において技術経営人財および起業人財の育成、起業家支援を行い、さらには技術・市場・価値体系の変化や世界の社会経済の環境変化についての研究会・シンポジウムなど様々な活動を行っている。
　　　　　　　　　所在地　151-0053東京都渋谷区代々木1-57-3　ドルミ代々木704
　　　　　　　　　http://www.eufd.org

著 者
（詳細略歴は365頁参照）

にしかわ　　ぎじゅつけいえいがく　　にゅうもん
西河「技術経営学」入門

2020年 3月24日　第1刷発行

編　者
一般財団法人アーネスト育成財団

著　者
にしかわよういち　　こだいらかずいちろう　　あさのまさひろ　　すぎもとはるしげ
西河洋一・小平和一朗・淺野昌宏・杉本晴重

発行所
㈱芙蓉書房出版
（代表　平澤公裕）
〒113-0033東京都文京区本郷3-3-13
TEL 03-3813-4466　FAX 03-3813-4615
http://www.fuyoshobo.co.jp

印刷・製本／モリモト印刷

ISBN978-4-8295-0785-8

日本的グローバル化経営実践のすすめ
失われた30年を取り戻せ
アーネスト育成財団編集　本体 2,700円
前田光幸・小平和一朗・淺野昌宏・杉本晴重著

日本企業の国際競争力の問題、グローバル化の認識不足、グローバル化への対応の現状認識と評価、グローバル化における事業展開の実務的課題や戦略の分析、グローバル化のための組織運営と人財の育成という5つのテーマについて提言

戦略的技術経営入門 全4冊
芝浦工業大学MOT編　本体 各巻1,500円

1　グローバルに考えると明日が見える
2　いまこそイノベーション
3　エンジニア・サバイバルのすすめ
4　イノベーション入門

企業経営と人生設計のワークブック
経営はアート、管理はサイエンス
岡崎宏行・佐久間輝雄・藤江昌嗣著　本体 2,500円

"企業経営"と"人生設計"にはたくさんの共通点がある。業歴40年のベテラン経営コンサルタント、自動車関連会社の元社長、統計学者がそれぞれの立場から、学び方、仕事のやり方、人生設計の考え方、ビジョン実現の方法、そして失敗への対処まで教えます。

変革型ミドルのための経営実学
「インテグレーションマネジメント」のすすめ
橋本忠夫著　本体 1,900円

超複雑環境下での次世代経営スタイルはこれだ！　トップと変革型ミドルのオープンなコミュニケーションで実際の問題を解決する経営スタイル「インテグレーションマネジメント」を提唱。